游向红 著

园长的札记 2

学苑出版社

图书在版编目（CIP）数据

园长的札记. 2/游向红著. —北京：学苑出版社，2020.5
ISBN 978-7-5077-5941-9

Ⅰ.①园… Ⅱ.①游… Ⅲ.①幼儿园-教育工作-文集
Ⅳ.①G617-53

中国版本图书馆 CIP 数据核字（2020）第 083671 号

责任编辑	任彦霞
出版发行	学苑出版社
社　　址	北京市丰台区南方庄 2 号院 1 号楼　100079
网　　址	www.book001.com
电子信箱	xueyuan@public.bta.net.cn；xueyuanyg@sina.com
销售电话	010-67601101（营销部）、010-67603091（总编室）
印 刷 厂	北京虎彩文化传播有限公司
开本尺寸	787×1092　1/32
印　　张	11.5
字　　数	256 千字
版　　次	2020 年 6 月第 1 版
印　　次	2020 年 6 月第 1 次印刷
定　　价	48.00 元

自 序
隐形的翅膀

　　2009年，女儿高考。那年，语文的作文题目是"隐形的翅膀"。女儿在作文里写了妈妈，写了爸爸。作文中写道："爸爸自初中到高中六年，每天早晨早早起床，给要上学的我做早餐，而在寒冷的冬日，大雪飘飘，做完早餐后的爸爸又匆匆下楼去发动那辆破旧的二手桑塔纳，以便妈妈开车送我上学时，能让车里犹如春日的暖阳一般温暖。妈妈在我高考那年47岁，身为一名幼儿园园长的她，正奋身于争创北京市市级示范园火热的战斗中。夜晚的家里，灯光下，除去有我伏案作业的身影，更有母亲坐在床上，手指敲打电脑，哒哒哒写也写不完的计划、总结、汇报及文稿，就这样陪伴着我到深夜一点，两点……爸爸那暖暖的爱，妈妈深沉而厚藏的默默支持，成为我在那艰苦拼搏岁月里一直飞翔的隐形的翅膀。"

　　当时,我并不知情,后来和她聊天,机缘巧合下我才得知作文中的内容。不禁慨叹,39年来,我将所有的爱与情给了我所忠于的幼儿教育事业,给了老师们,给了孩子们,但我却从未想过,我的职业,能带给女儿如此重要的影响。竟然能被她在高考这样一个"人生重要转折"的时刻,写在高考作文之中。这件事,给了我莫大的冲击,也给予我莫大的鼓励——原来,我努力的样子,在不经意中赋予了女儿一双翅膀,一双带给她力量和勇气的翅膀。

　　那一刻,我的内心交织着欢喜与庆幸、感动与鼓舞。女儿这朴实却流露着感恩的话语,似乎也给我插上翅膀,温暖地推动着我,让我向着更好的、一直努力的自己,和更高远的山峰飞去。因为我知道,她的目光会一直追随我的身影,而我也愿意成为她今生最引以为豪的母亲。

　　如今,女儿高考已过去整整十年。但那首歌、那作文却深深地唱进了我的心里。十年来,每每听到这首歌,我的眼泪便止不住地往下流,为那曾经的难忘的时刻,为女儿和一家人的情与感恩。

每一次都在徘徊孤单中坚强,
每一次就算很受伤也不闪泪光
我知道我一直有双隐形的翅膀,
带我飞,给我希望……

　　2015年,我的那本《园长的札记》集结出版,并入选中国教育新闻网2016年度"影响教师的100本书"。本是微不足道的一件事,女儿得知后在朋友圈中发言说,祝贺我的妈妈!妈妈,我一生如有能与您一样的成就,我就心满意足了。看到微信那一刻,我知道,我便是女儿一生的那"隐形的翅膀"。同样,女儿对我的高度

认可,也为我插上了一双翅膀,成为54岁的我继续飞翔的力量。

作为一名园长,我骄傲地认为,丰台第二幼儿园的每一位教师都是优秀的。她们就是为儿童插翅的天使,拥有着对幼儿敏锐的洞察力和玲珑剔透的教育巧思。一双双隐形的翅膀在无声的扇动之下,充满着无穷的能量。

记得2014年,我把几张雪花插片的作品照片给了王老师。于是,雪花插片如冬日漫天的雪花一般在园所里洋洋洒洒漫天飞舞。王老师和老师们用雪花插片带领孩子们,不仅插出了动物、房屋、建筑、车辆、航母、航天飞机,更用插片引导他们,从小班到大班拍成了九部微电影,孩子们自编、自导、自己配音、自己拍摄、自己拼插,那是儿童的创造啊!当我们看到这些作品时,我不禁拍案叫绝,叹为观止。我惊异于孩子们的创造与不可思议,更感动于教师,给孩子们插上那可以展翅翱翔于天空一生的坚强的翅膀。

2015年,二幼办学实践研讨会后,老师们的教育实践如小苗遇春雨破土而生,蓬蓬勃勃,势不可当,园所里一个个教育主题,一个个教育案例,一项项教育创新,惊异着我,感动着我,滋养着我。

大班张老师在班中开展了"神舟飞船,宇宙探秘"的主题活动。孩子们纷纷与家长共同收集素材,分享自己了解到的关于宇宙的知识,一时间,阿姆斯特朗、尤里·加加林、神舟五号、中国的宇宙空间站……成了大家热议的话题。他们用稚拙的双手绘制着自己想象中的宇宙飞船设计图,用积木、插片、万能工匠搭建自己想象中的宇宙空间,还有那充满创意的"多层航天飞船""外星人酒店""宇宙空间桥"……那是孩子们眼中的未来啊!我听着孩子们激动地讲述自己的作品,感动于他们从内心萌发出的那小小的但却火热的民族自豪感。精彩的活动不仅给了孩子们一双想象的翅膀,

也在他们脚下生长出红色的民族之根。

还有孩子们用积木搭建的"我爱北京""我爱丰台"主题中，那高耸的中央电视塔、庄严的天安门、蜿蜒的长城，是他们翱翔在天空中，对祖国未来美好的期盼和向往；还有合唱团的小朋友，他们站在卢沟桥头，站在宛平城墙之上，朗朗出口的《卢沟谣》《我和我的祖国》，那是他们乘着歌声的翅膀，飞向真、善、美的方向；还有水墨下的西游记，彩陶塑成的故宫瓦当，千变万化的机器人，小舞台、小展台上孩子们描绘的梦想……教育之下，那些颔首的笃定是隐形的翅膀，微光的指引是隐形的翅膀，逆风的助力是隐形的翅膀，天性的宽柔是隐形的翅膀……

这一双双翅膀，是老师们赋予孩子们的，同样，也是赐予我的最宝贵的礼物。我激动着，兴奋着，我渴望把二幼老师那教育的智慧之光留住，把二幼教育的精彩时刻定格，把二幼那伟大的拼搏精神、创新精神、大爱精神传承下去。我想歌唱他们，我想赞咏他们，用各种的机会、讲话，把二幼的教育理念、教育故事讲出来，把他们的创造与奉献讲出去。因着这样一份心愿，我被老师们用精魂塑成的隐形翅膀托举着、陪伴着、鼓舞着，也记录着、感动着、前进着……

然而，自己的笔力，自己的水平，自己的才疏学浅，终不能将那老师们的好，那教育的光，那温暖的爱，那浓浓的情，致其广大，尽其精微，淋漓尽致地表达出来。但我依然要写，要说，要讲，只因我挚爱二幼，挚爱老师，挚爱孩子与教育。

清亮高亢的歌声，在碾压着公路的车轮中继续飘荡：

我终于，看到
所有梦想都开花。

追逐的年轻　歌声多嘹亮。
…………
隐形的翅膀，
让梦恒久比天长。

　　我一直认为自己很幸运。我感觉自己身上插满了家人、教师、儿童给予我的飞翔的翅膀。感谢我亲爱的女儿！感谢我亲爱的老师们！感谢我热爱的孩子们！

目 录
Contents

第一篇 教育札记

1. 沉浸在追求的道路上 / 3
2. 金宝的童年趣事—箩筐之插片趣事 / 5
3. 金宝的童年趣事—箩筐之别挠我 / 8
4. 善解人意的金宝 / 11
5. 铁树开花终有期 / 12
6. 孩子穿鞋的故事 / 15
7. 让孩子们在活动中产生思考
   ——记中一班小球轨道幼儿园搭建活动 / 17

8	让孩子们从这里走向未来
	——2018年六一小展台活动后记 / 21
9	那边传来嘶喊声 / 24
10	雪花雪花满天飘 / 28
11	游戏"丢手绢"里的哲思 / 32
12	老师开展的家庭亲子活动成了家长"甜蜜的负担" / 35
13	重复练习对幼儿是极有帮助的
	——再读蒙台梭利 / 40
14	心中开出一朵朵美丽的花 / 42
15	教学准备需要孩子的加入吗？ / 45
16	桃花依旧静静地绽放 / 51
17	在与骨干教师共同的项目任务中，引领他们的信仰与追求 / 56
18	年轻教师是这样培养的 / 61
19	至乐教育理念下的家长四乐 / 66
20	新学期，我们一起实现愿望吧！ / 71
21	五福迎春　小鸟归巢 / 73
22	寻源"至乐"做最棒的我（2018年9月，丰台二幼开学第一天活动） / 76
23	立德树人，做孩子成长的领路人 / 79
24	微信阵地的力量 / 82

25	心灵的绽放从味蕾起舞开始
	——《乐食记》序·1 / 85
26	食之有味 乐在其中
	——《乐食记》序·2 / 88
27	搭建起来的节日 / 91
28	儿童的诗意，带给我们幸福 / 95
29	属于孩子们的宇宙和想象 / 100
30	大一班的"男生节、女生节" / 104
31	儿童，不可小觑的能量 / 109
32	荷田杯子 / 112
33	我的朋友生病了 / 115
34	寻教育之源，至教育之乐 / 120
35	最高的奖赏 / 124
36	生命中的两个重要他人 / 126
37	家风 / 130
38	我的"老庄孙子"哲学
	——关于招生工作，我的一些思考 / 136
39	2015年12月25日送给老师们 / 140
40	致二幼我亲爱的老师们
	——2016年12月25日生日中的感恩 / 141
41	致二幼我亲爱的老师们
	——2017年12月25日生日中的感恩 / 143

42 感恩，生命中有你
　　——2018年12月25日生日中的感恩 / 146

43 开在咖啡馆里的青年业务学习会 / 149

第二篇　绘本这样读

1 我心中的大英雄——小黑鱼 / 155

2 《鳄鱼怕怕　牙医怕怕》让我们彼此建立爱与信任
　　——写给天下的爸爸妈妈 / 159

3 《石头汤》里的石头意味着什么 / 163

4 飞吧，小鸟
　　——《小阿力的大学校》系列活动 / 165

5 从《小阿力的大学校》飞出勇敢的小鸟 / 168

6 让孩子在被爱中学会爱与相信
　　——《存起来的吻》《小小的早餐》系列活动 / 171

7 让《存起来的吻》生长出爱的花 / 175

8 《小小的早餐》大大的能量 / 178

9 幸福的仪式、爱的印记
　　——《魔法亲亲》让家长和孩子走出分离焦虑 / 181

10 绘本是这样阅读的
　　——绘本《好饿的毛毛虫》下的多彩活动 / 186

11 失败也是教育的过程
　　——读绘本《和甘伯伯去游河》有感 / 191

12 我愿自己如獾那样
——读《獾的礼物》有感 / 193

13 拆除我们心中的高墙
——读《蒂莉和高墙》有感 / 197

14 开在寒冬里的花朵
——绘本《田鼠阿佛》中的那个春天 / 201

第三篇 园长的讲话

1 二幼人的六种力量
——2016—2017学年第一学期期末讲话 / 207

2 二幼呈现的六种气象
——2016—2017学年第二学期期末讲话 / 214

3 二幼教育彰显的特质与风格
——2017—2018学年第一学期期末讲话 / 224

4 站在中华五千年历史坐标下看二幼三十年发展中的三个"不朽"
——2017—2018学年第二学期开学讲话 / 238

5 老师，我们拿什么让家长投以尊重的目光
——2017—2018学年第二学期期末讲话 / 247

6 新的开端 心的力量
——2018—2019学年第一学期开学讲话 / 255

7 让歌声成为遍野春花
——2016年5月合唱节讲话 / 264

8	让读书成为一件快乐的事情
	——2016年六一绘本节讲话 / 267

9	将美的色彩绘在心底
	——2017年六一彩绘节讲话 / 269

10	在和平的年代，珍惜快乐生活
	——2018年六一儿童节讲话 / 272

11	为儿童织一方厚实而温暖的素锦
	——2019年六一绘本节讲话 / 275

12	破茧而出，美丽绽放
	——2015年毕业典礼讲话 / 278

13	在快乐中告别，再出发！
	——2016年毕业典礼讲话 / 281

14	带着梦想 快乐出发
	——2017年毕业典礼讲话 / 283

15	坚守让童年更完整的过程
	——2018年毕业典礼讲话 / 286

16	我们永远在一起
	——2019年毕业典礼讲话 / 289

17	2016因"乐"而饱满
	——2017年新年联欢会讲话 / 294

18	2018新年致辞 / 297

19	助力孩子攀越那座没有陡峭的高峰
	——丰台二幼幼小衔接工作讲话 / 301

20	教师节的礼赞 / 305
21	教师节师德讲话 / 308
22	幼小衔接参观北京小学讲话 / 311
23	乘风破浪会有时
	——丰台区"十三五"教育工作大会发言 / 314
24	让生活之树繁花如锦
	——2018年3月8日"品生活 乐分享"三八活动讲话 / 317
25	谈家风心曲 谱园风师魂
	——2019年三八节家风活动讲话 / 321
26	行走在至乐课程的路上
	——丰台二幼至乐课程的思考 / 326
27	至合为乐 和谐共长
	——家园共育、家长工作讲话 / 336

尾声 致茉莉（我愿做茉莉） / 342

后记 迷雾——光 / 344

跋 我心中的 Frederick / 348

第一篇
教育札记

记忆之中
总有一些人、一些事儿，闪着光，
就如同夜空中最亮的星辰。
指引我，
向往美，追求美，表达美，
在自己的思想上，行为上，
在工作的管理中，在平常的衣食住行里……
那时光，
那感动，
给予我无尽的温暖与滋养，
让我慢慢变成更加美好的样子。

1. 沉浸在追求的道路上

我爱幼儿园的春天，万物复苏，一抹清新的绿色伴随着嫩芽和小草的味道，扑面而来；我也爱这儿的秋天，黄澄澄的柿子、红彤彤的枫叶、金灿灿的银杏，相映成辉，照得大家的脸红扑扑的，透着一股火热的力量；我更爱夏日孩子们嬉水的清凉和冬天阳光下奔跑的温暖；但我最爱的，还是孩子们的笑。它比嫩芽更清新，比红叶更温暖，比冬雪更纯洁，比夏雨更畅快。为了孩子们的"乐"、老师的"乐"、我们共同的"乐"，几代二幼人一直不懈追求，并且沉浸在努力追寻的道路上。

二幼的音体教室墙壁上大大的"乐"字，曾激励着二幼人不断寻找着属于孩子们的"乐"、属于老师们的"乐"。从音乐到绘本，从舞蹈到诗歌，从绘画到表演，从幼儿园的小舞台走向学校乃至社会的大舞台，他们以"乐"为本，从兴趣延展至特色，由特色发展成乐趣，帮助孩子们逐渐找到最好的自己，成就属于自己的成功。渐渐地，二幼的"乐"化作了二幼楼道墙壁上悦动的小鱼、玄关中翱翔的飞鸟以及那园子里喜人的花草，从没有人规定什么样的姿态是最美的，因为最美的姿态根植于我们的内心。因而，在二幼，就有了孩子们插片时的专注眼神和沉浸在书中的喜悦神情，有了老师们探索研究时的不断

追寻，也有了老师和孩子共同游戏时的相互鼓励。"乐"，在老师的心底，"乐"，在孩子的眼中；"乐"是欢畅的笑，也是沉静的思，"乐"是沉浸在永远追求自我的道路上。

二幼之乐，乐在其至。这不是一种结果，而是一种境界和状态，这是一种追求卓越的精神。老师们身上的至乐，是一种"沉浸于此，不觉累"的专注和执着，是帮助孩子实现梦想的努力与拼搏。孩子们身上的至乐，是一种自在与成功，是让孩子们感受到真实的自我，让他们做自己就好，做最好的自己。二幼是乐之源，在这片属于老师和孩子们的乐土之中，他们肆意生长，繁荣茂盛。"不识至乐真面目，只缘身在此乐中。"孩子的未来没有定式，而快乐也有一万种绽放的方式。我们始终走在追求至乐的路上，也早已沉浸其中。

享受教育的幸福，我们微笑前行……

2. 金宝的童年趣事一箩筐之插片趣事

乐事一：这是"2"

金宝三岁，今年入园了。餐前游戏时，王老师引导着孩子们尝试用雪花片儿拼插各种形状，比如：怎样插得长长的，怎样插一朵小花……金宝一直紧紧地跟着老师，眼睛里闪烁着认真的光。老师讲完，金宝拿起插片，用三片插了一根小棍儿。然后自言自语说"1"；又用五片插片儿插了一个很像小鸭子的东西，插完以后，金宝满意地举给老师看。老师夸奖说："金宝的小鸭子插得可真棒呀！"金宝着急地摆摆手说："不对，不对，这是2。"

乐事二：数到"7"

一次，王老师想要引导金宝用插片插一把小手枪。老师说："金宝，你先插一根长长的棍儿好吗？"金宝认真地点点头，然后开始拿起小筐中的插片，认真拼插起来。当插完"枪筒"的时候，金宝拿起插片小棍数了起来："1、2、3、4、5、6、7，一共7个插片。"原来比起老师说的"长长的棍儿"这个形象的词，金宝心中一直在关注着插片的长度和所用插片的数量。老师吃了一惊，三岁多的金宝居然能手口一致准确无误地点数到7。

乐事三：我家住"23"层

刚入园的孩子偶尔会想家，想爸爸妈妈，金宝也如是。游戏环节，老师端出一筐积塑块儿，一个个小小的正方体，可以接长，也可以拼搭出形状。金宝拿着正方体的小积塑块说："我想搭一个家。"老师理解金宝的想法，就追问："你家是楼房吗？"金宝点点头，老师又问："你家住几层？"金宝利落地回答："23层！"老师拿起两个积塑块，很快将两块之间的连接处插紧，递给金宝，紧接着又递给他一把积塑块示意他可以继续插。金宝拿起积塑块，开始一块一块拼接延长。插了几个以后，他伸出手指从一侧开始，一块一块点数起来："1、2、3、4、5……9。"金宝停顿了一下说："不够！"说完以后自己从小筐中又拿出一些积塑块，接着拼插，插完再数。往复数次，金宝终于从1点数到23。看着自己插的高高的"楼房"，金宝指着最顶上的一块，满意地说："这是我家！"

乐事四：这是"T"

今天清晨，金宝继续着他的插片儿工作。他用插片儿插了两根小棍，一根长，一根短，又把长棍插到了短棍的中间连接起来，然后举给老师看，嘴上说着："T，T。"老师先是一愣，然后反应过来，原来是英文大写字母的"T"。老师对金宝关于数学与英文字母的应用能力佩服得五体投地！

分析：根据皮亚杰的认知发展理论，儿童对新知识的学习是一个同化与顺应的过程。所谓同化，是儿童将新的经验纳入已有的图式中去，儿童会对所获得的信息进行转换，以使它符合现有的认知方式，尽管这种转换可能会使信息受到一定程度的扭曲，改变。所谓顺应是说，儿童在习得新知识后，会将已有的图式改变和调适，以容纳新的内容。经过同化与顺应，儿童的心理结构达到一种新的平衡。但是，这种平衡并非永远不变，当儿童同化新的经验或者用已有图式去顺应另一个新的观念时，平衡将很快就被打破，从某种意义上说，平衡仅仅是"不平衡"的一种"准备状态"。当儿童进一步学习和适应则导致新的平衡出现。同化使儿童更好地完善其心理结构，顺应则导致其成长和变化。从金宝的三次插片儿活动，看他的原有知识经验和学习过程，我们确实看到了金宝已有经验中知识类的东西储备真不少，同时，经过新一轮的同化与顺应，他在原来的经验基础上，心理结构又向前迈进了一大步。

3. 金宝的童年趣事一箩筐之别挠我

趣事一：别挠我

金宝入园一个月，正是夏末秋初，小蚊子"猖獗"之时。一天，金宝和老师在户外活动，院子里的蚊子亲近地与他打了个招呼，把小爪子轻轻地放在了金宝的耳朵上。感觉到耳朵痒痒的金宝，一边用手胡噜着耳朵一边说："别挠我，别挠我！"金宝可爱的动作把老师给逗乐了。老师问金宝："你怎么了？刚才是谁挠你了？"金宝噘着小嘴，不乐意地说："刚才，有蚊子挠我！"

趣事二：明天我就不哭了

入园两周左右，金宝对幼儿园的陌生感已经逐渐减少。老师组织了丰富多彩的活动吸引着他，慢慢地，金宝脸上的笑容多了，嘴里的念叨少了。傍晚离园的时候，老师总会鼓励他："金宝今天给斑马小奔刷颜色了，斑马小奔希望明天你还来跟他一起玩，金宝明天来园能不能不哭了？你不哭，小奔喜欢你哦！"金宝点点头说："明天，我就不哭了。"

第二天一早，老师照例等在幼儿园大门口，远远看见金宝撅着小嘴儿，眼泪汪汪地被姥姥抱过来。见老师笑着冲自己伸出手，金宝用手背一抹脸，眼泪吧嗒一下流了下来。老师接过

金宝,一边安慰一边问:"金宝不是说今天不哭了吗?小奔还在咱们班等着你呢。"金宝听老师一说,咧开小嘴哭得更伤心了。老师赶紧将他带回班里。经过一番安慰,金宝情绪稳定下来,自己叠衣服去了。

隔壁班的老师看见金宝眼睛红红的,赶紧问:"金宝怎么了?"金宝刚要再去抹眼泪,老师赶紧说:"金宝不是昨天说不哭了吗?"金宝低头不语,突然抬起头说:"我说,我明天就不哭了。"老师愣住了,随即明白过来。嘿!没错,明天就不哭了,这不,明天还没到呢吗!

趣事三:三个意思

金宝入园已经接近两个月了,可是每天早晨仍会依恋妈妈和姥姥。这一天的早上是妈妈送金宝来园,金宝舍不得妈妈离去,脸上挂着两滴泪珠。

早早等在门口迎接孩子们的王老师接过金宝,看到金宝脸上的两滴泪珠,轻松而风趣地对金宝说:"金宝你这是几个意思?"金宝看看王老师,伸出三根手指认真地说:"三个意思。"王老师好奇地接着问,是哪三个意思呢?金宝想了想说:"第一个意思是,有点想哭。第二个意思是,我不能哭。第三个意思……"金宝卡在那里歪头想了一会儿,最后挤出一句话:"我还是想使劲儿哭。"

分析:入园将近两个月,金宝已经逐渐适应幼儿园的生活,但由于分离焦虑和新环境的变化影响,金宝心里有点上火,出现了咳嗽,加上十一长假,在家休假两周多,本已经早上入园不大哭的金宝,乍暖还寒,又出现了小伤心、小难过。然而,不断面对现实,且不断被老师每天鼓励,自己也做出承诺,要

第二天高高兴兴来园的金宝，懂得了要控制自己的情绪，明白来幼儿园这件事是自己必须接受的一个事实。所以，金宝对那两滴泪水的"三个意思"以及那句经典的"明天我就不哭了"，表达得多么真实而准确啊！

每一个孩子的每一次成长，都伴随着疼痛与艰难，而唯有疼痛，成长才更真实而有力量。老师、家长，要相信孩子有能力承受疼痛，相信孩子会在磨砺中变得坚强、勇敢！

4. 善解人意的金宝

因咳嗽生病在家的金宝，想念着班中的王老师，想念着班中那丰富而有趣的乐高活动、美术活动，还有他们的好朋友斑马小奔。所以每天晚上，他会在微信群中与王老师打打招呼，聊聊天儿，也展示展示他的才艺与生活。

咳嗽痊愈的金宝，尽管向往幼儿园的生活，喜欢幼儿园的活动，想念班中的王老师、云云老师，但依然忍不住对姥姥和家的留恋，早晨来园时，还会有些心不甘，情不愿。

这一天，园长妈妈来到小一班，看到金宝用纸黏土捏的全身黄色，身上长着褐色斑点，有着大大眼睛的长颈鹿，还有用插片儿自己创新拼插的自行车，禁不住鼓励他说："金宝你真棒！""金宝，幼儿园里多快乐呀，有这么多有趣的活动，可以搭火车，可以做拼插，上幼儿园多开心！"金宝听了，认真地点了点头。园长妈妈接着鼓励说："幼儿园里还有你最喜欢的王老师。"金宝又认真地点了点头。园长妈妈眼睛看着金宝，停下来问："金宝，幼儿园里还有你最喜欢的谁呀？"金宝望着园长妈妈那双期盼的眼睛，轻轻地说："还有游妈妈。"此时，园长妈妈的心里、脸上都笑出了花儿。

多么聪明、善于观察而又善解人意的金宝呀！

5. 铁树开花终有期

作为教师，看到孩子们的成长是一件最快乐的事情，就如同农夫看到禾苗的生长。我们的希望来源于他们，幸福也来源于他们。相比禾苗，我们的孩子们，更像生长在四季，花期不同的花朵。因为每一个孩子的认知水平、兴趣喜好不同，所以绽放的时刻和光彩也各有不同。作为教师和家长，我们对待孩子们的成长，更不能急躁、不能盲目比较，只有发现每一个孩子的特性，才能在他们的成长中给予恰如其分的支持，使其绽放独特的光彩。

当今，微信是日常生活中常用的软件，我们幼儿园也使用微信平台，除了建立了家长微信群，还建立了"微信小展台"向家长们展示孩子们的插片作品。那时，我们小三班的插片活动开展得如火如荼，孩子们插好作品，就与作品合影，发到微信小展台上。为了让自己的插片作品出现在爸爸妈妈的微信朋友圈里，孩子们每天都努力地拼插着各种不同的插片作品。油罐车、坦克、滑板车……小小的插片在孩子们的手中变化成各种交通工具的样子。班里有一个叫多多的孩子，一直没有一件自己独立完成的作品。看着其他孩子越来越精彩的插片作品，多多的妈妈忍不住在群里说话了："老师，多多怎么还没有插片作品啊？他什么时候也能插成一件作品呀？"看到多多妈妈的发言，所有的家长纷纷回复说："多多的画画得多好呀！""多妈别着急，老师会引导孩子的！"老师也在群中引导多多的妈妈说："静待花开，别着急，每个孩子的爱好不同，一定能成。"过了一段时间，别的孩子又都有新作品了，可多多还是没有。妈妈又着急了，她在群里说："我儿子这棵铁树什么时候能开花呀？"面对这样的对话，班中的老师暗暗记在心上，并将妈妈的希望转达给多多。多多悄悄地告诉老师，他想完成妈妈的愿望，插一架直升机，给妈妈一个惊喜，希望老师能够帮助他。于是，小三班的王老师一方面鼓励多多继续专注于他喜欢的美术活动，另一方面也在慢慢地鼓励他、陪伴他一起完成一件精美的插片作品。终于，一个多月后的一天，多多自己独立拼插完成了一架黄色的直升机。那一刻，孩子抱着直升机开心地笑着。老师用手机为他拍下了那洋溢着幸福和喜悦的笑脸，发在了微展台中。微信群里炸开了锅，家长们争先恐后地点着赞，赠送着玫瑰。几位家长说："啊，铁树开花了！"晚上，多多与妈妈在微信中，感受着叔叔阿姨和同伴小朋友的鼓励，开心极了！微信小展台成为孩子们展示自己的小舞台，孩子们每每在班中有了创造，就会对老师说："老师给我拍个照吧，发在微信小展台群里！"于是，微信小展台也成了晚间每个家庭感受成长、快乐的时间，孩子们总是带着叔叔阿姨们满满的祝福与赞美，带着喜悦与成功，带着对明天的美好期待进入梦乡！

　　铁树开花终有期。多多的插片作品，让家长领悟着儿童成长的节奏，领悟着教育的规律，领悟着"按照儿童内在节律起

舞"的办园理念。尊重儿童的个性与差异，等待儿童、欣赏和支持儿童的想法与创造成为家长们的共识。看着孩子们快乐幸福的笑脸，以及家长们对老师促进儿童成长而每天发送的鲜花与掌声，我们觉得也很幸福。

6. 孩子穿鞋的故事

常有家长看到自己的孩子淘气，却觉得束手无策的事情。可到了幼儿园，老师们却能够很轻松地解决。家长们觉得很奇怪，孩子们为什么会这么"听老师的话"？老师们是不是有什么法宝？其实老师们并不是多么的神通，只是她们更了解孩子，更知道孩子们的行为和需要。

比如有一天，小班的果果哭着来幼儿园了。老师问妈妈："果果怎么不高兴了？"妈妈说："早上急着出门，果果拿着鞋穿得慢，我帮她把鞋穿上赶紧出来了。不知道怎么回事她就一直哭，怎么说都不管用，穿鞋之前还好好的呢。"老师接过果果，让她把鞋子脱下，说："果果自己穿上吧。"果果自己把鞋穿上，而后不再哭了，冲妈妈摆摆手自己走进了教室。果果妈妈很奇怪："老师你怎么就知道她是为什么哭？"其实，老师并不会读心术，老师只是知道3岁的儿童是处在秩序的敏感期，孩子们正在建立自己内在的秩序，做事情的顺序、物品的摆放位置对于孩子来说都有固定的安排，一旦这种秩序被打破，孩子们就会焦虑。同时，2—5岁的孩子，如蒙台梭利所说的，正在执拗期，一些事情他们要自己来，说明孩子在不断地发展自己，而在这个时期我们要做的是尊重和保护孩子们的内在精神需要。

"秩序感"是人对事物的空间布局、存在形式、归属或者事件发生的顺序和谐、有序的要求。2—5岁的孩子由于正处于这样一个阶段，因此对于发生在自己身上的成人看似无所谓的一些事情，充满着执拗。他们一旦形成了一种特定的"认知"，成人就不能够擅自更改。作为老师和父母，我们要理解孩子这一时期的需要。在孩子的眼里，凡事都有对错。比如：东西放在这里就是对的，放在那里就是不对的；电梯的按钮代表着"家"的概念，因此有时候孩子必须要自己按下去，以此应和着他们对"家"归属感的认知；走进门的一瞬间，应该谁开门就是谁，换人则不行……这些事情是孩子认识世界的过程，也是孩子最初的规则意识，是形成他们人生观、道德观、世界观的基础。

正如案例中老师所做的，让孩子们内在的秩序回归正常，他们的安全感、对事物的掌控的自信心就会逐渐建立起来。

7. 让孩子们在活动中产生思考
——记中一班小球轨道幼儿园搭建活动

中一班的几个孩子正在搭建一所自己心目中的丰台第二幼儿园，他们希望这所幼儿园不仅有现在的楼房，还有实验楼，有停车场，有风雨操场。孩子们画着设计图，上网查阅着幼儿园的各种资料，用积木搭建的幼儿园越来越完善了。

星期一，班中的涵涵在做区域小组计划的时候说："我要给咱们的幼儿园做一个轨道，小朋友可以乘着轨道去幼儿园的各个地方，这个轨道还可以运输各种东西。"老师奇怪他为什么有了这样的想法。孩子兴奋地说，昨天周末爸爸妈妈带他去了一家失重餐厅。餐厅可神奇了，餐厅里所有的食物是通过一个电子设备点餐，食物会在十五分钟之内通过轨道，像坐着过山车一样滑到你的眼前。孩子说，我要把咱们的幼儿园也建成一个有轨道的幼儿园。

老师知道，涵涵是去了一家由德国机械狂人马提亚斯设计的失重餐厅。孩子被这家新奇的轨道餐厅深深地吸引了，这种新奇大大地刺激着孩子的好奇心和兴趣，引发孩子想要创造的动力和愿望。

所有孩子的兴趣都被这神奇的轨道餐厅点燃了，于是老师与孩子们一起上网查阅这家餐厅的所有资料。孩子们兴奋地看

着，听着涵涵对轨道餐厅图片的解释与描述，已经迫不及待了。

新的刺激、新的事物引发了孩子们极大的兴趣，给了孩子们创造的起点，也给了孩子们思考的起点。

于是，孩子们开始寻找材料。他们比较着班中所能使用的各种材料。如，纸杯劈成两半，但纸杯太软了，连接点太多，不利于小球的平稳滚动，还有关于纸杯该如何支撑的问题。他们又找来了洗衣机进水管模型，但进水管模型过细，小球在转弯的地方总是被卡。在反复的比较试验中，最后确定选用了带有轨道形态的智高材料。

小球轨道幼儿园是依靠失重下的物体滚动，也就是物体从高处下落的势能，让小球滚动而穿越幼儿园，最后滚到幼儿园的操场。

搭建中，孩子们遇到了关于失重的现象，遇到了高处低处起伏变化的轨道问题，遇到了小球转弯时的惯性问题，遇到了如何让轨道穿越幼儿园的各个部位，轨道运行线路设计更加合理的问题，遇到了材料不够怎么办的问题，遇到了如何让轨道长短、高低更趋于合理等问题。

而这些设计与搭建过程中遇到的问题，提供了孩子们学习与深入思考的内容，给了他们尝试和解决的机会，给了他们探索和创造的良机。

为解决一个又一个的问题，他们向家长请教，向老师请教，与同伴相互协商，理解着什么是重力、重力加速度，了解着什么是惯性、惯性的作用，还有运动中小球拐弯时的离心力等等。虽然这些知识孩子们并不懂得其原理和理论，但他们了解了现象，了解了现象所产生的作用，也寻找到了利用现象和解决问题的办法。

在这些活动中，孩子们认真地、深入地思考着各种事实、事物现象和规律，以及它们之间的关系和相互的联系。思考成为孩子们最重要的一项能力和学习品质，成为支持孩子们不断探究的精神动力和源泉。

整个过程是艰难的，经历一次次的设计，一次次的讨论与修改，一次次搭建，又一次次推倒重来，但孩子们从来没有气馁过，没有放弃过，没有畏惧过。无论小球在谁负责的位置卡住，无论谁的小球滚出轨道，孩子们都一起分析原因。用积木搭建的幼儿园是极易被碰倒的，但在这个过程中，几个孩子无论谁碰倒了积木，孩子们从没有相互埋怨过，没有指责过，他们又会合力搭建起来。

最后历时将近一个月，那小球轨道不仅穿过了幼儿园，还一直滚到北京电视高塔，然后从北京电视高塔又滚回幼儿园，穿过幼儿园楼道才滚回到了五星红旗升起来的丰台第二幼儿园的操场上。当小球轨道全部建设完工，全部调试完毕的那一天，全班所有的孩子们屏住呼吸，共同见证了奇迹。当小球从高高的平台滚动，穿越幼儿园围墙，穿越高高的北京电视高塔，又穿越回幼儿园成功的那一刻，全班的孩子们欢呼起来，跳跃起来。

苏霍姆林斯基说："凡是着迷于一件有趣的劳动，在劳动中不断地揭示出各种关系和相互联系的学生，他的思想就不可能是混乱的，言语也不可能是迟钝的，因为学生不仅在劳动，而且在思考，在推理各种因果关系，在规划着未来的工作。"

"如果你们想使自己的学生成为善于思考的人，想使严整

的、明确的、合乎逻辑顺序的思维，通过清晰的说明和解释表达出来，那么你就应当吸引他们参加富有思想内容的劳动，把知识体系的关系和相互联系在劳动中体现出来，请你记住，劳动不仅是一些实际技能和技巧，而首先是一种智力发展，是一种思维和言语的素养。"

8. 让孩子们从这里走向未来
——2018 年六一小展台活动后记

园里一年一度的小展台，摆满了整个院子，甚是壮观。

此次我们的主题是"乐创小展台，娃秀'哇'精彩"。展览分为两个部分，一部分是班级儿童的创造展览，一部分是儿童个人的爱好展览。

班级展览大多是本学期班级所开展活动的集锦，也有班里依据绘本开展的主题系列活动。比如《皮特猫》系列、绘本《搬来搬去》系列，还有《123 动物园》等。这些都是儿童活动过程的创造积累与活动进程的展示。

这些作品中，有一些是用废旧材料制作的绘本情景，有一些是撕纸粘贴的艺术创造，有一些则是儿童用纸黏土塑造的立体形象与情节，还有各种绘画创作，以及孩子们想出的用各种各样材料创作的东西——京剧脸谱、中国龙等，真的是精彩绝伦，蔚为壮观。

班级作品展览中还有一部分是由乐高、智高、万能工匠、雪花插片拼插而成的各种建筑物、车辆、等等，其种类之繁多，体量之硕大，内容之丰富，也是我不曾想到的。比如，桥梁就有二十多架，有中国的石拱桥赵州桥，有跨江的南京长江大桥，还有跨海的港珠澳大桥等。车辆也有几十种。这是一个由量的

不断积累到质的飞跃的呈现。当小中大三个年级孩子的作品集中呈现在那里，你就看到了层次，看到了差异，看到了成长，看到了儿童发展不可完全跨越的年龄特点，同时更看到了孩子们惊人的想象力与创造力！也会情不自禁地赞叹老师们的用心与对儿童的引导。

另一部分就是孩子们的个人展览了。孩子们自主申报，没想到一下子报了那么多的孩子。所展示类型、项目真是五花八门。有乐高展、恐龙展、芭比娃娃展、火车展、汽车展、书法展、绘画展等。

展览上，我看到小一班王一昊展示的汽车。三岁多的他已经拥有客车、工具车、军用汽车等各种车辆几十辆，家长说这只是一部分，家里还有很多，而他讲起自己的汽车更是头头是道，如数家珍。我惊叹着孩子对车辆相关知识的了解，更感悟着孩子们在自己独特的兴趣爱好驱动下的能量。大班有一个叫才子家的孩子，他展示的是自己的乐高作品，孤陋寡闻的我从来没见过这么多的乐高作品，有拼插出来的银行，有街景商店，有飞机航站楼，有各种军舰，还有迪士尼乐园等十几件作品，这也不是他的全部。我是外行，听老师们介绍，仅迪斯尼乐园这一套，就由几千块乐高拼插组成，要拼插两个多星期的时间，是适合十二岁以上的学生们玩儿的。而才子家自己说，他从两岁开始玩乐高拼插到现在，已经持续了四年多的时间，最初由爸爸陪伴，到三岁就自己独立地拼插。而他妈妈说，他热爱乐高，五岁多的他就整宿不睡觉，一件作品非要插完再睡。我问他："你觉得累吗"？他摇摇头说："不累。"我又问："你在拼插这些迪士尼城堡的时候觉得自己在哪儿"？他说："在城堡里，跟米奇和米尼在一起"。我知道，孩子在拼插建造城堡的时候，自己也进入了那个童话世界，就如伟大的画家拉斐尔在画雅典学院那幅作品的时候把自己放进去一样，他要参与到那个时代，与那个时代伟大的哲学家们一起经历那个伟大的时代。我想这个孩子也是同样的，他把自己放进了迪士尼城堡，放到了米奇和米尼身边，成为了他们的朋友，他该是多么地快乐呀！孩子专注于乐高玩具已经四年多，但到今天依然热爱，依然痴迷。如此专注，坚持，耐心，这是我们很多成人无法做到的。

这里还有一位小班的孩子，喜欢恐龙。小男孩儿看过一部关于恐龙的电影，从此喜欢上了恐龙。他到过恐龙主题动物园，看过了十几本关于恐龙的书籍，他能搞懂三叠纪、侏罗纪、白垩纪三个时期的各种恐龙特征并分类，那是我们多少成人也无法分清楚的呀！小展台前，他乐此不疲地给园所中的孩子们介绍着。

看着孩子们，我知道还有无数的城堡以及无数的战舰等着他去建造去完成。我不知道，未来的他们会不会成为一名建筑学家，或者成为一名工程设计师，但我知道，他们已准备好了面向未来的一切。展览一次次地让我们发现儿童，发现儿童成长的不可思议，发现儿童潜在的能量与力量，发现他们让我们更有理由去相信，我们该好好去尊重儿童的内在规律，去聆听儿童心动的声音，去捕捉儿童生命奇迹的发生。

同时，一边看着展览，我一边惊叹着，兴奋着。我确信了儿童有无限的可能性，有无限的能量。当他们的生命能量被点燃和激发的一瞬间，那兴趣之火、智慧之火就会熊熊燃烧，点亮了整个生命。由此，我再一次地想告诉身边的家长们、朋友们，让我们向儿童致敬，因为他们值得我们如此行礼和尊重。

9. 那边传来嘶喊声

坐在办公室与文娟谈事情，突然窗外传来了一个人的嘶喊声，声音之大让我们以为是街上有人在吵架，却只听得一个人的叫喊声。不到一分钟，刚刚那个人的嘶喊声又再次响起，似乎是在朝什么人发着脾气，紧接着一声声的呵斥声传来。忍不住心中的不安，我走到窗边向外望去，原来是对面的窗子里传来的声音，透过窗子看到一排排的孩子和一个正在叫喊的成人。我虽看不到孩子脸上的表情，却能感受到他们心底的茫然无助和老师如洪水般发泄而出的情绪，我的心也被这情绪揪在了一起。

自 2016 年二胎政策放开，随着入园难问题的凸显，园子周边热闹了起来。院子的南面与我们共用一堵墙的人家，装修后出租办成了一家私立园。院子的东面也是共用一堵墙的一个单位，二层楼出租开办成了大班的学前班。从此园所再不"孤单"，有了热闹的邻居做伴。做操的音乐此起彼伏，声高声低组成了一首交响曲，当然还时常传来如同刚才一样的叫喊声、撕裂声，声音源于大班的学前班。

实在不忍听，听不下。因为我知道嘶喊声对于儿童的伤害。不忍听，听不下，还因为那里面有曾经在我们园所就读中班的

孩子,有两年被宠爱和关怀、有无限的童年欢乐与美好时光记忆。因为家长想要让儿童学汉语拼音,学加减法,担心儿童入学后落在别人的后面,所以没有征求孩子的意见,他们替孩子做了主,退园转到学前班,一个连资质和许可证都没有的学前班。

这让我想起那些曾经在小区、花园里面看到的情景。有三五位家长带着孩子在玩耍,这些小孩子从几个月到两三岁不等。其中一个不到两岁的小男孩,正拿着粉笔在小区的地面上写阿拉伯数字,从1到9。虽然写得大大小小、歪歪扭扭,但还是引来了不少家长羡慕的眼光和啧啧的赞叹,继而有抱着孩子的家长说起来:"看看小哥哥多棒,都会写数字了……"听着大家的赞叹,男孩子的家长自豪地说:"我从他一岁多一点就教他学,现在写得已经很好了。"很快,那些孩子还不会写的家长眼神中便浮出一丝焦虑,接着给自家的孩子递过一根粉笔,说:"宝宝也跟小哥哥学着写,来,先写1……"原本孩子们奔跑玩耍的场地,一下子就变成了书写的练习场,家长满足虚荣心的竞技场。随着时间的推移,大环境中层出不穷的"别人家的孩子""不能输在起跑线上"……于是,家长们最初那份单纯希望孩子幸福、快乐、健康成长的心,被一点点地侵蚀和摧毁,最终将孩子推进那些充满嘶喊声的训练之地……

我能理解家长的心情,我能读懂家长的焦虑,但我更知道家长不清楚、不知道曾经被爱呵护长大的儿童,面对这种嘶喊声时的恐惧、担心、害怕。家长不懂这样的嘶喊声会把一个孩子训练成一个很难管教的人,家长不懂这样的嘶喊会喊掉儿童的尊严,喊掉儿童的文明与教养,喊掉儿童的爱和善良、自信

与快乐。也许家长知道这样的机构并不保险,但家长们眼中更看重的是十加十等于二十答题的对错,家长更看重的是a、o、e、i的认读与书写,家长只看到了本本上红红的对钩和大大的叉号以及在老师的笔下那可计算的优良中差。但是家长们你们不知道,孩子还没有长到可以去面对这些叉号的年龄,那么这些叉号都打在了孩子的心上,造成了内伤。

在这里我真有些搞不清,那些曾经那么关注儿童的快乐,把孩子托在手心当宝,哪怕是老师一个严肃的眼神你们都脆弱到要掉眼泪的妈妈,为什么一旦面对加减法、汉语拼音,面对分数的时候,你们就不再在乎老师的嘶喊?你们以为老师的嘶喊便是对儿童的负责,你们以为老师对分数的看重便是对儿童的爱与关怀。家长们,如此年幼的孩子,要在这么短的时间,面对判若两人的你们,一面是火,一面是冰。家长们,你们想过孩子的感受吗?

作为一名幼教工作者,我们知道"游戏是孩子一日生活的主要活动",幼儿在成人意义上的"玩",其实都是在学习,这是由幼儿的年龄特点决定的。因此,二幼的教育一直顺应幼儿的天性,依照着孩子成长的节律。而那些小学化了的学前班和幼儿园不顾幼儿的年龄特点,只是单调地让孩子写字、算数,剥夺了幼儿游戏的机会,泯灭了幼儿活泼好动的天性,剥夺了幼儿童年那些应有的快乐,实质上是使幼儿失去了学习、创造和探索的机会,把天才扼杀在摇篮之中。

一人超前抢跑,万千家长焦虑。于是,心急的他们再也顾及不到儿童童年该有的欢乐,顾及不到儿童内在真正的需求,顾及不到游戏中儿童所展现的激情与能量、发现与创造。分数,分数，成为家长判断儿童好坏的唯一标准。遗忘了兴趣、探究、快乐、尊重、爱与善良等最重要的优秀品质。

　　心疼的我，被嘶喊声撕裂着，疼痛得我也想大声呼喊，请家长们问问孩子，他们现在快乐吗？请家长们问问孩子，他们喜欢这样的童年吗？请家长们问问自己是否真的弄明白了什么更重要吗？当然，在这里我也想请某些教育机构的举办者，请你们问问自己的良心！

10. 雪花雪花满天飘

一、雪花插片的历史

我参加工作时便有了雪花插片,因为形状如雪花而命名。雪花飘落的日子,是我们幼小孩子最最期盼的日子,漫天的雪花从天空中洋洋洒洒而落,将世界变成一个洁白而美丽的童话世界,我们在漫天的大雪中打雪仗、堆雪人、踩脚印,留下串串欢歌与笑语。而那时冬天平房的窗户上也会结了那美丽的冰花,如雪花儿一样地美丽。我们唱着"雪花雪花满天飘,你有几个小花瓣?"细细地数着一、二、三、四、五、六,那雪花的美丽,超过一切美丽而在童年的记忆里独占鳌头。

20世纪80年代玩具还很少,小小的雪花插片,是每一个园所都必备的一种玩具。虽然插片看上去很单一,但它却千变万化,用现在的话说,是一种低结构材料,于是它成了孩子们桌子上必备的玩具。除去正式的课程,那些插片就成了孩子童年游戏活动玩的最多,陪伴孩子们用时最长的一种材料。小小插片在那简单的世界里给了孩子们多少欢乐,多少创造,多少故事?

二、插片的兴衰

慢慢地随着社会的发展与变迁，物质繁荣起来，玩具也丰富了起来，种类也多了起来，有了各种拼插类的玩具。比如，筒状的，球状的，智高，乐高，万能工匠以及各种叫不上来名称的拼插类玩具，雪花插片慢慢被冷落在时间的长河里。

一次到一所幼儿园去参观，看到由雪花插片拼插的各种各类的小动物，有小兔子、长颈鹿、小猫等。一种记忆被呼唤，一种很久的老朋友见面的感觉。我立刻拍下照片，把那遥远的、亲切的记忆放入了新时代的手机里。

回到园所，我给王哲雅老师看，王老师看后特别喜欢，于是一种被搁置遗忘的雪花插片，重新回到我们的游戏材料中，回到孩子童年的游戏里。两周后，一群小动物在园所楼道的窗台上排着队站立着，长着红色斑点的小鹿、长长绿耳朵的兔子、黄色的乌龟等甚是好看。孩子们相互比较着，议论着。一时间班级的插片，真成了洛阳纸贵不够用了，因为谁也不愿意拆掉自己辛苦拼好的作品。于是，老师激发孩子们：谁插出与同伴不一样的东西就可以不拆，保留让小朋友们学习，因为你的作品是独创的，最独特的。

于是，孩子们开始拼插不一样的东西了，小动物丰富了起来。鳄鱼、斑马、海马、孔雀、大象等，班级的动物乐园成员多了起来。那热闹而鲜活的插片活动，呼唤着儿童内在生命的苏醒。

三、雪花插片的新生命

雪花插片如雪花一般在园所里洋洋洒洒飘落起来漫天飞舞。

所有的班级都开展了雪花插片游戏。从动物到各种建筑房屋，从地面上跑的汽车到天上飞的飞机、从陆地上的坦克到海洋中的护卫舰、航母，孩子们的插片世界里，他们只要能看到的都能通过插片展现出来。小小的插片成为了他们反映世界，表达世界，探索世界的途径。幼儿园里我们举办了"插片节"，插片作品摆满了整个音体室。由此，雪花插片在二幼的天地间展现着它的风采与价值，也成就了二幼的插片特色活动。

慢慢地，孩子们不再满足于自己能够拼插出来的东西。当展现拼插能力不能再让孩子们引以为豪，而插出来的作品就不再是用来摆的，而是用来玩的了。他们不愿只做简单的组装工，他们要赋予插片生命和意义。

他们开始用作品创造故事。拼插的救火车到七层救火，被解救的伤员由救护车送往了医院，水泥罐车开往工地，大卡车装着石料给工地运输，汽车在加油站里加油，公交车出了故障救援车来拖走故障车，而警察接到报警开着警车救助了丢失的儿童……孩子们把自己的生活经验与拼插作品结合起来，把真实的生活经验反映在游戏中。于是，老师抓住了这样的机会，支持孩子们把他们讲述的故事，用现代科技小影动画的方式拍成了微电影。而电影制作过程中，孩子们完全是自己拼插，自己拍摄，自己讲述，自己配音，自己编剧本，自己合成，他们成了一部又一部电影的制作人。从小班下学期，到中班期末，他们拍了七部影片，分别是《云梯消防车灭火记》《救治伤员》《警察拯救走失儿童》《工地的一天》《公交救援车》《加油站》《垃圾分类》。

我确信，我们全园的老师都确信：孩子们不是什么都没有带来，他们有自己的生命密码。在成长的过程中，他们只是在寻找和等待，寻找和等待打开那个生命密码的时机和那把钥匙。如果在适当的时候，教师正好支持到儿童，那把锁，正好遇到了我们教师手里的那把钥匙，于是，就如阿里巴巴找到了那可以打开宝藏的神秘的咒语，一座座宝藏被打开。那里有无穷的宝藏，那正是儿童的潜能和天性与能量。于是，我们看到了儿童的创造，看到了儿童那不可思议的能力。那贮藏儿童生命能量的矿藏，一旦被点燃和激发，生命之火将熊熊燃烧，照亮整个人生。

11. 游戏"丢手绢"里的哲思

操场上孩子们围成一圈在玩丢手绢的游戏,轻轻的一条黄色的薄纱,替代了原来方方正正的手绢,拾到手绢的孩子,奔跑着、追赶着前面那个放下手绢的人,手中的薄纱如一片彩云在空中飘动,而加油声、欢笑声与彩云一起在空中飞扬,飞扬!望着眼前的情景,时光仿佛倒流,纱巾替代了手绢,但没有改变的是童年的欢乐,童年的游戏。

丢手绢是一个从童年走过来的孩子都玩儿过、都喜欢、乐此不疲的音乐游戏。它是由当时在延安保育院工作的鲍侃为孩子们创作的儿歌,后经著名音乐家关鹤岩谱曲传唱至今。

手绢在20世纪50年代到80年代是孩子们身上的必备之物。记得小时候,每天妈妈把干净的小手绢,用一个别针别在衣服左侧的肩膀处,卓娅式的衣服,因那块美丽的小手绢而盛开了一片花朵。在那曾经灰色的年代,生活中衣服上仿佛多了许多的色彩与美丽,也多了几许的讲究与斯文,小手绢分外的夺目而芬芳。

手绢本是擦汗、擦鼻涕用,但由于过去的生活贫瘠,孩子们是没有什么玩具的,随身的手绢变成了一件玩具,一个道具。我们常常会取下手绢,叠飞机、叠元宝、叠小衣服、叠小耗子

那或穿着格子衣服,或穿着小碎花的小老鼠,我们会把它藏在身上让另一个小朋友找呀找呀,摸到痒痒处,女孩子们咯咯地笑个不停,发出串串银铃般的笑声。而有时男孩子们会让小老鼠突然地从手中蹿出,猝不及防的伙伴们会发出一阵阵惊叫。小手绢生出了多少童年的欢乐和童年的美好。而当一群小孩子一起在户外游戏时,小手绢自然就成了游戏的必然道具。丢手绢的游戏,想必正是鲍侃老师在观察和参与儿童生活游戏中得来的神来之笔。"丢呀,丢呀,丢手绢,轻轻地放在小朋友的后边,大家不要告诉他,快点快点抓住他,快点快点抓住他。"

在繁花似锦的春日,在炎炎如火的夏日,在清凉习习的秋日,在北风瑟瑟的冬日,一群娃娃们席地而坐围成一个圈,红扑扑的脸蛋上闪着明亮的光,孩子们拍着小手,唱着儿歌,一个娃拿着一只手绢。随着丢呀,丢呀,丢手绢的旋律,手绢儿轻轻地、悄悄地落在了一个小朋友的身后,而此时几乎所有的娃都知道手绢落在了哪,只是唯有一个孩子不知道,那一圈的小眼睛里是怎样的着急,又是怎样的期盼,更有一种佯装不知、故作镇定的可爱。多想告诉那身后有块手绢的你,手绢就在你身后,快去追、快去跑,但我又不能告诉你,因为我们每个人都知道规则的意义,知道谁也不能去破坏规则,知道活动中的规则是对大家每一个人的约束与保护。这是规则与意志、自由与纪律的考验,是速度与机智的比拼。短短的几句歌词,简洁而富有张力的游戏,就这样一代一代传唱,一代一代玩着,养育了几代人,也快乐了几代人。

这就是游戏的魅力,这也是童年的意义所在。在游戏中感知快乐,在快乐中学习生活,在生活中理解规则,在规则中获

得成长。两难中的孩子们,游戏着、游戏着就走进了真实的生活,知道了生活常常就是这样,它需要我们去制定并遵守规则,需要我们在适当的时候做出取舍,价值的天平上称着我们对世界的判断与选择,也称着我们的自律与道德。

丢呀,丢呀,丢手绢的旋律,从小唱到大,一直在我们的生命中回响萦绕!

12. 老师开展的家庭亲子活动成了家长"甜蜜的负担"

春天,班中结合季节开展了关于风的主题活动。星期五中午,王老师给家长们发了一则通知:"为了让孩子们更好地感受春天,了解风的特性,请家长与孩子一起制作一个风筝,下周二带到幼儿园,我们开展放风筝的活动。"通知发下去后,到了周二,班中只有三分之一的孩子完成了家庭亲子制作活动的任务。老师原本想组织孩子们在春季里放风筝,感受风的特性,但由于只有小部分孩子带来了风筝,活动开展受到了很大阻碍。没有风筝的孩子一脸的沮丧,老师心中也甚是委屈——明明自己是为了孩子们的发展设计的活动,为什么家长们这样不配合呢?!可是,家长们的心里也不痛快,抱怨说:"一天到晚老师总是留家庭作业,孩子到底是老师教,还是我们教?工作上已经忙得要死,明明很累了,回家还要完成孩子老师布置的作业。"老师为了促进孩子发展开展的亲子活动,没想到,却成了家长"甜蜜的负担"。该怎么让家长理解并配合老师的教育工作呢?

一、分析解读

家庭亲子活动是幼儿园家园共育中不可缺少的一项重要的

内容和教育方式，也是实现家园同步，合力完成对儿童教育的重要措施和途径之一。但是有些家长为什么会不支持、不跟随，甚至开始对老师的好心好意反感了呢？究其原因主要有两方面，一方面，老师没有让家长真正地了解家庭亲子陪伴对儿童成长的意义和价值，也没能让家长真正了解开展此项活动对儿童发展的目的，从而获得家长的价值认同和配合。亲子活动不是简单地让家长陪着孩子，做一个自制手工，配合老师完成一项任务，其目的是让孩子在家长的陪伴下获得更丰富、更多样的成长，补充幼儿园教育中无法替代的部分，同时让家长在陪伴中、在与孩子的互动中发现儿童的成长，了解科学育儿的知识，体会老师教育的方法与智慧，完成儿童成长中不可缺位的活动支持与陪伴。另一方面，有些亲子制作任务对于家长来讲是富有挑战的，也是非常耗时的。所以，我们也要让家长在自己的擅长领域中去展现自己的能力，施展自己的才华，要让家长在亲子活动中体验到陪伴和成长的快乐，感受到和孩子共同成长的幸福。

二、出谋划策

（一）根据不同家庭情况，制定个性化的亲子活动内容及方案

通常班级开展家庭亲子活动，总是会根据班级主题，布置统一内容，一个任务，一刀切一起走。随着儿童发展的个性化需要和家庭中呈现出的不同问题，教师可以针对班中孩子的不同发展需要和不同的家长特点提供更符合个体需要的亲子活动。比如，有的孩子的爸爸虽然在家里不是特别管孩子，不是玩手

机就是看电脑,但是他们的思维比较活跃,动手能力也比较强。针对这种情况,老师可以安排一些多动脑、动手的活动内容。比如爸爸与孩子一起设计多米诺骨牌的机关,发挥爸爸的特长优势,并拍照上传班级微信群,与大家分享,这样让家庭陪伴更有趣,更有实效。再有,园所的家庭亲子活动,不可强求所有家长和家庭都要参与完成同一个内容,可以让家长自愿报名选择完成某项亲子活动,也同样可以实现家园共育的目标。

(二)运用信息技术手段,创新和拓展亲子互动方式

教育要紧随时代,不能固守于家长必须亲自到幼儿园现场陪伴,或者是在家里面做事才叫家庭亲子活动。我们可以充分利用现代信息技术,让儿童在园活动的时候,依然有家长在场的陪伴。如活动区活动时可以预约家长,通过微信视频连线,让家长可以实时地对孩子们建筑区搭建、小厨房制作、科学区实验等活动现场给予远程指导,或者孩子在图书区讲故事时,同样可以通过视频连线讲给爸爸妈妈、爷爷奶奶听。这样的亲子陪伴活动更有针对性,更灵活,更生动,更便捷,家长也更喜欢。

(三)让家长在自己擅长的领域中展现价值,做好深度陪伴

家园共育过程中,教师不但要了解幼儿,更要了解家长。幼儿园家长中卧虎藏龙,各领域、各行业的专家、学者,技工都有。因此,幼儿园要掌握、了解和运用家长中的教育资源,让家庭亲子的活动真正成为促进儿童发展和提高家长育儿水平的有力助手,并让家长在家庭亲子活动中实现自我价值。老师可以根据本学期班级预设和生成的内容,做好家庭亲子的预约活动,让家长有能力、有准备、有时间和精心去做好家庭陪伴

的活动。一些家庭亲子活动还需要老师和家长共同讨论、设计，从而让家长真正感受到园所教育理念、课程理念，获得价值的认同和配合，也从中学习和体验科学的育儿方法，增强家长在陪伴当中的乐趣。

（四）让家长在陪伴中体会到和孩子共同成长的快乐

要让家长在亲子活动的过程中体会到童年的快乐和成长的价值，不能总是让家长协助儿童和老师完成作业，共同制作一本书、一件科学玩教具，以为这样就是家庭亲子活动了。其实，有时家长并不能真正理解老师为什么设计此项活动，从而也不能从中感受快乐，更何况有些亲子制作并不简单，这样家长就会认为是给自己出了难题，找了麻烦。因此，在内容的选择上，一要选择容易实施且可以长久坚持的活动。比如睡前阅读的陪伴，可以通过每天微信群打卡的方式，也可以组织班级图书借阅、故事大王比赛等，让家长知道这是一项长期且有具体方案的亲子活动。即使某些家长一开始不参与，也会随着其他家长在微信群中的点赞和坚持，慢慢也加入到活动的行列之中，形成习惯。家长在阅读的陪伴中，也享受了最珍贵的童年时光和最有价值的成长。二要设计形式丰富多样的亲子活动。如假期社会实践活动，让家长与孩子一起带着诗歌去旅行；为班级推荐一本家庭亲子阅读的好书；鼓励家长与孩子一起布置各种个性的小展台；搭建平台，让家长和孩子一起在幼儿园小舞台同台表演等。这样的活动家长才乐于参与而且让家长也能体验与儿童一起成长的欢乐。三要紧随时代热点，老师所选择家庭亲子的内容要紧随时代。家长大都30岁左右，对社会时事处于高度关注的阶段。我们不能做一些家长觉得老掉牙的东西、无价值的内容，那些符合时代脉搏的亲子活动才能够调动家长参与的积极性。如中国神舟十一号发射成功，老师抓住教育契机而开展相关的亲子活动，让家长和孩子一起用废旧物制作航天员氧气瓶，然后开展登月游戏；再如，教师根据中央电视台的开学第一课"中华骄傲"，引导家长与孩子在家一起寻找"我身边的中华骄傲"，然后分享在班级群中。这样的陪伴活动，具有时代的特点与意义，也更能激发家长参与的兴趣。让家长在陪伴中领会活动的意义，感受到童年的快乐和成长的价值，他们就会更加支持老师的活动。

13. 重复练习对幼儿是极有帮助的
——再读蒙台梭利

在我的工作经历中,对这一点是极其认同的——儿童的认知发展和精神成长正是在反复的练习、重复的活动中完成的。幼儿园里的插片儿童百玩不厌,但儿童在一点点地发展,从插一朵花、一把枪,到插出各种车辆、各种建筑物。儿童正是在这样反复的活动中发现了自己的能量,并在生命里不断展现的神秘世界中练习自己,进一步发展自己。

这种"重复做事"的特点,是儿童的一种自然活动,心理学家把它称为幼儿特有的"常同行为",蒙台梭利将其称为"重复练习"现象。儿童的重复活动像一种心理的新陈代谢,这种新陈代谢与他的生命与成长紧密相连。儿童的重复做事对意志力的形成大有裨益,而意志力是重要的学习品质。

我曾看过,一个三岁多的男孩和妈妈在饭店吃饭,饭还没上来前,他和妈妈一起玩"送礼物"的游戏。儿童拿着一个盒子当礼物,送给妈妈,说:"这是送给你的礼物。"妈妈接过来说:"谢谢。"然后男孩开心地笑着,随即把礼物从妈妈手中要回来,接着跑到门口,重新又送礼物给妈妈。如此重复,男孩玩了八次,而这位妈妈一直重复陪着他玩了八次,直到饭来了,男孩满足地笑了。显然,是儿童的反复练习使他的精神世界得

到了满足，就像吸吮的孩子吃饱了奶一样的满足。

"重复练习"的行为能够满足儿童时期的心理需求，也更容易让他们获得成就感和独立感。另外，他们在已有经验的工作过程中，更容易产生心理上的安全感，从而发展为对自己的认同和自信。比如，每天的建筑区，儿童不厌其烦地搭建着，拆掉重来。积木搬来搬去，一座建筑物搭上两个月，最后直到完成。表面上，我们看到的是孩子重复着没有多大的变化，但在这个过程中，孩子的思维、创造以及对事物的整体的认识却呈现螺旋式上升的状态。在一次次推倒重来的过程中，他们慢慢在内心建构起对积木本身、对建构活动、对外形结构等的认识，对此类事物的认识越来越接近本质与原理，获得较完整的认知经验。

幼儿园的孩子喜欢玩多米诺骨牌。这是一个要把很多个小积木片排列在一起，再推倒重来的游戏。如果是成人的我，会觉得实在无趣而放弃。而儿童一次次地排列着，一次次地推倒，并在一次次排列中变化着图形方案、机关的设置，增加着上下高低的难度，享受着其中的乐趣。而儿童的坚持、不畏惧失败、儿童的精神力量，在这无数次的反复中成长着、强大着。我想，每一次的搭建，每一次的修改，每一次的失败重来，孩子们的认知、坚持、探索的精神力量，必定会增长一分、增强一度。他们下一次的重来再不是上一次的自己，他们已是成长了的新我。

14. 心中开出一朵朵美丽的花

小班的一个女孩用小珠子穿起了一个漂亮的手链儿,问她送给谁,她说,要送给妈妈。中班也有一位小女孩儿,用纸黏土捏了一个漂亮的皇冠,问她,说是送给妹妹。小小孩子,心中装着亲人,装着美好的情感。

圣诞节了,中班的典典在活动区精心地制作项链,她说,要给奶奶、姥姥、妈妈每人做一条当礼物。当典典把自己做的项链戴在奶奶、姥姥脖子上的时候,奶奶、姥姥的眼中溢出了泪花。这泪花是为了孙女的成长,这泪花是四年多心血付出得到回报的那份欣慰,这泪花是知道孙女已经懂得生命里,对他人为自己成长付出的感恩。不仅如此,佩戴这条项链还要有个仪式感,让过程更加隆重与特别。晚上典典妈妈回到家,当典典给妈妈送上项链之前,她让妈妈先要闭上眼睛,转过身,给妈妈戴上项链,再请妈妈睁开眼睛。而此时,那一颗颗珠子,化作了妈妈一颗颗晶莹的泪珠,也化作了儿童成长中一粒粒闪光的珍珠。

每一个教师节,我都会收到孩子们的礼物。前年的教师节,中一班的孩子送给我一支他们亲手用彩纸制作的小花,上面还有一个二维码,扫过二维码,那里有孩子手捧鲜花祝游妈妈节

日快乐的祝福！孩子送花给我的时候脸上洋溢着快乐，他们盯着我的眼睛看呀看呀，看我的笑，看我的美，那一刻，我知道孩子们把心交给了我。过了两天，我走在楼道里，那个送花给我的小男孩儿突然拦住我问："游妈妈，那花还在你的办公室里吗？"我说"在呀，当然在呀。"他又问我："收到花的时候你是不是心里乐开了花？"我说："对呀，你的那朵小花儿现在就开在我的心里。"男孩儿听着我的回答，满意地点点头，然后走开了。

去年的教师节，我又收到了一位大班小男孩一捧浓浓的、大大的百合花，百合花肆意地绽放在办公室里，浓郁而芬芳。从这以后，每一天我的房门都被一个小男孩悄悄地推开，探头探脑的，看看花看看我，然后走掉，没有话语。如此反复一个星期，男孩儿并不说什么，只是见到花，看见我，他便安心，然后悄悄地走开去。

花儿开败的那一天，我对小男孩儿讲，这个花已经绽放了全部的美丽，它想要休息啦，你看，我们要不要把花埋起来，让它睡个长觉？小男孩点点头，与我一同把花埋在园中的石榴树下。

这一年，园中的石榴树开满了红花，如云如霞。我与那男孩一起看花，那孩子说，去年的花变成了石榴花吗？我说，是的，它用另一种生命的方式。

在二幼的乐园中有一颗颗美丽的童心。每一个节日，我都会收到孩子们不同的节日礼物：一包自制玫瑰茶、一块自制香皂、一条编织的小手链、一片烤白薯等。孩子们如伊甸园的亚当和夏娃，至臻至纯，他们没有别的目的，只为美而来，为善

而来,纯粹而澄澈。童心是上天赠予我们一生中最昂贵而无价的珍宝,至精至美,让我感动,让我流泪。

当孩子们制作一件手工艺品准备送给某个人的时候,孩子们期待看到,他们所送去的那一份礼物被对方快乐接受时开心的笑容。因为此时的他们,把心交给了你,也把善与美给了你,他们属于了你。而当孩子们在穿项链、做皇冠、做绢花的时候,他们把所有的情感、爱与美都灌注到了对漂亮珠子的挑选,对颜色组合的设计。那一刻,他们把最美的式样与浓浓的情感也一并编织在了那幼小的心灵里。

百合花早已凋谢,深深地埋于土中,但那花的芳香和美丽,真与善的种子,永远地在孩子们的心田里悄悄地生长,也在我的心里绽放出了世间最美的花朵。

15. 教学准备需要孩子的加入吗？

在幼儿园组织的教育活动评比中，青年教师小王正在上一节大班健康活动——活动中受伤了，如何保护好我们的身体？孩子们纷纷举起小手七嘴八舌地抢着回答，和小王老师的师幼互动热烈又有趣。有的说："我们需要马上叫大人帮忙，比如爸爸妈妈或者老师。"有的说："如果在外面，我们可以提醒大人们拨打急救电话120或者999，我们小孩儿说不清楚，所以让大人打更好。"有的说："我妈妈是骨科的医生，她告诉我，如果有人骨折，不能去扶受伤的人，要用硬的东西把受伤的地方固定住才能去医院。"还有的说："如果是小伤，我们就自己告诉爸爸妈妈或者老师，然后用消毒棉签擦一下就行了，我们要做勇敢的孩子。"……听着孩子们的回答，在场的人都觉得很惊讶。活动后，在小王老师的课后反思中，她介绍说，在备课过程中，她事先与家长进行了沟通，让家长和孩子共同搜集身体受伤的案例以及受伤时应对的方法，因此，在活动中孩子们的积极性被充分地调动起来。可是，有的老师提出了问题——教育活动准备真的需要孩子的加入吗？由于孩子们课前都知道了，这算不算活动效果作假？

解读与分析（第一篇）

分析解读：

本次教学准备中教师思考到要让儿童加入，让儿童课前做了较为充分的准备。从儿童的回答，我们知道有些经验可能是儿童在生活中亲历过的，如发生了小的磕碰伤怎么办；有些是从爸爸妈妈那里得来的，如骨折了怎么办；有些则可能是儿童在故事、图书、电视中获得的，如拨打999、120等。但教师让儿童准备的经验大都只是停留在知识层面上，停留在知道上。那么这样的一次活动到底该不该让儿童加入教学准备，如果儿童加入准备该准备些什么？如何让儿童的加入准备为儿童实现真正的发展增值、增效？

出谋划策：

一节活动课的教学准备分为幼儿的经验准备、精神准备和物质准备三方面。教学准备中让儿童加入，体现着教师把儿童看成一个主动学习的人，一个有能力的人，把儿童放在主体的地位，而不是知识被动的接受者。儿童加入活动准备的环节，能够有效地激发他们主动学习，培养儿童良好的学习品质。

儿童参与的教学准备，其实不仅仅是教育活动，也应包括活动区活动准备、户外活动准备等。针对教学准备儿童的加入问题，主要有以下几方面的建议：

1. 让儿童加入的教学准备，要与儿童的经验、生命、生活相连。

教学准备活动同样是儿童获得知识与经验的重要环节和过程。儿童在成长中一定会有不同的身体受伤的经历与经验，教师要重视儿童自身的经验价值，让儿童在教学准备中把自己的经历收集与梳理,同时,培养幼儿自己寻找答案的方法。当然,这其中一定会用到家长的资源与参与。这样,儿童的准备会更充分、更具体、更鲜活,也使活动与儿童的经验相连,与儿童的生命相连,与儿童的生活相连,这样的教育更有意义。

2. 让儿童加入的教学准备,成为培养儿童主动学习的重要途径。

教学准备中儿童的加入,教师要注重与儿童的学习方式、年龄发展目标相结合。如:本次大班活动中,可以由儿童课前对自己曾经身体受伤的原因、部位、处理方式进行收集、统计;教师也可以依据幼儿经验和水平,让儿童分组调研、自主编排、自由设计保护身体的小主题,然后在集体教学中表演等。这样会更加增强儿童的主动性学习和创造性,使准备对促进儿童发展更有价值。

3. 让儿童加入的教学准备,也可以是由儿童参与的物质准备。

本次活动内容是"活动中受伤了,如何保护好我们的身体?"作为大班儿童,应当学会简单的自我护理的常识与技能。所以,教师可以让儿童课前每人准备一个应急处置包,把自己认为应急包里应当有的材料,通过图片或者材料外包装盒进行准备,让儿童在与家长共同的物质准备中,学习与思考每一样物品的作用和应当预防的可能危险,寓教育于物质准备之中,增强自我安全教育意识。

解读与分析(第二篇)

分析解读:

一节活动课的教学准备分为幼儿经验准备、精神准备和物

质准备三方面。静观现在,有些老师在教育活动中忽略孩子的心理发展与年龄特点,只备教材,不备孩子,出现由于准备不到位、无法吸引孩子学习兴趣的现象。有时候,虽然也根据孩子的年龄特点进行了问题的设计,但由于有些不是所有孩子的已有经验或者关注点,孩子回答问题的时候往往不积极踊跃,常举手的总是那几个人,有些追问的问题还会遭遇"冷场"。其实,教学准备对于教育活动的优化非常重要,孩子的认知活动是对已有经验的提升与总结,在教学活动前,充分的课前准备对于他们来说显得十分必要;教学准备活动的优化不仅能促进教师自身教学能力的提高,同时能够有效地激发幼儿的主动学习,培养良好的学习品质。针对优化教学准备的问题,主要有以下几方面的建议:

1. 幼儿的经验准备是培养学习品质的重要途径。

《纲要》指出,幼儿的一日生活即教育,而教育活动只是其中的一个环节。我们在教育活动中,一方面要完成既定的教育目标,让孩子在情绪情感、能力态度、知识技能方面有所获得;另一方面就是和孩子们共同探讨如何追寻未知的答案。重视儿童学习品质的培养不能仅在一节课上。因此,在教学活动的准备过程中,我们要让儿童参与更多的知识经验准备和精神准备。一方面,儿童的精神准备本身就是学习的一部分,形成积极、主动地面对问题的态度,本身就是在培养幼儿形成一种重要的学习品质。另一方面,让孩子做好经验准备,就是在培养幼儿自己寻找答案的方法。我们要相信儿童的能力,很多活动我们可以让儿童策划、讨论、参与,从而激发儿童主动学习的愿望。如:本次活动中,教师可以依据儿童需要设计与医院有关的角

色游戏，让他们分组调研、自主编排、自由设计保护身体的小主题，然后在集体教学中表演。这样会更加增强儿童的主动性学习和创造性，在实现教育目标的同时，于无形中激发了他们对于生活中事物和现象的观察兴趣和好奇心，学习品质也悄然养成。

2. 准备活动是儿童获得知识、经验、能力的重要课程。

处处是学习之机，时时是学习之时。我们对儿童学习的定位以及对课程的定位，要更开放、更宽广。教学准备活动同样是儿童获得知识与经验的重要环节和课程，如：老师在课前告诉孩子们教学活动内容，允许他们回到家中进行五花八门的准备工作，而家长作为教育的重要合作者和教育资源，作用不可小觑。家长在教学准备过程中的积极参与会使教学活动更加丰富与生动。比如：在社会活动"我的社区"的准备过程中，老师引导孩子和爸爸妈妈一同上网查找资料，和爸爸妈妈实地进行查看、拍照，制作"我的生活圈"平面图，运用家长的专业和特长进行知识的补充分享和拓展……在第二天的教育活动中，幼儿能够充分展示自己对社区的了解，一方面让幼儿之间的经验得到分享和延展，另一方面也能不断提升孩子自信。这样的准备也是一种十分有效的课程和学习。

3. 教学准备中要注重儿童隐性的参与。

在教育活动准备环节，老师们常常觉得物质准备更加重要。丰富有趣的操作材料虽然能够有效地调动幼儿活动的积极性，但如果不能跟幼儿的实际经验相结合，就不能起到为幼儿学习服务的目的。比如，在学习对称剪纸的过程中，老师投放了各种图片、对称剪的图样、精美的范例、细致讲解的课件、剪刀

和画笔，虽然物质材料很丰富、很吸引人，但是却忽略了班中有些孩子由于年龄小或者其他原因还不能很好地剪曲线，因此，活动效果并不如预期的好。如果老师在活动的前期对班中幼儿使用剪刀的水平进行分析，并针对孩子剪纸中的难点问题进行分析，而后在教育活动中分层次投放材料，如折好并画好曲线纹样的、折好并画好直线图形纹样的、折好未画纹样的、剪了一半的等多层次的剪纸材料，相信每一个水平的幼儿都能够在他原有的基础上获得发展。通过充足的前期调研，让孩子成为老师教育活动准备的小助手，让课堂活动的物质准备更具有指导性和有效性。

16. 桃花依旧静静地绽放

送教笔记第一篇

因着一凡,我知道了乐平基金会,结识了匡华,知道了有这样一群人在做着一件这样的事情——支持帮扶偏远农村地区的学前教育。

一直想做这样的一件事,想要到山区农村去支教,觉得作为北京市市级示范园的丰台二幼的园长,是时候该去做这件事了。于是,有了与乐平基金会的合作,来到青海的门源与湟中送教。

第一站是门源的青石嘴镇大滩幼儿园。这是一所乡镇中心园,设立在青石嘴镇大滩小学的里面。马校长向我们介绍,幼儿园共有3个班,有幼儿190多名,幼儿园班额很大,小班幼儿人数达到91人,中大班各50多人,这是令我从未想到过的。听到人数时,我第一反应是,我没法胜任这个岗位,我的脑海已经逃离课堂,逃离孩子,我觉得如果我是教师可能会选择逃离。

走进班级,孩子们整齐有序地坐在桌旁,等待着从千里之外北京来的老师,清脆而响亮的一声声老师好,把我们迎入教室,一张张扬起的小脸带着高原青海娃的光亮与质朴。

许蓓老师带去了绘本《月亮的味道》一课,由于山区的设

施简陋，没有电子白板，我们选择了故事围裙进行教学，孩子们明亮而清澈的眼睛仿佛天上的星星般闪耀着光芒，与许老师围裙故事上悬挂的月亮辉映着，彼此照亮着。每一次提问，孩子们高高举起的手臂，仿佛如伸向夜空中那皎洁的月光，孩子们渴望摘得这星空中的那一轮明月，渴望着大山之外的那个世界，渴望着远方，渴望着未知，也渴望着老师把整个世界带进教室。而我感动着！因为那目光，那笑脸，那渴望！

来到大班是一节音乐律动活动。曲子选用一首俄罗斯曲目《萨莎》。"萨莎，萨莎，one，two，three……"随着许老师的呼唤，孩子们纵情地舞着、跳着、乐着、玩着。播放器中那好听的音乐，许老师那好玩的游戏，孩子们那好看的笑脸，在白雪皑皑的祁连山脚下融合成亦如格桑花般的美丽景象，而孩子们就是那雪山中绽放的一朵朵格桑花，美丽而生机盎然！我陶醉着，享受着孩子们带给自己的特别幸福！

课堂上，教室的后面坐满了门源地区各教学点的老师们，她们专注、认真、投入，年轻的脸庞洋溢着会心的笑，也凝结着沉静的思。我想说，老师们，我们向你们致敬！

送教笔记第二篇

送教的第二天上午，我们来到青海的湟中县土门关乡中心幼儿园，送上一节大班数学活动——数字游戏。

这里孩子们的眼神、笑脸与门源孩子们一样地清澈而明亮，一样地灿烂而迷人。

数字游戏活动中，孩子们主动而积极，思维敏捷而灵活，面对困难他们勇敢，面对挫折他们坚持，面对规则他们自觉，看着那涌动在儿童内心的澎湃力量，看着孩子们自信而开心的

笑靥，这一刻，我知道孩子们已经具备了挑战一切、挑战世界的勇气，我也知道土门关中心幼儿园的老师们，她们用爱与希望给了孩子们这份勇气与力量。

下午，我们又匆匆赶往坐落于大山中的湟中县土门关上阿卡教学点的幼儿班，那里是一个仅有九名儿童的村教学点。车子在蜿蜒的青海大山间穿行，早春的青海山峦白雪消融下露出青青草色，春天已经显露出它的勃勃生机。车子行驶半小时后停在一个无法再向前的门口，而我们仿佛已站在山巅。

九个孩子已经在大门口翘首期盼，挤在一起的小脑袋争相望向客人，望向大山以外的那个远方。

客人好！客人好！孩子们热情地叫着，没有丝毫的怯懦。这时，不知哪个孩子起头，接着孩子们中间响起了春眠不觉晓的歌声，那歌声在寂静的大山中回响，那歌声如天籁之音，唤醒着大山飞翔的小鸟，那歌声拥抱着大山中复苏的春天！

在孩子们的簇拥下，我们进到教学点的院子，一排平房，三间教室，大大的院落中一棵盛放的桃树，静静地独自绽放，蓝蓝的天空，悠悠的白云，亭亭而娇艳的桃花……我们仿佛置身世外桃源。我们醉了，醉在这美景中，醉在这宁静中，而孩子们的笑声是这般宁静中的风铃，叮当叮当地响着。

教学点的老师是一位两个孩子的妈妈，因为她是现在全村学历最高的人，所以村民们选她做了"先生"。

进入教室，首先映入我们眼帘的是后墙上那几个大字，醒目而温暖，"老师爱我像妈妈"。是的，这位没有受过任何学前教育培训的老师，如妈妈一般地教育、陪伴着九个孩子的成长。教室中只有十把椅子、四张桌子、一台电视、一台录音机。

　　许蓓老师带领孩子们玩起五只猴子荡秋千、土豆土豆皮皮等各种各样的手指游戏、音乐游戏，从室内玩到室外。孩子们笑着、跳着，创意着各种动作造型，扮演着各种角色，院子里流淌着童年欢乐的时光。

　　离开的时候到了，我们与孩子们依依不舍，繁花树下我们合影留念。夕阳的余晖把院子照得一片金黄而明亮，桃花依旧静静地绽放，而我知道，繁花之后的桃树终将结出果实，在不远的未来，这里一定会累累硕果！

附记：

　　青海送教两天，有幸与匡华老师和出云同行。一路上，感知着他们的工作项目，感受着他们的工作状态，更感动于他们对山区孩子的教育情怀。他们让我知道，原来我们身边有这样一群人，他们行走于中国边远的农村、牧区，他们身体力行地为那些偏远而贫穷孩子的教育奔走呼号，为大山沟里孩子的教育和发展集结着全社会的力量，他们用自己柔弱的身躯推动着中国山区学前教育发展的巨轮。

　　匡华老师，好看而清瘦的脸庞却给人一种刚毅的坚强。在青海这两天，每到一个教学点，她问得最多的三句话是"你们有什么困难""你们有什么需求""你们有什么困惑"，她不放过任何一个机会去了解着当地老师们的想法、困惑。她发过一个宏愿，要让中国偏远地区 1000 万的孩童都享受到乐平基金会的帮助与支持。她仿佛不知疲倦，从一个点赶往另一个点，火车上、汽车上，匡华与出云所谈论的话题都是各教学点的发展、教材的使用、教师的培训、教研员的队伍情况。

　　出云德吉，这个血管里流淌着青海藏族血液的南开女子，因着梦想，因着对家乡的热恋与情怀，因着对大山里孩子们浓浓的爱与牵挂，成为了乐平青海项目点的守望者。5年了，她发展着一个又一个教学点，她翻越着青海的一座又一座大山，她培育着一批又一批的教研员。如今，在青海的高原上、大山里，学前教育已是花开点点，吐露芬芳。出云笑说，她爱人说她们是一群疯子。是的，她们疯着，快乐地疯着，为青海的孩子们，为中国的学前教育。

　　两天的青海送教还未结束，出云又开始筹划着6月19日的送教活动了，并力图说服我，让二幼参加这次的送教。我感动于他们的赤诚与执着，更为祖国的未来与孩子们的欢笑，我答应！

17. 在与骨干教师共同的项目任务中，引领他们的信仰与追求

认真落实"把骨干教师培养成党员、把党员教师培养成骨干的'双培养'机制"，是我园党建工作中的一项重要课题。骨干教师不仅要在业务上做到专，还要让他们在思想上做到红，成为又红又专的社会主义建设者，成为园所发展的一支思想过硬、业务专精、作风优良、群众满意的中坚力量。作为一名党员，如何通过自身影响让骨干教师自觉、自愿、自主、自动靠近党组织，成名一位光荣的党员？除去我们的教育学习，除去我们的谈话引导，更应发挥党员自身的先进性、模范性。我认为，每一名党员都应是一面旗帜，每一名党员都应成为鲜活而生动的教材，每一名党员更该是一个能动的宣传队、播种机，用自身的样子去引导、去说服、去感染、去教化、去感动骨干教师。而骨干教师同样是有能力、有感情、有温度、有血肉的人，所以，让党员与骨干在共同任务的承担中，在共同任务的研究中，在共同任务的互助中，在共同任务的作战中，相互学习，彼此影响，是对骨干最有影响力的培养方式之一。

一、在日常联系中，有针对性地对骨干教师做好思想引领

每一位骨干教师除了有党员联系人外，还要有针对性地与

园所的党员进行结对。根据每一位骨干教师的不同工作岗位，有针对性地进行培养，做好思想上的引领和帮带工作。如：我园蓓蓓老师是行政领导中的非党员，园长与蓓蓓老师结对。在日常工作中，园长以身作则，对她进行有针对性的引领和思想上的提升，让蓓蓓老师逐渐了解党、感受党、对党产生向往。左晶伟老师作为园所的一名老教师一直担任班长工作，党员杨颖老师作为一线业务领导，在日常转班巡视以及业务讨论的过程中，也对其加强了思想上的引领，逐渐将其培养成一名入党积极分子。有针对性地结对引导，有助于党员做好帮带工作，在持续不断的引领下，潜移默化地提升骨干教师的思想认识，使他们逐渐向党员迈进。

二、在仪式感的活动中，增强骨干教师的使命感和光荣感

每位骨干教师在业务方面都有自己的特点和特长，在骨干教师表彰和展示的活动中，不断增强对他们思想上的教育，增强他们作为骨干的使命感和光荣感，引导他们向着更高的精神追求前进。今年9月的教师节，园所党支部开展了教师节评选与表彰活动。评选项目有"丰台二幼师德榜样""丰台二幼青年新秀"，并开展了"师徒结对拜师"活动，其中还有一项特别的结对就是"党员与骨干结对"。

师德榜样的评选过程中，大屏幕上PPT播放着骨干教师的业绩，让骨干教师感到无上的光荣和自豪；师徒结对拜师活动中，徒弟们的一杯热茶、一声师傅、一个鞠躬，让骨干教师感到了自身的责任与担当；而党员与骨干教师的结对，当党员把红红的中国共产党党章送到骨干教师的手中，那一本红红的党

章,让骨干教师感受到自身应在政治上的追求。同时在这样的仪式中,骨干教师也强烈地感受到党员的崇高与伟大,而党员也增强了自豪感,增强了对骨干教师思想引领与关注的责任与使命。

三、在共同的奋斗中,让骨干教师看到党员的精神与能力

党员不是名号,不是摆设,不是徒有虚名。在一个组织中,党员必须要通过自己的一言一行把能力展出来,把水平显出来,才能真正地把身份亮出来。

本学期正值园所承办学前教研室园本课程领导力的全区观摩研讨活动,本活动对于全区幼教人来讲是一个新的课题,对于我们来讲,是一个富有挑战、需要啃硬骨头的任务。它需要我们在课程理论、课程文化、课程建构及其课程实践等方面形成自己完整的体系与目标,需要梳理撰写园本课程的理论部分,更需要教育实践的支撑与说明。虽然我们有以往的大量实践基础,也有课程的理念认识,但向全区开放和供专家研究,无疑是一件需要费力,需要水平,也很需要功夫,需要咬牙和攻关的艰巨任务。

于是,我们把党员与骨干教师结成对子,把艰巨的任务进行分解,党员与骨干教师一对一对去攻克难关。党支部书记兼园长与骨干教师许蓓为一对,完成园本课程理论上位的思考与撰写;组织委员陈文娟与骨干教师王哲雅为一对,完成园本课程管理与实施的撰写。教育主任党员杨颖与骨干教师左晶伟、李晴为一对,着力教师在课程中的作用与实践的开展。这中间园长每天除去各种行政事务要忙,挤出空隙与蓓蓓一起讨论、

研究,共同学习理论,休息时间每个周六,园长从早晨7点坐在写字台前开始整理和修改稿件,然后把思考、认识发微信给骨干许蓓,进行讨论,每每弄到夜间11点。陈文娟老师家远,家里的孩子才上小学二年级,她顾不上孩子,园所党务工作、园所集团集群工作、教科研工作、课题组研究等一个人负责很多项工作,但每天帮助指导王哲雅老师梳理她在课程中的实践案例与思考,亲自执笔,亲自撰写。杨颖老师身体虚弱头晕,数次呕吐,但依然战斗在岗位上指导班级活动的深入,指导儿童的深度学习,与教师共商共议,使班级老师们的教育实践硕果累累就这样,党员们与骨干教师们每天研究在一起,实践在一起。

这种精神影响着,也感动着骨干们,让他们感受到党员们精神与信仰的力量。二幼党员们刻苦钻研,率先垂范,勇创一流,他们向着更高、更强、更好的标准不懈追求,让骨干们认识到专业与精神是统一的,是和谐的,更是相互促进与支撑的,信仰坚定而努力会更加富有动力。在这过程中,骨干许蓓和王哲雅老师向党组织郑重地递交了入党申请书。

四、在真诚的帮助中,让骨干教师体会党员的温暖与力量

党员是有温度,有情感,有血有肉的人,与生命相连,与人民相连。只有这样才能真正地吸引人、感动人、鼓舞人、引领人,才能把党的声音与思想贯彻和传播到人民中间。

王哲雅老师是一名一线带班骨干教师,业务水平很高,创新能力极强,有特长,有能力,但她自身的短板在于总结和梳理能力较弱。于是,我们让园中善于书写和整理的党员陈文娟

老师与她结成对子，把她的好的做法、经验帮她一起挖掘整理，推动研究，使王老师的班本课程发展成了二幼的园本课程，其经验在全区的课程领导力研讨会上做大会交流，受到北京市专家及与会者的高度评价。园级青年新秀李怡，刚刚工作4年，但她好学、聪明，我们让有音乐特长的党员杨颖与她结成对子，在业务上、思想上对其加以引领与指导。在全区的音乐活动和全区的课程领导力研讨会上，李怡老师做的音乐观摩课，受到高度好评。骨干教师们激动地说，在二幼这个集体中我们感到极其地温暖，我知道我有困难的时候有党组织在帮助我，有党员们与我们并肩作战，我们从不孤独，内心感到踏实和有力量，我也想成为他们那样的人！

通过有针对性、有使命感、有实效性的培养，园所的骨干教师都积极递交了入党申请书，他们用自己的实际行动向党员标准不断地迈进，在成为园所业务中坚力量的同时，也让自己的思想在活动中获得提升，为园所党组织的可持续发展奠定了坚实基础。

18. 年轻教师是这样培养的

每个人都曾经稚嫩，每个人都需要成长。根据我做园长数年的经验，年轻人短则3年，长则5年，她就会慢慢地成熟了、靠谱了、可用了。物有本末，事有终始，知所先后，则近道矣。知道了这是一个人成长中的普遍规律，我们便在看人、选人、用人上不疾不徐，如同原野上的花草树木，丁香等待着四月的芬芳，梅花等待寒冬的绽放。但这并不是说，我们不管你，不用你，只是不较劲、不拧巴。

一、他山之石，可以攻玉

年轻教师成长有其自己的内在节律，所以我们依照发展的节律培养使用。在时间上，入职三年以前，我们让她们把各个岗位都实践一遍，小中大班的保育教育、活动主持、社团担当、工会活动等，使她们有机会去体验不同的活动角色。空间上，给她们成长的自由，让她们去发现自己，认出自己，知道自己的爱好、兴趣、特长，进而去发展自己，发展出自己的优势。当教师们在某一件事情上显示出自己的能量，就会表现出自己和自己的人格，于是，这位教师就找到了前进的方向，就会向专业成长迈进一大步。比如：有些教师发现自己可以做一个很

好的主持,有的人展露了自己说相声的天分,有的教师呈现了自己的美术特长。她们在发展中逐步形成自己的特色与一技之长,进而认出了自己,肯定了自己,成就了自己,具有了作为一个人的真正的自豪感。例如:我园张安心老师,她由于性格原因,自身管理和组织带班能力提高较慢,后来在信息技术方面发现了自己的兴趣,意识到自己的强项,并在园所的各种信息技术应用上发挥作用,成为园所的信息技术达人。园所各种信息技术方面的问题她全能搞定,课件制作、园所大型活动的片子老师们全找她,而她自己更是在教学课件、各种软件的应用与教学技术上潜心钻研,所制作的课件多次在市区活动中获奖。慢慢地,她在组织中有了很强的存在感和价值感,确立了不可替代的位置与优势,工作得快乐而自信。所以请相信,他山之石,可以攻玉。我们不一定非要让青年教师在教育活动中,在各方面都表现成功才肯定自己,才认同自己。当青年教师一旦发现了自己的优势,并在优势中获得成长,自我的内在动力机制就会启动,教师的内在精神力量就会随之强大,想要实现和追求自我实现的愿望就会增强。正如苏霍姆林斯基所讲:"如果学生有一门喜爱的学科,那么你不必为他没有在所有各科上取得'五分'而不安。应当使人更为担心的,倒是门门成绩都很优秀但却没有一门喜爱的学科的学生。多年的经验使我确信,这种学生是不懂得脑力劳动的欢乐的平庸之辈。"

二、用与不用,成其所用

管理中,我喜欢老子的"无为而治""无为而无不为"的哲学思想。老子强调:道总是无为的,遵循规律来治理国家,自然会成就所有的事情。在对青年教师的管理上，我们让每一位工作三年以上的年轻老师轮流当班长，给老师们搭好成长的又一步阶梯，让她们在班长的角色中体验管理行为，发现自己的能量，当然也发现自己作为教师与作为教师和班长的差距与不足。

老师们在担当中发现原来自己作为组员是那么的重要，发现原来自己对每一项工作的理解与班长还有那么大差距，发现原来班级工作从统筹到设计到实施有那么多的环节要环环相扣，有那么多的细节不容疏忽，有那么多的细碎而具体的工作要落地，同时也开始理解班长，理解班级工作。当她们担任实习班长半年或者一年，有了体验后，我们会将她们换下来，这时她们不再是班长，而是一名老师了。她们会琢磨体会，老班长为什么会这样做？自己作为组员，班长需要自己怎样做？自己应该如何做？如果我是班长我会怎样做？这样的换位与实践让老师们发现彼此的优势与作用，发现别人的能量与价值。

这里，我们让青年教师做班长为"用"，但并不期望她们一定就会成为"不用"；而让她们回到老班长身边的"不用"，恰恰是为了今后的"用"做准备。因为只有今天的"不用"，她们才会少了压力，轻松而认真地体会班长的功用、班长的思考、班级的工作。当她们作为一个有准备的旁观者、组员、"不用"时，她们看懂了班长的职责与角色、自己的价值与分量。

园所各种活动的组织和策划，我们都会让年轻人去做。如：小舞台、运动会、六一节、社团……用、不用；用了，再去用。这样一个反复的循环中，虽然看似在进，在退，而再一次的进，人生早已不是第一次的进了。这不是量的积累，而是质的飞跃，

是教师内心的成长与强大，精神的独立与人格的完善。

三、若不尚贤，人人为贤

我不怎么主张对青年教师的个人工作的评价，我主张对班级团队的评价，我不主张评价的分等级差别，我主张达标与不达标的评价区分。

这是因为，年轻教师有差距、有错误是必然的，她们经验少、积累少。如果我们在她们还青涩的时候，总去评价她，就像总有人用鞭子去抽打她、督促她，其实便是干扰了她们自由成长的环境，她们会压力重重，她们会畏手畏脚，其结果只会起到事倍功半之效，甚至越评越糟。

同时，老子讲"不尚贤，使民不争"，是不鼓励人人去争抢荣誉，不鼓励人人为奖励而变得事事斤斤计较，不鼓励人人为了得宠爱而彼此尔虞我诈，不鼓励人人为得利益非要你死我活。我们的奖励，需要月月对每名教师评价。如果不予奖励，似乎失去了评价的意义；但如果与评价挂钩，为奖金提供依据，这样的评价，就会评少了作为人本该具有的宽容、大度、善良、积极、奉献，评少了人与人之间的温暖、理解、帮助、友情等。评价到底是否能真正地发挥激励作用呢？我想大概只会把人的积极性越评越低。

所以，评价要对事情，不要对人，对集体班组多，对教师个人少。对事情的评价，要制定在本园所实事求是的达标标准，要落实在各项具体的工作上。如进餐常规评比达标；儿童间操检查达标；班级卫生达标；环境创设达标；班级儿童游戏区活动达标等。这样评价的是班级整体，评价的是班级工作。这样的评价会把大家的视角放在班级整体工作上，放在班级整体人员的协同配合上；这样的评价会增强班级的凝聚力、荣誉感，会增进大家对儿童和教育的研究。而仅仅是达标的标准评价，则是运用了中庸的智慧，"极高明而道中庸"，因为园所制定的达标标准其实已是很高的标准，而且是应该达到的标准，我们不需要评谁第一。

　　同时，我们很少批评年轻的老师。看到年轻人出错，我们会淡淡地会心一笑，知道谁也没能逃出成长的规律，早在我们的意料之中。我们尽量给青年教师一个宽松的时空，让她们在充满正能量的时空中去自由地成长；给她们多搭建平台，她们会自在地吸收园所中的文化能量、教育能量，从而发展出自我的强大能量，又会补充到园所的能量源中。

　　问渠哪得清如许，为有源头活水来！二幼生生不息的力量正是从青年教师们成长的足迹中涌来。

19. 至乐教育理念下的家长四乐

丰台二幼"至乐教育"的目标是创造即享受,我们让每一个二幼人在自身的生活与教育中享受教育带来的创造与快乐。这里的二幼人不仅指儿童、教师,家长也是二幼人。园所与家长的定位是互助共长的教育伙伴,是朋友,我们力求让家长通过参与、赞助幼儿园的各项活动,品尝教育生活的乐趣和自身教育成长的乐趣。我园的家园共育力求让家长实现四乐:

一、乐在沟通——至乐让家长感受到沟通的乐趣

说起沟通,今天的爸爸妈妈在自己曾经的学生经验中会有这样一种错觉,老师找某个孩子的爸妈沟通,一定是孩子犯了这样那样的错误,家长与老师的沟通也大都会拘谨。在丰台二幼则不会这样,二幼的家长们无时无刻不享受着与老师沟通的乐趣,有些家长还津津乐道地称之为"福利"。这种沟通的乐趣来自二幼老师们与家长们双向的互动与沟通。

在我园,有向家长多渠道反映幼儿在园生活的沟通,如微信、彩视、公开活动、新生一日生活记录等;有与家长多角度对儿童开展观察、共同制定策略的沟通,如观察记录、家访谈话、照片故事等;有帮家长多策略解决各种问题的沟通,如家

长学校、家教策略智囊团、新家长入园指导、家庭伙食营养指导。家长在沟通中能够全面、立体了解幼儿的情况，而不仅仅是片段或者某一个侧面。沟通有效地帮助家长建立了正确的儿童观、教育观，建立了对儿童教育的自信，让家长在不断的沟通中得到肯定与鼓励，相信自己能够成为幼儿园教育的伙伴，相信自己能够将自己的孩子培养得更加出色。

二、乐在参与——至乐让家长的潜能无限伸展

在其他幼儿园或者学校也有家长进课堂的活动，而丰台二幼的家长进课堂活动有着"自己报名"的传统。由于是自己报名，二幼的家长从不觉得进课堂活动是老师委派给他们的任务；由于是家长自己的专业领域，家长们在内容的选择上和语言的组织上更加自信。他们在自己擅长的领域中选材、整理，与教师进行沟通，掌握得更加得心应手。我们将课堂更多地定位于家长与孩子们分享自己生活、工作中的知识和乐趣，形成了园所一支独特的教育团队。如，在天文馆工作的爸爸带着自己给儿子起名叫"何乙天"的愿望与想法，带着制作的PPT课件，带着星球的模型，带着星空的秘密进到课堂，引发了孩子们无数的疑问与好奇。对于问题，家长一一解答。活动过程中，家长强烈地感受到孩子们想要探索世界的渴望，感受到活动带给孩子们的快乐与成长的意义。再如，在戏曲学院工作的家长带来中国的戏剧川剧变脸，孩子们睁大好奇的眼睛，想要发现、解开这其中的秘密，一次次地叫好之后，围着家长问个不停，脸哪去了？红脸代表什么？蓝脸表示什么？变脸谁发明的？在国家电网工作的家长带着电的奥秘，给孩子们普及着电对于人

类社会的作用。家长们的课堂,成为我园课程构建的重要组成部分,极大地丰富了孩子们和老师们的学习领域与视野,激发着孩子们对世界探究的欲望。在孩子们受益的同时,家长们也从中发现了自己的教育潜能,发展着自己的教育能力,丰富着自己的教育经验,感悟着教育带给儿童成长的力量。这种教育带来的成就感和快乐,促使家长们相互宣传着,感召其他家长加入家长进课堂的队伍。

三、乐在贡献——至乐让每一位家长感受到被需要的满足

每一位家长都是有能力、有才能的,在二幼没有一位家长是不行的,二幼就是不断地给予家长我能行的信心和被认可的满足,让家长们在肯定中成长着、幸福着,创造着对儿童成长的贡献与价值,找到属于自己在教育中的存在感、价值感。我们让爸爸妈妈和家中的老人们承担着不同的教育角色,给家庭中每一位成员参与和展示的机会,让他们乐享其中。

老太太伙食花样团:谁说老来无用? 老太太伙食花样团受到了大家的喜爱。丰台二幼的老人们个个身怀绝技,在二幼的平台上大显身手,做腊肉、自制灌肠……五湖四海的特色家乡风味在二幼的伙食里香满四溢。她们把手艺拿来与大家分享,与幼儿园厨师切磋,指导传授给年轻的爸爸妈妈们。老人们展示着自己的能力和风采,伙食花样团成了二幼一宝,烹制了儿童成长中最难忘的一种味道。

妈妈班级事务后援团:妈妈们细心,有审美,时尚而富有朝气,我们把班级事务全权交与她们。各种活动的组织策划,儿童节活动所有道具、服装的挑选购置,社会实践活动的安排

与组织,与其他家长们的协调沟通,活动中的志愿者……妈妈们不辞辛劳,事无巨细。六一"亲子共舞,乐享童年"活动中,小三班的妈妈将本单位年会中的舞蹈带到班中与其他妈妈们进行练习,只为了给孩子们留下永久的纪念。这是一支可以在妈妈身上爬来爬去游戏般的舞蹈,舞蹈获得了宝贝们的认可,家长们开心极了。中一班的火把节是班中的妈妈一手打造的,从设计到排练,再到修改,家长们在一遍一遍的重复中与孩子们相处的时间更久,收获的快乐和幸福更多。

爸爸智慧支持团:丰台二幼是一个充满了父爱的乐园。六一、圣诞节等园所班级的各项活动主持,爸爸们闪亮登场让孩子们乐开了花。爸爸们的课堂幽默、风趣,爸爸们亲手绘制的《我妈妈》绘本带着一种温暖,爸爸们的摄影超一流,让班中所有孩子们的美好童年定格,爸爸们对电脑技术的解决与支持,给教育插上飞翔的翅膀,而爸爸们可爱的舞蹈、宽厚的臂膀、粗大的双手、温柔的目光,在每一个活动中,在每一次和孩子们的互动中,就像一棵棵大树般给予孩子们厚重温和的爱护。在父爱的包围下,孩子们犹如一棵棵看似纤弱却顽强向上的菟丝草,缠绕而上,向着爸爸的高度仰视、前行。爸爸们也同样享受着宝贝们对自己的崇拜和敬仰。

四、乐在陪伴——至乐让家长在陪伴儿童中一起成长

二幼的老师常说"最好的教育就是陪伴"。家庭教育是教育的基础,因此我们重视家长陪伴幼儿的时光,我们精心设计每一个家长参与的日子,让大手牵小手共同享受童年的美好时光,一起慢慢成长。

迎着朝阳共同起舞：我们让每个陪伴孩子的日子都翩翩起舞。每天清晨当孩子们迎着朝阳起舞的时候，家长们走进幼儿园和孩子们共同分享着晨舞之乐。有了家长们陪伴的清晨之舞，孩子们的一天更加开心，家长们也享受着童年的欢乐。

阅读是最好的陪伴：阅读的夜晚最温暖。我们让孩子们每天把园中的绘本带回家与爸爸妈妈一起阅读，幼儿园中也多了家长们推荐的绘本，家长们自发地组织起家庭读书会，三口之家《绘本剧》在二幼的小舞台上频频上演……幸福的种子播撒在儿童的心田，也滋养着家长这片沃土。

陪伴让成长更精彩：幼儿园里老师们发现着每个儿童的潜能，鼓励家长陪伴、支持儿童一起创造。如，范路阳喜欢海洋动物，老师为他开设了小讲堂，家长参与其中在家与孩子一起选择要介绍的动物，一起准备资料。有了妈妈的陪伴，范路阳的课堂开得自信满满。胡树楷喜欢插片，各种动物、交通工具插得丰富多彩，老师为他和另外两名儿童在全园办了展。当他想插一艘航母，父母陪他三入科技馆，使胡树楷的航母惟妙惟肖，不仅有航母还有了护卫舰、歼－15、歼－18、歼－20。家长们的陪伴让孩子们的成长更加温暖而坚实，而家长们也在孩子们的成长中享受着陪伴的幸福。

丰台二幼至乐教育倡导"至合为乐，互助共长"的家长文化，幼儿园与家长在互动、互促、优势互补中共享儿童成长之乐，共享教育之乐，共享自身发展之乐。

20. 新学期，我们一起实现愿望吧！

（2017年9月，丰台二幼开学第一天活动）

对于孩子们来说，9月意味着新的开始，意味着要面对新的生活、新的规则，还有一些新的老师或者小朋友，小班的弟弟妹妹已经做好了预入园的准备，中大班的小朋友对于自己升班后又有哪些新的想法呢？

孩子们的想法可多着呢！老师让孩子们在家中想好本学期自己最想实现的心愿，然后让爸爸妈妈代笔，或者自己用绘画表达，然后开学第一天带回幼儿园。

看！老师们准备了心愿收集瓶，将孩子们开学的愿望收集起来。新学期，老师和爸爸妈妈们一起帮助孩子们实现他们在新学期的愿望！

拥抱和微笑是老师送给孩子们的第一个开学礼物，虽然有些拥抱还挂着几滴泪珠，带着对妈妈的不舍得，但这也是孩子们在假期回来以后最自然的表现。老师相信你们能勇敢面对独立的生活。看，孩子们手拉手走进幼儿园时，那小小的背影，多么快乐、坚定。

微信圈的背景下，孩子们把心愿装进心愿瓶后，就来照个相，与朋友，与老师，与妈妈爸爸，把新的第一天记录在照片里，记录在生命里。

孩子们最惦记的还是园里门口的大石榴树啊!今年的石榴又大、又红,肯定特别甜。老师说:"每年幼儿园石榴最大最圆的日子,就是我在这里等你们归来的日子!今年大丰收哟!"有孩子说:"我的愿望要改了,改成摘石榴,带回家跟爸爸妈妈一起品尝。因为,这里有幼儿园的味道。"

开学第一天的小小仪式,给了孩子们面对新学期的希望和祝福。孩子们,那个小小的愿望,老师们会在今后的日子里陪你们一一实现。生活还长,我们一起慢慢地走。

21. 五福迎春　小鸟归巢

（2018年3月，丰台二幼开学第一天活动）

3月1日是丰台二幼孩子们返园的第一天。今年的春节在二月底，返园这一天正好是正月十四。俗话说："不出十五都是年。"为此，丰台二幼给孩子们营造了喜庆的节日氛围，精心设计了新学期的返园活动——"五福迎春　小鸟归巢"，让孩子们感受着颇有年味的开学第一天。

早晨7点，朝阳中，老师们穿上喜庆的新年服饰，准备迎接孩子们的到来。"老师过年好！"休整了一个假期的孩子们和老师们热情地打着招呼。老师们给每一名幼儿一个大大的拥抱，表达着对他们深深的想念。而后，孩子们从老师的手中抽取"五福"红包，每一个红包中都有着不同的"福卡"，表示着可以享受不同的"福利"。

五福分别为：幸运福、愿望福、生日福、亲子福、礼物福。抽到"幸运福"，小朋友在幼儿园各项活动中可以享受一天优先权；抽到"愿望福"，可以让老师在幼儿园中帮助实现一个愿望；抽到"生日福"，老师会为小朋友在幼儿园特别设计举办难忘的生日会；抽到"亲子福"的孩子，是需要家长陪伴共同实现孩子的一个新学期愿望；而抽到"礼物福"的小朋友就能到老师那里挑选一个喜欢的礼物。作为特别惊喜，

还有一个"万能福",抽到这张福卡可以替换五福中的任意一个福卡。

拿着各自抽到的"五福"红包,孩子们异常兴奋,相互交流着:"你抽到的是什么福?""太棒了!我最喜欢幸运福!"……而此时老师们举起相机,记录下每一名儿童第一天返园的喜悦瞬间,作为新学期的礼物送给孩子们留作纪念。

班级老师也借此组织小朋友们开展"中国年"的讨论。小朋友们讲述着自己过年的美好记忆:贴春联、挂灯笼、贴福字、吃饺子、收红包、逛庙会、新年爸爸妈妈的祝福……

此次"五福迎春 小鸟归巢"活动,丰台二幼以春节为契机,以抽取"五福"红包的形式,让孩子们在亲身体验中感受中国传统文化。在老师、家长、小朋友相互的祝福声中,在高挂的大红灯笼里,在家长志愿者书写的"福"字里,在寓意美好的祝福吉祥话中,中国文化在孩子们的脑海中具体起来、清晰起来、生动起来、深刻起来。孩子们理解着中国文化,传承着中国文化,在内心深处种下中国文化的根,成长为血液里流淌着中国血脉的中国人。

同时,"五福迎春 小鸟归巢"开学活动,也充分体现着丰台二幼"至乐教育"的文化理念,契合着"关注生命,立足生长,源于生活,富有生趣"的园本课程主张。二幼支持着每一个孩子们的个性发展,满足着孩子们的个性需要。比如:愿望福的设计,就是教师依据儿童的愿望、儿童的兴趣去支持和帮助儿童愿望的达成,而亲子福是倡导家长对孩子成长中的陪伴。五福中浸透着二幼教师对儿童满满的爱与关怀,渗透着把儿童放在正中央的理念,也体现着让儿童有更多实际获得的用心。

　　值此开学之际，丰台二幼衷心祝愿每一位小朋友都能在快乐中享受幸福而有意义的童年时光。

22. 寻源"至乐"做最棒的我

（2018年9月，丰台二幼开学第一天活动）

9月3日是丰台二幼新学期开学的第一天。清晨，伴随着秋日的微风，二幼的老师们早早将一个大大的"乐"字放在了幼儿园的门口。这是二幼至乐教育的"乐"字。

结合中国传统汉字、姓氏文化，二幼开展了以"寻源'至乐'，做最棒的我"为主题的开学迎新活动。看，老师们翘首期盼在幼儿园的门前，盼望着孩子们的归来。

在一声声"老师好！""宝贝，我想你了！"的温暖话语中，休整了一个假期的孩子们和老师们热情地打着招呼，走进幼儿园的大门。老师们给每一名幼儿一个大大的拥抱，表达着对他们深深的想念。而后，孩子们在老师的引导下，走到放有文房四宝的桌子前，大声地报出自己的姓氏，再由家长代表用毛笔在这枚小小的书签上写上孩子的姓，作为新学期一份充满意义的礼物。

这枚小小的书签，表达着老师对孩子们的祝福和期望。俗话说："读万卷书，行万里路。"首先，老师们借由这枚小小的"姓氏书签"希望二幼的孩子们在新学期中更加热爱读书，能在书中不断丰盈自己的生命，为自己的人生之路种下一颗幸福的种子，让脚下的路走得更远。其次，书签上那工整、有力的汉字，不仅代表了孩子的姓氏，更重要的是让孩子感受到中国汉字的魅力，感受中国姓氏之多，感受自己姓氏的独特，萌生他们对于"自我"的认知。看，孩子们拿着写有自己姓氏的小书签，脸上洋溢着自豪、灿烂的笑容。

看着书签上的汉字，孩子们异常兴奋，相互交流着："你姓什么？""我也是，咱们俩是一个姓，可能是一个祖先哟"……而此时老师们举起相机，记录下每一名儿童第一天返园的喜悦瞬间。孩子们将自己的姓氏书签贴在写有幼儿园"乐"字的背景板上面，彰显着二幼孩子在"至乐"文化的引领之下，快乐、健康地成长，成为最棒的自己的深刻意义。

同时，班中老师也会借由此次活动，在班中开展"姓氏大搜索"，统计幼儿园孩子中有哪些姓氏，同一姓氏的有多少人，幼儿园哪个姓氏最多，哪个姓氏最少。针对姓氏展开探索，搜集自己姓氏的名人、名言古句、故事传说，了解其中蕴含的中国文化、中国精神、中国思想精粹，从而萌发对自己姓氏的自豪、对民族的自豪，增强对中国传统文化的认知与了解。

回家后，孩子们还要通过采访自己的爸爸妈妈，了解自己名字的由来、含义。在理解自己名字寓意的同时，感受父母、长辈对自己的殷殷期望和浓浓的爱意。带着这份期盼，孩子们也对自己的未来有所向往，有了要为之努力的方向，从而慢慢成为了那个"最棒的我"！

此次"寻源'至乐'，做最棒的我"活动，丰台二幼以儿童的姓氏为契机，以写"姓氏书签"为形式，让孩子们追根溯源，在亲身体验中感受中国传统文化；让孩子们在与老师、家长、小朋友的交流中，在充满墨香的小小书签里，在家长志愿

者书写的"姓氏"里,在寓意美好的独特名字中,传承着中国文化,感受着自己生根在中国,感受着来自祖国的祝福、感受着父母的期盼、老师的关爱、同伴的友善,逐渐懂得要成为最棒的自己。

23. 立德树人，做孩子成长的领路人

今年5月2日，人民日报微信版刊登了习近平总书记在北京大学师生座谈会上的讲话内容。读着总书记的讲话，我的心里一阵阵地激动。"让中华民族伟大复兴在我们的奋斗中梦想成真"，"团结起来，振兴中华"，这是多么激动人心，多么催人奋进的目标和行动口号啊！虽然总书记的话是说给青年的，但那一刻我依然热血沸腾，一样心潮澎湃。我觉得自己也生逢其时，赶上了这样一个伟大的时代，能参与到这样一个伟大时代的建设中又是多么的骄傲与自豪。

我是一名幼儿园的园长，细细阅读总书记的讲话，我的脑海中一遍一遍闪现着我们幼儿园教育的瞬间，回想着我们在践行立德树人工作中的探索与尝试，反思着自己是否真的在工作中解决好了总书记提出的为谁培养人，培养什么样的人，以及怎样培养人的问题。

我想结合学习习总书记的讲话内容，谈一谈我自己的体会。

第一，立德树人，永远是我们教育的第一要务。

立德树人是我们教育的根本。幼儿阶段是孩子们行为习惯、学习品质、道德认知、良好人格形成的重要阶段。我国自古就有"幼儿养性、童蒙养正""三岁看大，七岁看老"的古语，

都是在强调幼儿教育的重要性。因此，我们在教育中要根据幼儿的发展规律和学习特点，积极探索将立德树人的工作融入幼儿的一日生活、游戏、课程和家园共育中，让德育教育具有儿童特点和鲜活的生命力。

第二，以德立身，教育者要不断提高自我修养。

"人无德不立"，作为一名教育者，育人要先修己。幼儿阶段，孩子的成长很大一部分来自对身边成人行为的复刻，教师的德行对于幼儿来说就是一面镜子。因此，我们要像总书记所说的"以德立身，以德立学，以德施教"，做"四有教师"，无愧于人民教师这一光荣的称号。

第三，爱国情怀，为幼儿童年打下红红的底色。

今天的孩子能否真正成为中国未来的建设者和接班人，这是我们教育者必须要回答，而且必须要回答好的问题。因为，再过30年到本世纪中叶，第二个100年目标实现的时候，现在幼儿园的孩子正是祖国伟大复兴梦的建设者、接班人。因此，要从小培养他们对祖国的情感，对国家的认同，为他们的童年打下红红的底色。我们知道，我们责任重大。

在此，我想与大家分享我园一个真实的教育故事：中班的老师组织孩子们开展"寻找中华骄傲"的主题活动，孩子们纷纷在家中与爸爸妈妈一起寻找，然后发在班级微信群中。有的孩子找到登长城的照片，有的找到作为我国古代四大发明之一的指南针；有的找到神舟五号和杨利伟的图片以及中国刺绣，京剧脸谱等等。其中一位女孩，发来一张照片和妈妈的一段话。那张照片是女孩站在家中，昂起头，挺起胸，竖起大拇指的一张照片。妈妈语音说，囡囡在家中寻找中华骄傲，突然她问我：

"妈妈，你说我是不是中华骄傲?"妈妈问："你为什么认为自己是中华骄傲"？孩子说："因为，我有黑头发，黑眼睛，黄皮肤，我是中国人，所以我是中华骄傲。我长大了，要成为真正的中华骄傲!"听到老师叙述这件事，我的眼睛湿润了。孩子的话，深深地打动着我，我为有这样的中国女孩而欣慰，也为想要长大成为真正的中华骄傲的孩子而欣喜。

少年强则国强。祖国把未来交给了我们，我们有责任培养好我们的中国孩子，从小培养他们爱国的情怀，让红色的根，驻扎在孩子们心中，为他们成为社会主义接班人和建设者打下良好而坚实的基础。

我们相信，幼儿教育工作者一定能够担负起党和人民在这个时代赋予的历史责任，在立德树人中书写无愧于祖国的辉煌篇章。

24. 微信阵地的力量

在当今时代，打开手机，大部分人都在各种微信群中：工作联络群、同事群、家人群、朋友群、同学群……微信已成为人们沟通、交流、学习、工作密不可分的重要工具。在幼儿园里，微信也不可避免地成为老师们工作生活的一部分，幼儿园也跟随时代和技术的变革，建立了全体教职工群、班长群、青年教师群、工会群、团支部群、党支部群、教研组群等各种范围、各种层级的微信群。军有魂则勇，网有魂则聚。微信群里举什么旗、走什么路、吹什么号，关系着舆论走向和园所稳定，关乎社会主义核心价值观贯彻落实的效果以及和谐社会建设的长远发展。

2018年，十九大在万众瞩目中召开，所有人的心都被习近平总书记的讲话鼓舞着、激励着。在十九大召开当天，丰台二幼全体党员干部和部分教职工收看了十九大开幕式，对其他因为工作没有收看现场直播的教职工，我们从微信群发送了十九大报告的全文，组织大家自学。共同观看"砥砺前行的五年成就展"网上展示，并组织党员教职工们开展讨论，进行学习心得和感受的交流。在交流讨论中，老师们被红色精神鼓舞着，被爱国情怀环绕着，每一段文字中都充满了对幼儿教育的热忱和对自己的期望。习总书记提出，我们要做"四有教师"：有理

想信念,有道德情操,有扎实学识,有仁爱之心。老师们就是在一句句鼓舞中,增强了信念,凝聚起精神。看到大家纷纷表示要为"中国梦"的实现贡献力量,我仿佛看到了丰台二幼蓬勃而起的新一代教师,他们用自己的理想、情怀绘制着一幅壮丽的红色蓝图。

微信时代公民话语权释放,人人都有自己的"麦克风",但是每一个微信群中总会有一部分活跃者。作为话题发起者和意见领袖者的他们,掌握着"麦克风"的音量,成了微信话语权的集成者。在开展"微信+党建"工作中,我们将微信群中的"微领袖"纳入宣传队伍中,做好教育引导,因势利导,充分发挥他们的引领作用,使他们成为弘扬和倡导社会主义核心价值观的宣传员、播种机。

2017年12月前后,幼教行业先后爆出虐童事件。我们组织教职工进行了讨论,鼓励大家发表感想。对照十九大精神和总书记"四有教师"要求,我和几位党员干部首先在微信群中发起讨论,让老师们说一说"幼儿园教师职业行为十不准"。由于事件带给老师们内心的波动很大,因此讨论也异常热烈。大家从身边细微之处着手,拿着放大镜查找自己在工作中的微表情、微语言,讨论着作为一名合格幼儿园教师应该具备哪些素养,拥有怎样的道德底线。我想,这是他们对教师师德要求的一次自我思考和梳理,也是他们对自己从事教师这样一个特殊职业的思考。

大家都说,二幼的园风好,老师们个个都有精气神。我想,这良好园风的形成正是由这些点滴的引导和渗透累积而成。在教师队伍不断更替、逐渐年轻化的过程中,我也尝试着用青年人的思维方式进行思考——56岁的我,如何更好地运用当下青

年人的交流沟通方式,对他们进行思想上的引导?在观察周围年轻人的过程中,我发现微信作为当今越来越多人使用的一种交流沟通工具,更多地被青年人所认可。在这样一个以语言为载体的平台之上,我们也要尝试更多地将红色的思想植入老师们的内心,让微信成为一个充满正能量的发光体。

后来,我慢慢地发现,二幼的微信群中逐渐形成了这样一种风气,大家不说消极的话、不传播不实言论,甚至从没有人发无聊的小广告……尤其是每当有老师过生日的那一天,手机微信"二幼乐家族"都会传来清脆的声音,一个或两个名字与鲜花、蛋糕一同飘香而来,接着一个又一个的蛋糕与鲜花从天而降。我们知道,一个生命在一年的这一天降生,而我们有缘在13亿里走成了二幼一家人!此时,爱撒满了每个人的心田!花开在了每个人的心间!

在微信平台里,一个个喜报频频发布,老师们的观摩课大获成功,骨干教师说课取得好成绩,幼儿园的课题论证获得好评通过,一句句祝福接踵而来,一声声赞美饱含真情,此时,情,已充满着人间!总结会后,在微信平台中大家肯定着每个人的努力,专注着每个人的付出,赞美着每个人的获得,欣喜着每个人的成长。在温暖的浸润中,平等、尊重、赞美、欣赏深入每个人心中,幼儿园的精神与文化变成老师们的信仰和行动,良好的园所文化与氛围得以形成。我参与其中,也享受其中。

老师们的精气神源于内心,源于他们想活好当下,做好幼儿教师的动力。而我,只是这洪流中的一滴水,用自己的身体折射出太阳的光辉,让温暖的能量源源不断传承下去。

25. 心灵的绽放从味蕾起舞开始
——《乐食记》序·1

二幼的清晨总是被厨房一抹暖黄的光所唤醒，
刀刃与面板相碰撞发出嗒嗒的声音，
蒸车里面冒出的融融水汽，
屋子里飘出的阵阵香味，
用独特的方式宣告着一天的开始……

二幼的味道，是孩子们童年最难忘的记忆。多少毕业了的孩子，打电话或回到幼儿园看望老师的时候，聊起幼儿园的饭，总充满着恋恋不舍的回味。有的说，我想念幼儿园的包子、肉饼；有的说，肉卷和紫薯包是只有幼儿园才能做出来的美味，连妈妈也学不来；有的说，咱园的炸酱面太香了，好想回到幼儿园再吃一次……我知道，这些味道定格在孩子们的味蕾间、脑海中，每当回味起来，都带着一股童年独特的香甜，伴随着那年、那季、那时的记忆，隽永绵长。我也知道，这份记忆对于孩子们的成长多么重要，这是他们身体成长拔节的力量源泉，也是幼小的他们，最初离开父母品尝到的第一种与家不同的滋味，从那一刻起，孩子们便知道了——二幼，也是家。

最简单的食材——米、面，也有一千种味道。丰台二幼为了充分满足孩子们对食物的期待，将主食做出数以百计的变化，

力求从营养、味道、视觉感官方面充分满足孩子们那一颗充满好奇的心和近乎挑剔的味蕾。每一年,在二幼的厨房里,创造出数十种新面点、新花样,作为主食的粥、饼、面、饭,一次又一次被翻新,改良,力求更加符合孩子的口味、审美,有效促进孩子身体的健康成长。从造型可爱的卡通面点,到口感丰富的夹馅儿面点,从养生的杂粮五谷粥,到口味独特的水果、蔬菜粥,每一种食材的搭配,每一次火候的把握,哪怕是粥上的一粒小小水果、香葱的点缀,都体现着二幼对幼儿成长的责任与用心。每一次创新花样的品尝,厨师们都会亲自走进班里,问一问孩子:"爱不爱吃?"再问问老师:"是否需要调整?"根据孩子和老师的反映,二幼的厨师们思索着如何改变,如何平衡口味与营养之间的关系。正是一次次的潜心研究、反复尝试,才有了如今色、香、味、营养俱佳的主食花样,也有了孩子们大口吃饭、洋溢着满足的小脸。

如何让孩子们吃得有滋有味,是二幼在烹饪中一直遵循的原则之一。炎炎夏日,厨师们从菊花、水果中获取灵感,制作出菊花粥、水果粥,在满足营养的同时,也带去一丝清凉;寒冷冬日,杂粮粥、五谷粥,传承着中国的五谷文化和智慧,也带去营养的均衡和丰富的口感。蔬菜粥是小班孩子的最爱,蔬菜的营养融化在米粒与米油之间,那一丝丝的清香,让不爱吃菜的孩子也喜爱上了餐桌上的一抹绿色,还有每一餐数也数不尽的红云卷、蝴蝶卷、双色卷、流沙包、青蛙包、紫米包……各色主食在二幼厨房中幻化出不同的色彩和味道,在精致中彰显出二幼的品质。

2018年,丰台二幼即将走过第三十个年头。在这三十年中,

二幼在各项工作中践行着"自强不息、精进不已"的园所文化精神，在伙食和食堂的管理工作中佳绩频传。因为，我们坚信，教育需要与时俱进，食堂工作亦是如此。孩子的每一餐都是他们健康成长的动力，也是他们童年对幼儿园最美好的记忆之一。为此，我们愿意付出最大的努力，从味蕾的起舞开始，助力幼儿在成长之路上健康奔跑，绽放光彩。

26. 食之有味　乐在其中
——《乐食记》序·2

很早就动意想要集结这样一本书，说说二幼的"吃"。原因有三。其一，3—6岁是一个孩子成长发育的关键期。俗话说："三岁看大，七岁看老。"足可见，在这一阶段，孩子们不仅需要优质的教育环境，更需要我们为其提供营养和科学的膳食，用来供给他们成长过程中所需的充足养分。其二，在中国，自古就有"民以食为天"的说法。中国的饮食文化博大精深，即使是简单的营养饭菜，也要讲究个四季有别，注重情趣、医食同源。二幼秉承着为幼儿健康成长助力的理念，在饮食方面自然要特别精心，在与时俱进的同时，也不断推陈出新，逐渐变得"自成一派"，体现着幼儿园独有的美感和趣味。其三，二幼的伙食好，这是多少家长和孩子们的共识。特别是二幼毕了业的孩子，每次回到幼儿园来看望老师，总会提起幼儿园记忆最深的那一道菜，有时候是简单的炸酱面、小肉包，有时候是一碗口味清甜的菜粥，也有的时候是某一道连妈妈也难做出味道的小菜……总有些滋味，停留在那时的回忆里，伴随着童年和老师、小朋友在一起的欢笑声，成为最怀念的味道。

二幼的"吃"不仅仅是字面上的"吃饭"。它除了包含一日中的三餐两点（三顿正餐和两次加餐），还融入了我们的生活

课程,即将"吃"变成一种自然的教育元素,融入生活,在游戏中让孩子们感受到中国人的智慧和生活的情趣。还记得在腊八节前,中班孩子探索腊八蒜的泡制方法。活动前,老师和孩子们共同准备材料,并邀请了有经验的家长作为助教。开展活动那天,一屋子人其乐融融地剥着蒜皮,观察着、对比着不同蒜瓣的大小,数着一头蒜中有多少个蒜宝宝,淘气的孩子咬了一口生蒜,辛辣的气味将小小的五官皱在一起,引来了大家的笑声。冬日的教室之中洒满了温暖的阳光,合着传来的孩子的说话声、家长的赞叹声和笑声,就像一个大家族在准备着过年需要的食物,也储备着过年时要爆发的快乐。更有趣的是在观察腊八蒜变绿的过程中,孩子们在班中测试温度、记录班级温度差,每天晚上将腊八蒜从阳台搬到教室,早晨再从教室搬到阳台,连续十余天,来来回回忙碌的小身影伴随着小脸上探索未知的神情。那种对生活认真的态度,让每一个看到的人都忍不住竖起大拇指为他们点赞。

半个月过后,我的办公桌上摆放了一瓶泡得绿油油的腊八蒜,下面压着一张小字条,上面写道:"游妈妈,这是我们亲手泡的腊八蒜,送给你尝尝!"捧着这充满着爱意的一瓶翠绿,我的眼角有泪,但嘴角却带着笑。

由于孩子们的喜欢,我们将这些"吃"的活动,经过老师和孩子们不断地设计和完善,形成了二幼独特的"生活活动"。于是,我便总是不定期地收到各种"惊喜"。不知道什么时候,办公室的门口就会突然探进一个带着神秘微笑的小脸,随后,就从背后变戏法似的端出各种美食。有时候是一小块蜂蜜烤红薯,有时候是鸡蛋小布丁,还有时候是黄油小饼干……还有每

次端午节的粽子、中秋节的月饼,孩子们灵巧的小手总给我不断的惊喜。看着他们期盼的眼神,我赶紧咬下一口,那种带着温暖的香甜是天底下最难能可贵的珍馐美味,让我乐在其中,久久回味。

陶行知先生提出"生活即教育"。就如同二幼的"生活课程"一般,这样的教育自然天成、与生俱来,带着没有任何粉饰的生活气息,充满着中国人特有的生活智慧,于是更加生动、更加鲜活、更加可看可感。所谓"过什么生活便是受什么教育"那么过好的生活,便是受好的教育,我们努力和孩子们过着有意思的生活,就是想将教育变得有趣,无形中培养起孩子们对生活的情趣,和向往美好生活的愿望。

2018年,丰台二幼即将走过第三十个年头。我们将发生在这片热土上关于"吃"这件事的最好的回忆都记录下来。这里有孩子,有老师,也有家长,有些是记忆中的味道,也有些是味道中的记忆。每当你翻开它,就如同让时光的故事从味蕾出发,直达记忆最深的角落,闭上眼睛就是那时的滋味,永不磨灭。

27. 搭建起来的节日

丰台二幼的建构游戏一直是孩子们最喜欢的活动之一。无论是大型积木建构，还是低结构小积塑建构，孩子们总能在一段时间内专注地进行研究、探索，在他们稚嫩的小手中总能创造出出乎成人意料的惊喜。尤其是大班的孩子们，他们喜欢搭建，喜欢探索，愿意动手将自己的想法变成现实。近一段时间，老师观察到班里的孩子们开始喜欢搭建长城、天坛、三峡大坝，于是我和老师们商量，是否能通过系列活动或者主题活动，让孩子们的兴趣延展开来，在搭建的过程中感受中国之美、中国建筑之美，在他们幼小的心中种下对伟大祖国爱的种子？

在探讨和尝试中，大班开展了《寻找最美的中国建筑》的主题活动。孩子们纷纷把自己旅游时的照片带来，又上网找来祖国的美丽建筑，有卢沟桥、有大雁塔、有钟鼓楼、有永定塔、有东方明珠、有黄鹤楼等等。孩子们说着自己知道的一切，热议着他们感受到的震撼和新奇。于是，老师与孩子们讨论之后，策划并组织开展了"我爱北京 我爱丰台"搭建节活动。

中大班幼儿将自己班级中的积木运到较大的活动场地（多功能教室），将场地进行班级的划分，又共同商量搭建的内容。在商量结束以后，幼儿开始根据自己班级讨论投票后制定的主

题进行搭建。在"我爱北京"主题下,幼儿分别制定了搭建天安门、长城、颐和园十七孔桥等内容;在"我爱丰台"主题下,幼儿制定了搭建永定塔、卢沟桥、宛平城、北京西站、丰台区丽泽商务区等内容。根据内容的不同,各班幼儿通过搜集资料、实地观察、上网查看图片,班级共同寻找辅助材料等方法进行搭建,最后形成了建筑群。

为了帮助孩子们更好地理解建筑,感受建筑的特点和结构,很多班级都组织孩子们到实地进行了参观。在宏伟的建筑面前,幼儿除了感受到建筑之美,更感受到了作为一名中华儿女的自豪。在参观的过程中,幼儿在建筑前了解了相关的文化和历史知识,进一步了解了建筑所在的历史背景和用途。

比如,在搭建卢沟桥的过程中,孩子们集体来到了卢沟桥进行参观。孩子们观察了卢沟桥上面的石狮子,数了卢沟桥上面的石狮子和圆拱桥洞的数量。在看到卢沟桥中间有一段坑洼不平的石头时,孩子们提出了问题:"为什么这些石头不平呢?这是用来做什么的呢?"通过询问孩子们得知,这些石头是卢沟桥最初造桥用的石头,这些石头曾经在七七事变的时候,被日本军队的坦克压过。今天保留下来的原因,是为了永远记住历史。随后,孩子们来到抗日战争纪念馆进行了参观,了解了"七七事变"的发生,了解了中国抗日战争的历史。在了解中由此萌生了对祖国历史的兴趣和对祖国的热爱。在参观国子监的过程中,孩子们听到了国子监中传出的琅琅读书声,由此,孩子们开始了解国子监在历史中的用途,当时的人们都读什么书,穿什么服装。通过各种实地参观,孩子们不仅对建筑有了深入的了解,而且对于建筑在历史中的故事和作用有了深入、自主的研究。

在搭建的过程中，我忍不住一次次偷偷看看他们的作品，站在一旁悄悄观察他们专注而热烈的样子。孩子们一次次地研究着卢沟桥的结构，研究着桥上那形态各异的石狮子；理解着永定塔的九层含义，研究着塔的构成原理；在十七孔桥的搭建中，孩子们惊叹着桥的美丽、桥孔的作用，也了解着颐和园的历史，感受到中国的建筑之美，了解了中华民族的伟大和人民的智慧。当时，北京市丰台区的"丽泽商务区"正在筹建，孩子们在没有任何参考的情况下，凭借自己的想象，创造着他们心目中的"丽泽商务区"。作为丰台的孩子们，他们将情感融入建筑的一砖一木之中，充分发挥着自己的想象和思维，要为丰台建造出最美的商务区。当一座座建筑从他们的手下拔地而起，那散发着活力与无边框的思维正是他们对身边美好生活的无限向往与憧憬。整个搭建节活动激发了孩子们爱国、爱家乡的热情，促使他们萌生了对伟大祖国的热爱，也一次次感动着我的内心。

搭建逐渐接近尾声，孩子们提议要让爸爸妈妈以及所有的家人、幼儿园的小朋友共同参观这庞大的建筑群，这也将我们的"搭建节"真正推向高潮。孩子们自发、踊跃参与讲解员的报名和准备。他们将自己搭建的过程和对于建筑的了解融入讲述的过程中，孩子们再一次感受着建筑的宏伟和中国人民的智慧。

孩子们对讲述充满了兴趣，自发地组织小伙伴进行轮流讲述。回家以后，幼儿和家长将讲述的内容进行整理和录制，发到了"小小导游"微信群中，分享给每一个想要讲述的孩子。

通过分享和完善，每一名幼儿对建筑的认识有了补充和提高。而后，幼儿园根据孩子们的兴趣，举办了"搭建节"开放活动。除了邀请小班的弟弟妹妹到多功能教室进行参观，还在每天放学后邀请不同班级的爸爸妈妈进行参观。每个班级的"小小导游"在建筑旁边耐心地为大家进行关于建筑的讲解，不仅介绍了建筑的历史文化，更给大家带来了关于这个建筑的历史故事，让每一个参观的人都感受到了孩子们小小的民族自豪感。比如：孩子们在介绍"永定塔"的时候说："永定塔坐落在我们丰台区美丽的园博园里面，是园博园的标志建筑。"孩子们在表述中说到"我们丰台区"的时候，故意进行了强调，并且增大了音量。这些小小的设计，说明在孩子们的心中，他们为这样的建筑而自豪。

我们为孩子们这些"伟大"的建筑活动赋予节日的烙印，既有庆典的意味也有隆重的仪式感。"建构节"让孩子们记住的不仅仅是一个建筑如何从设计到建构而成，更重要的是让孩子们懂得，每一栋建筑都饱含着民族的气节与力量，孕育着中华民族的智慧与创造。

冯骥才说："节日是我们共同的日子。"我们推动孩子们的兴趣，将每天都要玩的搭建游戏，在一个个主题下形成"搭建节"，在一座座小小的建筑中，融入了孩子们浓浓的爱国情怀，在一句句充满真情的讲述中，将这种如火花般的情愫印刻在孩子幼小的心底。在搭建北京建筑、设计丰台建筑那些"共同的日子"里，记录下孩子们的欢笑、成长与思考。

28. 儿童的诗意，带给我们幸福

大班的孩子在开展童诗的创编，一个多云的天气，孩子们看着天上忽隐忽现的太阳，说出了这段有意思的话。此后，被老师整理成童诗《乌云和太阳》：

> 乌云和太阳
> 乌云来了，
> 太阳走了。
> 太阳来了，
> 乌云走了。
> 嘿！
> 他俩肯定不是好朋友！

当孩子们说出这童诗的时候，我都惊呆了，幼儿的语言一派天真，充满童趣，不假思索便口吐妙语。这样的童诗，既有自然界的哲学韵味，又带有儿童独特的拟人视角。其形象、贴切、新颖、精辟、绝妙之处非成人所及。这是怎样了不起的孩子呀！

儿童的语言常常是"一句一世界，一语一乾坤"。跟孩子在

一起，我常常会抬眼重新看世界，于是，便倍感世界的奇妙与有趣，会感受到世界的另一番别样与美好，所以，我常说"从事幼儿教育，是我这辈子最正确的选择"。倾听孩子的语言，常常会把我们带入一个充满纯真童趣的世界，这是别的行业永远也享受不到的福利。

"拟人"是孩子常常使用的语言表达方式，这与孩子的年龄特点有关。在幼儿时期，孩子的世界就是一个童话的世界，在这个世界中一切都是活的，花花草草有生命，小桌子、小椅子也有生命，绘本书中的角色也能演变出千变万化的样子。在阅读了绘本《小蓝和小黄》以后，一天，我们园蓓蓓老师的女儿走在街上，一辆蓝色的共享单车"嗖"的骑过去了，又一辆黄色的共享单车"嗖"的骑过去了，于是，这3岁女孩子说：

小蓝走来了，
小黄也来了，
就差小绿了，
妈妈，在这里，
我要等小绿来。

嘿！多有意思。我又一次被震撼在那里。每一个孩子生来就是诗人，他们与万物交流，太阳、花草、动物、玩具，他们用自己对世界的看法表达着自己的诗意。所以，我们成人要向孩子们学习。儿童生活在童话的世界里，他们富于想象和创造，在现实的世界与想象的世界中自由切换，让自己穿梭于现实与美好之间，从而拥有了更多的美好。

好的绘本是适合于0—99岁人读的书，不同年龄阶段有不同的理解。《小蓝和小黄》讲述的是爱和融合的故事，我个人解读是，我们每个人都带着自己本来的颜色——红色、黄色、蓝色，但当我们走向社会，走向人群时，我们渴望友谊，渴望爱，同时，我们也被外界、被他人所影响，我们都会改变着自己，也丰富着自己，成长着自己，学习着、改变着，但无论怎样的改变，怎样的混色，我们都不会没有了自己最初的颜色。自己天性的东西，那是我们与别人的区别，也是自己最独特的地方。也许，家人与最爱我们的人都没有意识到我们的成长与变化，以至我们的成长与改变常常让家人吃惊，但，当我们回归到家，特别是心灵家园的时候，我们要勇敢地做自己，改变是为了让自己变得更好。孩子们不知道那么多深意，但他们懂得爱，他们珍惜朋友与友谊，因此，孩子们用独特的视角诠释自己对故事的理解，对世界的理解。

近些年，老师们整理了孩子们很多有趣的小诗，也整理了很多孩子们的对话，将其改编为童诗。这些孩子们自己创作的童诗。都值得我们好好品味，从中感受儿童的美好，也体味儿童的伟大。

童诗一：《逃家小兔》（梁笑晴　5岁半）

我在天空中飞翔，
我在大海中游泳。
不管我走到哪里，
不管我到何处，
你都会跟着我。

我又没什么错,

所以,你走吧,你最好别回头。

我像一个天使在飞翔,

我像一只鸟儿在飞翔,

我会像雪花一样落在大海里,

我真的、真的被融化了,

你真的别再找我,

回去吧,妈妈!

童诗二:《吃太阳的云》(王思睿 5岁)

明亮的太阳,飘在空中。

乌云来了,他把太阳关进笼子里,

然后,一口把太阳吞掉。

天暗了下来,

让我分不清楚,是白天还是夜。

童诗三:《食物链》(任楚凝 5岁)

昨天在大桥上看见一只野鸭,

它能扎进水里捉鱼吃,

我憋气都没它时间长。

野鸭吃大鱼、大鱼吃小鱼、小鱼吃虾米、虾米吃滋泥……

你看我洗澡水里都是泥,

要是虾米进去可美了!

童诗四:《男孩子公园》(刘方泽 4岁)

老师,今天我们去哪里玩?

南海子公园。

男孩子公园?

那么,女孩子就不能去玩了?

哈哈哈哈,我们都笑了。

正如周国平所说:"这是伊甸园里的文学,人刚刚学会命名,词汇十分有限,却是新鲜的,尚未沦为概念。眼中的景物,心中的感觉,也都是新鲜的,尚未被简化为雷同的概念。儿童的语言表达,是一个宝库,是文学的源头活水,是大师们学习的好课堂。"孩子们那未被污染的眼睛、耳朵、心灵,帮助我们回到清明而美好的世界。

29. 属于孩子们的宇宙和想象

5至6岁是幼儿从自然人过渡到社会人的社会化阶段。在这个阶段中，幼儿出现了初步的抽象思维，逻辑思维能力进一步提高。他们更注重事物的细节，并开始发现细节和整体之间的关系。这一阶段，幼儿对文化、科学、人文历史开始产生兴趣并开始探索。

9月份一开学，大二班的小朋友们就开始讨论起关于宇宙飞船的事情。孩子们根据自己的经验说出了"星球""黑洞""卫星""外星人"……种种问题充斥着孩子的大脑。"人类是怎么登上月球的？月球上有没有嫦娥和玉兔？"带着这些猜想，孩子们搜集了很多资料。在分享经验的过程中，他们了解、认识了中国第一个登上太空的航天英雄——杨利伟。而航天员杨利伟叔叔飞向太空乘坐的神舟五号飞船，作为中国第一艘载人飞船，在点燃了他们民族自豪感的同时，也引起了他们极大的兴趣，于是孩子们萌生了搭建神舟五号飞船的想法。

最初，孩子们想在建构区用积木搭建"神舟五号"宇宙飞船。一开始，幼儿搭建的火箭是圆柱形的。在区域小结讲解过程中，幼儿相互提出意见，有的孩子提出火箭下面是圆柱形，上面是锥形。因此，大家找来图片进一步分析，有的孩子还从

家中找来相关的小知识。通过交流和分享，幼儿了解到，火箭不仅有圆柱形的身体、圆锥形的头，而且火箭中间还分为推进舱、返回舱、设备舱等等，每个舱有不同的功能，火箭上还有能够伸缩的太阳翼……在反复的推倒重建、修改完善过程中，建构区搭建的"神舟五号"宇宙飞船，获得了全班小朋友的认可。美工区的孩子用泡沫板制作了一人高的杨利伟叔叔，放在"神舟五号"宇宙飞船的一旁。他身着美丽的线描图案宇航服，胸前的中国国旗标志，骄傲而鲜艳地熠熠闪光。

大二班的孩子们被成就感和自豪感激发着，在老师的推动下，班里开展了关于宇宙飞船的主题分享活动。有的孩子用幻灯片讲述着中国的11艘宇宙飞船；有的孩子分享了宇宙空间站的知识；还有的儿童从网上搜集到关于火箭的视频，大家一起观看了火箭发射的视频。当我国的神舟五号载人飞船升空的时候，孩子们不由自主地站起来鼓掌，自豪感油然而生。由此，孩子们对我国航天技术发展历史产生了兴趣，开始研究我国火箭发射和航天技术的发展。

宇宙是浩瀚的，大二班小朋友展开无限的遐想，在成功建构了"神舟五号"飞船以后，他们开始尝试用各种低结构材料搭建自己想象中的宇宙空间。孩子们按照自己的意愿绘制了设计图，又按设计图把已经搭建好的建筑摆了摆，"还需要添些什么呢？"带着问题和思考，接下来孩子们展开了头脑风暴模式，一个个动手操作起来，就这样"神秘的太空"的搭建工程开始了……在孩子们的共同建构下，有了地球、太空、土星这三个最主要的区域。

旦旦说："我还要搭建一个长征二号F火箭，让它在酒泉卫

星发射基地发射升空，再搭建一个围栏把它们围起来，这样发射的时候会很安全。"

刘德浩说："还有外星人迫降到地球时住的酒店。"

在"外星基地"忙碌的小宝说："外星人总在火星上探测矿石，给他们建一座高高的房子，这样他们就可以住在这里了。"

糯米说："一般的宇宙飞船里只能坐几个宇航员，我设计的这个航天飞机是多层的，可以坐很多的人，它的速度很快，以后人类就可以坐航天飞机去太空旅行了。"

庆庆说："我用插片插了一个空间桥，这个空间桥可以从地球连接到太空去，以后人类和外星人就可以通过这个空间桥来去自如了！中间的红色部分可以消灭细菌，外星人进入地球，人类进入太空时都要经过这里消灭身上的细菌和病毒，这样外星人来地球时就不会把太空里的一些病毒带到地球上来了。"

就这样，几个小小工程师用万能工匠、积木、插片一点点地构筑着自己的"太空之梦"。他们利用自己对飞船、火箭以及对宇宙的认知，通过自己的想象，构建出了属于自己的太空。不仅如此，他们还大胆畅想若干年后的未来，人类和外星人能够在浩瀚的宇宙中和平共处，创造出了各种不同造型的飞船、能往返于地球和太空的空间桥、能带人类遨游太空的航天飞机……

从9月到12月，从秋天到冬天，我每天经过大二班的时候，都会去看看孩子们创造的宇宙空间变成了什么样子，他们又设计了哪些我们这些大人都想象不出的"高科技"装置。在惊叹的同时，我也回忆着自己的童年。那时候，每当有人问起我"长大想当什么？"我都会毫不犹豫地说"科学家"！虽然小

时候的我不知道科学家到底是什么,但那时,这个名词似乎就是一个人对祖国最大的贡献和成就。再看眼前的孩子,他们在当下游戏、创造,他们用双手和智慧让梦想照进了现实,让"科学家"这个抽象的名词变成可看、可感、可动的实体。

　　2019年新年,一部改编自刘慈欣同名小说的电影《流浪地球》,在点燃中国人民族自豪感的同时,也让我们看到属于中国人的想象、创造和实力。这让我想到我们的孩子,我们二幼的孩子总是让我感到骄傲和惊喜,他们在游戏中迸发而出的智慧火花绝不亚于电影大片之中带给我们的惊讶。如果说,刘慈欣用语言和文字创造了一个崭新的未来世界,那么这些五六岁的孩子,同样也用属于他们的独特语言——游戏,创造着属于他们的宇宙和未来。二幼的老师们关注着孩子们的兴趣,小心翼翼地保护着属于孩子的梦想与情怀,而这样的梦象,在未来极有可能会成为现实,成为祖国和人类的创造和骄傲。

30. 大一班的"男生节、女生节"

三八节过后，大一班的孩子向老师提出一个问题："怎么女人有妇女节，爸爸有父亲节，为什么我们小朋友没有女生节，也没有男生节？"这把老师问得哑口无言，但老师意识到孩子们一定是有想法的。老师随即提出了问题："如果咱们班有女生节、男生节，你们打算怎么过啊？"这一问，孩子们纷纷说出五花八门的答案——扮公主、搞派对、跳双人舞、献花、吃美食，还有诗词大赛……特别是提出"要扮演公主和王子跳舞"的女生，眼神中透出向往的神情和光芒。

孩子在五六岁处于婚姻的敏感期，这时候的孩子对于性别差异有所萌芽。蒙台梭利称之为婚姻敏感期，心理学称为性器期。这个时期的孩子们会经常提出"我喜欢我们班的某某""我要和某某结婚"。这种表达是他们内心对美好的一种渴望，也是他们的内在心理发展的需要。于是，老师顺应了孩子的需要，真的给孩子们创建了独一无二、史无前例的"大一班女生节和男生节"。

提议被同意，孩子们兴奋无比，男孩子提议先给女生过"女生节"。因为"女士优先"这一约定俗成的社会规则，孩子们在家庭社会的交往中已经学会并乐于遵守。

"女生节"的筹备从计划开始,孩子们模仿着电影、生活中舞会、婚礼、生日派对的经验设计着女生节那一天的美丽模样。于是,他们决定男生要为每位女生制作一件派对舞会时漂亮的裙装小礼服,还要给女生准备她们最爱吃的水果与零食。当然鲜花不能少,那是美丽生活上的一颗明珠,同时还要奉送一整天的男生服务。因为男生认为,那一天每一位女生都是她们梦想童话故事中的茜茜公主、白雪公主、艾莎公主。大一班有27名儿童,女生9名,男生18名,正好两名男生结成一组派对一名女生。

准备正式开始,班里的男生两人一组开始对女生进行了细致的采访,关于女生喜欢的颜色、喜欢的裙装式样、爱吃的零食与水果、有什么样的梦想等,男生一一记在了记录单上。随后男孩子们设计着、剪裁着,寻找各种材料为女孩子制作着她们心中美丽的公主裙装,学跳着圆舞曲的双人舞。

终于,到了4月16日女生节的这一天,清晨的阳光从碧蓝的天空中暖暖地洒下来,刚刚7点的幼儿园大门被大一班男生轻轻推开,一手持花,一手拎着零食的男孩子们来到园中。放下东西,持花的少年便早早地、整齐地等在大门口。那晨光照在少年喜悦而兴奋的脸上,把春日里的校园装点得分外好看。所有的男生都被父母精心地打扮,西装、领结、礼服,英俊少年们把这个日子衬托得如此华丽,美好。女生不知道男生这一秘密行动,在校园的大门口第一次接受了男生送花的女孩子们,心里那份惊喜不知道怎么表达,露出了可爱如天使般纯真的笑容。而此时的幸福与时光,我想一定在他们每个人的人生记忆里成为一颗璀璨的珍珠,成为美丽的珍藏并在生命的角落里熠

熠生辉。

接下来一天时间,男孩子帮助每一名女生实现梦想。首先,男生献上了按照女生喜好制作的小礼服,每个女生穿上了属于自己的礼服和男孩子美美地跳了舞。班中有位叫米菲的女孩子,由于特别喜欢《冰雪奇缘》中的艾莎公主,男孩子刀刀用了一卷天蓝色的塑料袋,为她做成艾莎公主的拖地长裙,米菲穿着天蓝色的公主裙与所有的同伴在舞池中翩翩起舞。丰台二幼的音体室成为孩子们心中美丽的天池,绚烂而澄澈。接下来,男孩子给女生做了全方位的服务:给女生布置餐桌,给女生准备喜欢的自助零食,给女生背诵他们所知所会的唐诗,为女生展示自己独特的才艺。整整一天,女生被男生的关心与热情包围着,享受着公主般的呵护与待遇,童话中的美梦成真,公主的夙愿实现。

女生节让大一班的女孩子圆了梦想,更让所有二幼女老师和大一班女家长们喜悦、羡慕与盼望。二幼所有的女教师们说,真想再重新走过童年,真想穿越回到此时此刻的童年,也过一回这样的女生节。我思考良久,女生节的意义何在?我想大概在于我们对儿童心理需要的理解与尊重,在于对传统观念儿童男女两性谈爱禁忌的一个突破,在于在儿童幼小的心灵里种下美丽生活的种子,在于让男生从小知道应当尊重女生、呵护照顾女生,成为一个善良、善解人意、彬彬有礼的男生,在于让我们每个人成为一个有爱有责任的人。

女生节过完,大家开始给男生筹备"男生节"。当时的大班正在举办"跟着唐诗去旅行"的活动。正值5月,大班孩子也面临毕业,男孩子们的愿望就是在幼儿园住一夜,并举办全班

的"诗词大会"。根据男孩子们的愿望,女生和男生共同准备材料,一起制定男生节奇妙夜的计划。

过节这一天,孩子们约定好晚上7点来到幼儿园,带着他们的帐篷、玩具、图书,开始了"男生节"幼儿园奇妙之夜活动。孩子们依据自己的计划,首先进行了"诗词大会"比赛活动。然后,每一个孩子用最简短的语言,自发表达着即将毕业对老师、小朋友依依不舍的情感,这是他们发自心底最真实的想法。在老师的鼓励下,每个孩子都单独或者和同伴一起,为大家展示了自己独特的才艺。每个节目结束的时候,幼儿园里都会爆发出热烈而持久的掌声。这些掌声,为自己快乐的三年幼儿园生活响起,也为这难忘的友情响起。那些感动的笑和不舍的泪水,一直持续到很晚。用心的老师,为了给孩子们圆梦在幼儿园住一晚,为孩子们用柔软的地垫铺了长长的通铺,大家自由结组,睡在帐篷里、地垫上。相信这个有趣的夜晚一定会在孩子们的心里留下深刻的烙印。这是一种特别的体验,是平时所有的活动所不能及的,孩子们过着他们认为最有意思的生活。

那一夜,二幼的灯为这些孩子一直亮着。我想,老师们为孩子们点起的这盏灯,会一直陪伴他们,照亮他们的一生,在生活中无数的夜晚照亮他们脚下的路。

备注:

生命的发展是有规律的。在幼儿的成长过程中,每一年的生理、心理发展都具有阶段性、关键性的意义。每一个阶段都是孩子某一种心智发展的关键时期,这一时期教师给予幼儿的帮助,就像一把钥匙,能够打开幼儿成长的枷锁,有效帮助幼

儿在生理、心理得到关键期的满足和发展，帮助幼儿形成专注、积极的学习习惯，促进幼儿身心健康快乐地成长。作为幼儿教师的我们，只有具备这样专业的知识，才能够理解孩子的行为，并在他们成长中给予准确有效的帮助。

31. 儿童，不可小觑的能量

儿童时期是形成良好学习品质的阶段。老师给了孩子暖暖的爱和陪伴，就会让孩子在学习品质形成的重要阶段得到发展。在二幼，我们的老师都有这样一个共识——每一个孩子的身上都蕴含着未知的精彩，他们的小宇宙拥有着随时爆发、不可小觑的能量。每一位新教师从来到二幼的一刻开始，就要学习如何观察幼儿，做他们成长路上的支持者和帮助者，有的时候更是学习者。因为，从某些方面讲，孩子的思维和想法更具有无限延展的可能性和没有边界的宽度。因此，当孩子们的能量爆发的一刻，他们的力量足以成为我们的引导者。

有位叫乐乐的男孩，酷爱玩插片，不到 4 岁的他就能独立插出飞机、坦克、水泥罐车、双层巴士、高铁列车等。一天，乐乐又创造出了游乐场的摩天轮，其他孩子都跑过来欣赏和赞美他的作品。可乐乐却不满足地说："我坐过的摩天轮是可以转动的！"乐乐想让自己的插片摩天轮转起来。于是，老师支持他的想法，和他一起上网查阅"汽车为什么能跑起来""摩天轮为什么能转起来"，并一起观察研究班里的风车、园所三轮车的车轮等转动的原理。最后，乐乐找来一根粗铁丝，插在缆车的中

心部分作为转动的轴,又经过一番努力,缆车终于转了起来。乐乐笑了,那天从下午一直到晚上8点多,乐乐足足拼了将近7个小时!老师一直默默地陪伴着他,连家长都过意不去了。成功的乐乐开心地对老师说:"老师,我请您吃饭!"孩子的真诚邀请表达了他对老师默默支持和等待的感激。随后几天,乐乐又开始了新的探索目标:他要插出能跑的卧铺列车……老师将爱化作默默地支持和陪伴,让孩子在自己喜欢的工作中尽情地生长,得到满足和快乐。

在老师的支持下,乐乐在大班毕业的时候,已经能够用插片完成任何看到的事物和景观。他和班里的几个孩子曾计划用多种材料制作"八达岭长城沙盘"。为此,他每周利用周末去八达岭长城采风,回来以后,和他的小伙伴共同商量怎样合理运用班中所有的玩具和材料,表现长城的蜿蜒、表现周围的青山绿水,甚至缆车、公共汽车站、停车场……力求将所有的细节表达完美。当"八达岭长城沙盘"终于完成的一刻,孩子们欢呼雀跃,老师和家长们更是惊叹不已。因为,这时的乐乐已经超越了同龄孩子建构立体结构、对事物的整体认识的能力,甚至在组织和协调其他同伴共同完成作品的时候,乐乐的智慧不亚于老师,甚至高于老师。园所所有的老师都认为,乐乐将来可以成为科学家,乐乐具备了成为科学家的所有潜质。

儿童的能量,一次次证明着:一切皆有可能,儿童是有能力的。当孩子们提出一个看似不可能的想法的时候,作为老师,不要急于用我们已有的经验和认知否定幼儿的假设,我们要做的是尽可能为幼儿提供支持和帮助,支持他们主动寻求问题答案的方法，帮助他们实现想法，并从中获取自信。这些自信将转化为他们的兴趣和继续追寻的动力，帮助他们在感兴趣的事情中走得更加深远。最终，那些孩子们身上爆发出的能量，会让每一个人为之惊叹。

32. 荷田杯子

2014年初春的骨折给了我一些闲暇，正好中国美术馆有些很高等级的展览，于是，便拄着拐杖欣然前往。

参观完画展，一如既往地去浏览美术馆的艺术品商店。这里有与世界各国美术馆、博物馆同样的商品经营模式，出售着本国和世界艺术大师们的一些艺术印刷品、纪念品和一些并不知名，但你一眼看上去便知那一定是出自一位艺术人之手、散发着艺术特性的商品。

坐在轮椅上的我，矮了别人一截，让我的视线恰好与玻璃柜台形成了平行的视角，不经意地浏览着，希冀能有小小收获。突然，一套周身喷砂质地的杯子吸引了我，那暖暖的黄色温和而明亮，而整个杯子的器型与色彩典雅而别致。

从远处望去，那杯托是一片荷叶的造型，荷叶的边沿随着那池水的荡漾上下波动，荷叶仿佛在池水中轻盈地舞动。然而，当我定睛细细看去，那明明真实不虚的荷叶却在瞬间摇身变成一泓池水，只见池水中央四片靛蓝的碧叶在水中轻浮。这让我想起北宋欧阳修的诗"池面风来波潋潋，波间露下叶田田"。而两尾小红鱼则游弋穿梭于清凉的水中，悠然，悠哉，将一潭池水弄活了起来。荷叶？池水？恍兮惚兮，亦真亦幻。我惊叹着作者的构思与巧妙。

再看那杯子,此时也早已化身为池塘里一朵出水的荷花,端庄而姣好。但如果你从杯口由上向下望去,那杯子分明又成了一片荷叶,正好与杯托的外形一致,只见,杯子与杯托,一里一外,一上一下,彼此呼应,相映成趣。

杯子是白瓷坐胎,表面喷砂后施釉,使其细腻中见粗,粗粝中有润,看那杯身上,画着三片荷叶,两朵荷花。三片荷叶中,两片舒展而自在地摇曳着,一片卷曲似开而未开,婀娜如一少妇在一端侧身而立;两朵荷花,一朵含苞待放,如少女般清秀可爱,扬首昂头,向往着更广阔的天空世界;另一朵则肆意舒展而落落大方地端坐在一隅,任清风拂过,看云卷云舒。此情此景正合了唐朝诗人李绅的"绿叶舒卷凉风晓,红萼开紫紫苻重"。

而更让我喜欢的是创作者对釉色的运用与理解。那朵盛放的荷花,紫色的花瓣点缀着绛红的花蕊,沉稳高贵,如梦如幻,而那橘黄色的花蕾成为整个杯子的点睛之笔,耀眼夺目,点亮一潭静静的池水。而大片荷叶蓝、绿釉色的使用与紫色的花朵形成统一协调的冷色调,在温暖低调的土黄色底色的衬托下,灼灼然却不迷乱,欣欣然却不张扬。

看着那杯子,我爱不释手,喜欢它的形,喜欢它的色,喜欢它的清逸,也喜欢它的俊丽。那轻轻荡漾的池水呀,也荡漾了我的心;那摇曳多姿的荷花呀,让我的眼睛驻足而不忍离去。而周敦颐的"出淤泥而不染,濯清涟而不妖"的莲、荷的高洁品质,更是给我从感官到精神的完美升华与统一。小时学过叶圣陶的一篇散文《荷花》,而此时我亦如陶老一般仿佛化身为一

朵荷花，站在那阳光里。

一定购买此杯子还有一个原因，端着那杯子的我，眼前浮现出一幅冬日暖阳下的画面：慢慢老去的我，坐在摇椅上，暖阳透过窗棂洒落在我覆盖着毛毯的腿上，手上捧着一本托尔斯泰的《安娜·卡列尼娜》，或者曹雪芹的《红楼梦》，旁边茶几上一杯绿茶，缕缕清香从这片荷叶中淡淡溢出，从这一泓池水中缓缓涌来。我知道，我的生命从这里找到了那涓涓不息、清澈而芬芳的泉。

33. 我的朋友生病了

好朋友王淑琴已经病了一个多月，得了一种叫带状疱疹的病。按医学说法是由水痘带状疱疹病毒引起的急性感染性皮肤病。春秋季多见，好发于成人，发病率随年龄增大而呈明显上升趋势。此病的临床症状表现在胸部、背部、头面部、臀部及下肢，而且此病有疼痛感，疼痛的位置取决于受侵犯的神经。民间称这种病叫缠腰龙。几十年的人生经历也给了我一些见识，从身边和别人那里听说过这种病的痛苦，也曾经见过感染者在胸背部，因疼痛不敢穿衣，触及便如针扎一般，痛苦不堪。

病痛长在别人身上总是不能体会究竟有多痛苦。一年前听同事老杨说，同学得了此病，被折磨得每天痛不欲生。同学的疱疹是长在了额头、眼睛处，当疱疹病毒侵蚀到眼部的神经，人就会疼痛难忍，痛不欲生。听说这同学扎过针，吃过各种中药，求过各种民间土方，至今已是一年多的时间了，而病毒顽固地在神经处久久留存不肯离去。每天被疼痛困扰着的她，无法工作，也无法安稳地睡一顿好觉，清晨4点多钟起床，到一位中医那里去扎针灸，一次2000元。时间与金钱在如此的疼痛面前已经是最不值钱，也不值得一提的事儿了。

而感受到这个病的苦痛，是好友王淑琴也得了此病。一天

给她打电话约去高碑店旧家具市场闲逛，她推说有事儿。而又过两周，打电话请她一起去看一个展览，她才说自己病了，得了带状疱疹，一直没敢告诉我们，怕我们去看望她而被传染。问她病情，她说，症状长在脸上、长在额头、长在头发里，疱疹已经全部发出来，密密的一层，疼痛难挨。她说，应该是恢复期了，快过去了。63岁的她在微信里对我说，这次决定再也不染发了，做一个真实的老年人，并一再嘱咐我要注意身体，天热，要多喝水，不要太累……

那段时间我很忙，忙到自己每天似乎都要吐血，忙各种各样的接待任务，忙一级一类的验收，忙着写自己想要完成的一本书，忙着每周都要跑到25公里外的地方去看医生。身体严重地透支，每天晚上撑到11点半倒头在枕头上的我，就只有一个想法：终于可以睡觉了。

又过了两周，7月初的中国美术馆展出世界级大师毕加索、达利等人的作品200余幅，仅有10天。最后一天的画展就要闭幕了，我和女儿一起去看展览，想淑琴也该康复了吧，便发微信问她好些了吧，约她一起去散散心。微信发过去，一段语音发过来，此时的她用微弱而痛苦的声音告诉我，疱疹已开始结痂，但面部神经被病毒侵蚀，头和眼睛疼得厉害。她说，你知道什么叫虫吃鼠咬吗？我现在就是这个感觉。那个疼痛，它就在那儿，疼痛不停地啃你，咬你，一刻不停，让你没有办法分神，没有精力，这样的日子如炼狱一般。她说，疼痛让我无法入睡，困乏与疼痛交织在一起，每天只能吃安眠药入睡。安眠药下的睡眠里，虫还在吃，鼠还在咬，而自己一双睡眠中的手，也在不停地按摩着疼痛，拍打着疼痛。微信里她说，我想总会有好的一天不是？熬着吧！坚持吧！总会熬过去的。并一而再，再而三地嘱咐我，56岁了，你也一定注意身体，别为工作太着急，人一上火就出问题。

又过了一周的周六清晨，淑琴发过来一个视频《最后的编织》，这是由芬兰导演执导的6分45秒的一个动画片儿。在6分45秒里，一个场景在悬崖边，一个女子，一个正在不停编织的女子，还有一把大大的剪刀。动画片没有对白，只有导演给出的字幕和片中音乐，那音乐是女子手里因编织如机器般高速运转发出的咔咔咔咔的声音，急促而单调。

打开画面，画面里一个女子在悬崖的高处编织。那已编织好的长长的彩带在脚下如山峦般起伏绵延，而这个女子满意地看着自己编织的战利品，手一刻不停地如飞梭一般仍在编织。终于，那长长的彩带因堆积而开始滑向悬崖，那因过长而聚集起来的彩带的重量，还有那坠下悬崖的重力，拉着那轻飘飘的女子滑向悬崖，而女子拼命地挣扎着，手中依然拽着那条重重的彩带，而编织一刻不停。搏斗中的女子一次次滑向悬崖，一次次又顽强地、拼命地站立起来，手中的编织还在继续，她在与悬崖、与坠下悬崖的彩带、与自己编织的成就和价值撕扯着、较量着。终于毛线团的线用尽了，而女子依然无法让自己停止下来，她果断地放开了自己一头长长的、美丽的金发，以金发为线，以生命为线继续编织着、编织着。那彩带更加绚丽、明亮而耀眼。长长的、重重的彩带与她的头部、与生命紧紧地连在了一起，已经坠向悬崖的彩带再次把她拉下了悬崖，女子终于没有力量再次站立，掉入悬涯。在悬崖边，在即将坠落悬崖的那一刻，女子用牙、用手撕扯断自己的头发，没有了重量的

她从崖边爬了上来。满头的金发变成了参差不齐的毛刷，而曾经编织如山峦般的彩带坠落下山崖。

女子满眼空洞地、茫然地望向周边，自己所编织的东西不见了，自己曾经漂亮的满头金发不见了，身边空无一物，只有她曾经坐的那把椅子和椅子旁边那把大大的剪刀，那把本可以早早拿起，可以剪断毛线和头发，剪断一切带来生命危险的剪刀。

这个动画片我很早就看过，其中蕴含的哲理，作者想要表达、告诉我们的一切，自己深深地感触和思考过。但，人生仿佛总是那么的忙碌，一战接着一战，一件接着一件，忙碌的编织让自己把这动画片忘得一干二净，每天依然地拼命，依然一次次地挣扎，依然一次次地透支，身体不断地出现状况。老中医说，不过50多岁人的脉象弱到像70岁的老妪。我真慢慢地病了，目前干眼症每天刺痛着我，提示着我，警告着我，但我依然在不停地编，编织那条长长的、永远也织不完的彩带。

淑琴发来的视频，我知道，她以自己的痛苦，向我发出善意而振聋发聩的关心和提示。当自己慢慢衰老的时候，当被疾病不断缠绕的时候，当病痛一次次敲打门窗的时候，我们才知道生命健康的可贵。这健康对于很多人是多么平常不过的事情，而对于今天的她来讲，却成了一种奢望。

导演在片尾的思考与发问值得我们深深回味：在我们有限的生命中还有比奋斗、物质更重要的东西，有时候，我们要知道拿起剪刀。

带状疱疹的网上资料：带状疱疹是由水痘-带状疱疹病

毒引起的急性感染性皮肤病。对此病毒无免疫力的儿童被感染后，发生水痘。部分患者被感染后成为带病毒者而不发生症状。由于病毒具有亲神经性，感染后可长期潜伏于脊髓神经后根神经节的神经元内。当抵抗力低下或劳累、感染、感冒时，病毒可再次生长繁殖，并沿神经纤维移至皮肤，使受侵犯的神经和皮肤产生强烈的炎症。皮疹一般有单侧性和按神经节段分布的特点，有集簇性的疱疹组成，并伴有疼痛；年龄愈大，神经痛愈重。本病好发于成人，春秋季节多见。发病率随年龄增大而呈显著上升。

得了带状疱疹的病人，可能由于治疗不当或者患者体质虚弱会出现带状疱疹后遗神经痛、面瘫、耳痛、外耳道疱疹、溃疡性角膜炎等。头部带状疱疹多在头前部即三叉神经第一支分布区，可造成脱发及永久性瘢痕。带状疱疹皮肤损害愈合后，疼痛仍可持续一段时间。部分老年患者神经痛可持续数月或年余，可严重影响睡眠和情绪，疼痛程度较重，持续时间较长者可导致精神焦虑、抑郁等表现。

淑琴在发给我的语音里有这样一段，她说："祈祷天下所有的人都不要得这个病，我愿天下所有的人都健康！"

34. 寻教育之源,至教育之乐

办学实践研讨会后,二幼人并没有停下实践的脚步,而是依照园所至乐教育的文化,深耕和创新着至乐在教育实践中的方法、方式与途径。同时,我也继续找寻着在中国传统文化中有关"至乐"的理论依据与出处。今天又读冯友兰先生《中国哲学简史》一书,读到第十章,道家第三阶段:庄子,关于"获得相对幸福的方法"这一章节,感觉眼前豁然一亮,如沙漠中望见一片绿洲,如大海中又觅得宝藏。

这是冯先生在阐释《庄子》第一篇《逍遥游》的哲学思想。他说《逍遥游》这些故事所含的思想是,获得幸福有不同等级。自由发展我们的自然本性可以使我们得到一种相对幸福。绝对幸福是通过对事物的自然本性有更高一层的理解而得到的。

这些必要条件的第一条是自由发展我们的自然本性。为了实现这一条,必须充分自由发挥我们自然的能力。这种能力就是我们的"德"。冯先生说,我们这个"德"即自然能力,充分而自由地发挥了,也就是我们的自然本性充分而自由地发展了,这个时候我们就是幸福的。

读到此段,我立刻想到我们的至乐教育。丰台二幼的至乐教育理念是追求按照儿童的内在节律起舞,顺木之天,以致其

性。至乐教育着眼于两个尺度：人性尺度和人生尺度。人性的尺度：让每一个儿童的天性和与生俱来的能力得到健康生长。人生的尺度：使儿童现在的生活快乐而有意义，并为幸福的一生奠定良好的基础。

我读来、思来，觉得园所的至乐教育理念与冯先生所阐述庄子的《逍遥游》哲学思想是一致的，就是要让人获得幸福。

冯先生还说，万物的自然本性不同，其自然能力也各不相同，可是有一点是共同的，就是在他们充分而自由地发挥其自然能力的时候，他们都是同等的幸福。《逍遥游》里讲了一个大鸟和小鸟的故事。两只鸟的能力完全不一样，大鸟能飞九万里，小鸟从这棵树飞不到那棵树，可是只要它们都做了它们能做的、爱做的，它们都同样地幸福。所以万物的自然本性没有绝对的同，也不必有绝对的同。他说，《庄子·骈拇》说，"凫胫虽短，续之则忧。鹤胫虽长，断之则悲，故性长非所断，性短非所续。无所去忧也。"

读冯先生这段文章，我感觉是对我们至乐教育最好的诠释，最好的补充，更是我们至乐教育的一个依据，一个佐证。因为在丰台二幼，我们的至乐教育的最终目标就是培养健康、快乐、主动发展的幸福儿童，让孩子获得幸福是我们的终极目标。

我们知道，幼儿园里的每一个孩子都是不一样的，他们都是独特的自己，虽然他们并非如庄子所说的鸟与鹤的外部差异之大。因此，如何让每一名儿童充分发挥其天性中的潜能，让每一个儿童把自己能做的、爱做的做好，从而找到自己的幸福，实现个人的价值，是我们教育者的使命。

比如，园中大班几个男孩儿，喜欢积木和建构类玩具。他

们从小班到中班,再到大班,对于建构类玩具乐此不疲。老师始终支持着他们,跟随着他们。从小班搭建"动物园""我们的家",到中班的"我的航母""我们的幼儿园",再到大班的"我们的四合院小学""北京天安门""中国长城""三峡大坝",孩子们不断地发展着、丰富着,更享受着创造带来的成功与幸福。而班中的一些女孩,则确实展现着女孩儿的天性,在小班娃娃家中,她们乐此不疲地做饭,照顾宝宝;到中班了,她们在开设的医院里当护士,当医生,照顾病人打针,做体检;再到大班,她们开了茶果店、小吃店,做着各种各样的红薯、点心等等。三年来,我看着孩子们的发展。其结果,女孩与男孩儿发展得同样好,他们的自信、大胆、语言表达、创造表达、能力水平均获得非常好的发展。这正好佐证和说明着冯先生对庄子《逍遥游》故事的哲学解释。只要他们都做了他们能做的、爱做的,他们都同样地幸福。所以万物的自然本性没有绝对的同,也不必有绝对的同。

如果说这是普遍的、共同的男孩和女孩的自然天性,那么我们的教育实践中也确有很多有个性和特长的孩子。比如王哲雅班男孩刀刀,天生喜欢画画,喜欢手工,在大班毕业的时候,为班里女孩米菲用一次性彩色塑料袋设计制作了一条"冰雪奇缘"中艾莎公主的拖地长裙,漂亮极了。玲玲班的一位男孩,也是热衷绘画,每天在活动区里画个不停,后来小朋友和老师管他叫"王大师"。孩子沉静而腼腆,但内心自在而自信,自由而快乐。每次画画他都幸福而沉浸其中。园所举办的小展台上,他举办了个人绘画展。站在展台前的他依然含笑而不多言,观者们也是笑着、看着,然后欣欣然而离去。我觉得这就是一个

很好的状态。孩子自得自在自乐,自足自信自由,这也是孩子获得自己幸福的方法与能力,这也是我们至乐教育追求的目标。

冯先生在此章里也讲到了庄子关于"获得绝对幸福的方法"。"而获得绝对幸福的方法",是要实现人与宇宙的同一。要达到这种同一,人需要更高层次的知识和理解。这些人是至人、神人、圣人。他们绝对幸福,因为他们超越了事物的普遍区别,也超越了自己与世界的区别、"我"与"非我"的区别。他们无己,他们与"道"合一。我想这一境界,大概是少有人能获得的吧。在儿童阶段,我觉得能达到冯先生所说的相对幸福就已经是很好的了。

35. 最高的奖赏

曾经得过很多的奖赏，2016 年被评为全国教书育人楷模，2017 年被评为"北京市人民教师"，并获得了特级教师的称号，2018 年获得了全国五一劳动奖章。这些荣誉，每个都带着光环，每个荣誉在别人眼里都是那么高，仿佛只有摘星的人才可以得到。党和人民给了自己这么高的荣誉，自己光荣的同时，深知责任的重大，知道唯有把本职教育搞好，把党和人民交付到自己手里的孩子教育好，才对得起党和人民所给予的一切。

而真正让我心动的、也是最高的奖赏，还有两次。一次是女儿婧颐给予的。2016 年，女儿在得知妈妈获得了"全国教书育人楷模"称号，她在微信的朋友圈中晒着她的妈妈。同年我写的《园长的札记》一书获得了 2016 年中国教育新闻网络评选"影响教师的 100 本书"。她在微信的朋友圈中说，"如果一生中我能有妈妈这样的荣誉，我就知足了。"当女儿以妈妈为傲的时候，我的心暖暖地被爱包围，觉得在家的小世界里，自己获得了最高的奖赏。

另一次是幼儿园孩子们给予的。今天是园所课题"信息技术环境下儿童游戏化活动的探究"中期汇报，丰台区信息技术中心来了几位主任督导和检查我们的中期课题开展情况，自然

我们带着领导从小班到中班,从中班到大班这样地看着。专家老师们不停地发出赞叹,赞叹孩子们在信息技术环境支持下的主动、自主学习,赞叹儿童间通过信息技术的探究和合作,当然,也赞叹老师们对信息技术手段运用的丰富与恰当。

当我们来到大班,孩子们正在用编程软件操作汽车,让汽车按照他们设计的规定路线行驶。这对大班的孩子来说是很新的一项活动,也是很具有挑战的一项活动。大班的回熠阳和庆庆小朋友两个人配合,一个操作 iPad 程序,一个调整汽车位置,并用相机记录过程。看到他们,我说:"庆庆,你们一定要加油,你们可是咱们二幼的骄傲呀。"听到这句话的庆庆依然摆弄着手中的相机,却回应了我一句话,他说:"游妈妈才是我们的骄傲。"听到这句话的我一下子愣住了,所有在场的人也愣住了,因为从来没有想到过能从 6 岁孩子的嘴里说出这样的话。那一刻,我是感动、是欣慰、是骄傲;那一刻,我觉得我所有的付出值得;那一刻,我才真正懂得了什么是最高的奖赏!

36. 生命中的两个重要他人

一个是我的父亲，另一个是我的朋友李卫明。

在我童年的记忆里，好似还不懂事的时候就总是看到父亲手捧着一本书，看呀看呀。那时候家里贫穷，夏天的晚上，妈妈总是叨叨爸爸看闲书，开灯要花电费。于是只见爸爸拎着一个小板凳，不声不响地走出去，然后到了很晚很晚的样子又拎着板凳儿回来了。开始并不知道父亲去了哪里。很晚的时候，妈妈总让我和姐姐去找爸爸。可我们把几条胡同都找了也找不到父亲，就向周边的人打听。有邻居叔叔告诉我们，说看见爸爸在厕所里，原来公共厕所里有灯，父亲拎着板凳去了那里读书。

公共厕所就在我家房后，厕所灯的开关是由我家操控的。于是妈妈想让爸爸回来的时候就把灯一拉，只见爸爸拎着书和板凳不一会儿就回来了。随着社会的发展，社会公共设施逐渐好了起来。等我上小学的时候，就记得父亲已经从厕所转移到了路边的路灯下，那昏黄的灯光打在书上，也打在父亲的身上，一片温暖。

记忆中小时候最期盼的就是饭桌上的时光，但不是为了吃什么，而是饭后的阅读时间。每顿饭后爸爸都会为我们读上半

小时的书，小小的我，觉得故事是那样地吸引人，故事中的人物那样地有趣，只觉得时间走得太快，期盼着明天的阅读时光。因此，每天傍晚时分，我总是守在家的门口处向街的方向张望，那是爸爸下班归来的必经之路，一双渴望的眼睛盼着爸爸回来的身影。那是一个小女孩一天当中最美的时分，不为那餐，不为那饭，只为那书中的故事、人物，那除家之外的另一个世界。我的喜好读书是爸爸陪伴下的一个好习惯，享用至今。

还记得爸爸那会儿为单位写东西，总是在写。记忆中他每天晚上趴在桌上写呀写呀，睡到半夜的我，翻身侧目，灯光依然昏暗地亮着，爸爸伏在炕上的小饭桌上，还在写呀写呀。不知他写什么，只知道他怎么有那么多的东西要写，写也写不完。但他写的东西，没再读给我们听，后来知道是"文革"开始了，爸爸在写材料。

2004年因为园所装修，结识了李卫明，一个画家，引我走上了热爱艺术之路。从此，生活与生命中多了艺术的话题、与艺术的缘分。

记得，装修中和装修后总会遇到"审美"冲突。冲突的第一次，李老师把园里的楼道涂成了灰色。望着空空的、灰色的楼道，我的审美怎么也不同意，不接受。我觉得幼儿园怎么可以不明快、不鲜亮，为什么不是粉色？不该是绿色吗？李老师给我解释着："灰色的调子作用在于衬托，在于把儿童的作品衬托得更加突出、好看。"那时的我怎么也想象不出那灰色衬底会怎样地好看，想象不出那美的样子。李老师安慰我说："请你相信我。如果全部装修完，挂上儿童作品你觉得还不好看，我再给你改回来。"就这样，我将信将疑地信了他。于是二幼的墙体成了灰色的主调，开了学前教育园所装饰之先河。果然在装修后，儿童那五彩斑斓的作品在灰色的墙面衬托下，明亮而富有生机，沉稳而不失活泼，高雅中显露着童趣。儿童的每一张作品均仿佛如大师作品一般，令人叹服。2014年有机会去法国的卢浮宫，去英国的大英博物馆，在众多的艺术品陈列中我领略了高级灰的魅力。

与李老师合作数年，也让我热爱和学习艺术数年。到美术馆看各种画展，逛798，读中外美术史，读《你不得不知的三百幅世界名画》等，逛高碑店，在旧货市场淘砖雕、木雕、石雕。一块30元钱淘得的小小雕板，经李老师装框修饰后，犹如博物馆的艺术品一般，令自己爱不释手，百看不厌。在淘宝的历程中，自己也领略了中国文化与艺术之美。

记得大约2005年，第一次与李老师去高碑店一家旧货市场，一个高三十厘米不到的、书桌上的小狮子要价要到三千元。李老师执着地在那里砍价，我在一旁望向那狮子，根本不觉得那个狮子有什么好看，有什么美在，觉得不就是一块石头吗？还要三千元。

后来，跟着李老师看得多了，听得多了，慢慢地看出了其中的美，看出了岁月的美，看出了艺术的美，看出了线条的美，看出了力度的美，看出了工匠的美。

这段经历，让我想起郝广才《好绘本如何好》在序中的那个故事：从前山里有户人家，家里有一尊石像，石像面朝下躺在门口，没有人在乎。一天，一个城里的学者路过这户人家，看到石像，认出这是一位大师失传的作品，便问这户人家的主人，愿不愿意把石像卖了。

主人听后仰头大笑说:"太好了,谁愿意买这块又笨又重又脏的石头?"学者说:"我出一块银元买它。"主人又高兴又惊讶,当然成交。石像被放到象背上驮进城里。过了几个月,山里人进城了。当他在大街上逛时,看见一家店铺前围着一堆人,有人大声地喊着:"快来看啊,来欣赏世界最美的雕像,只要两块银元,就可以看到出自最伟大的大师之手、曾经失传又重现人间的作品啊!"于是,山里来的人,手伸进口袋,摸出两块银元,付钱进了店里,去看那件他用一块银元卖掉的石像。这个故事是真的吗?怎么不是?1907年,英国探险家斯坦因只花了二百两银子,从一个叫王道士的手里,买走大批敦煌文物,现在就放在大英博物馆,我们要花多少钱才能看上一眼?确实,我们由于缺乏"看"的能力,由于视觉无知,错过了多少美的感受、美的体验?

今天的我虽然没有很多钱,但我依然淘着我认为很美的东西。那些东西滋养着我,浸润着我,让我知道美是生活中的最高等级。我向往美,追求美,也表达美,在自己的思想上、行为上,在工作的管理中,在平常的衣食住行里。

37. 家风

在百科全书中,对"家风"是这样解释的:"家风"又称门风,指的是家庭或家族世代相传的风尚、生活作风,即一个家庭当中的风气。家风,是给家中后人树立的价值准则;家风,是建立在中华文化之根上的集体认同,是每个个体成长的精神足印;家风,是一个家族代代相传沿袭下来的体现家族成员精神风貌、道德品质、审美格调和整体气质的家族文化风格。

以上定义我完全同意。但如果让我定义家风,我想说,家风是弥散在我们身上的味道,它在我们的一颦一笑、一举手、一投足之间,回味悠长;家风是沁入我们思想行为里的溪流,在我们待人接物、嘘寒问暖里,涓涓流淌;家风是镌刻在我们心版上的记忆,在我们过往的日子里,在我们日常的一粥一饭、一茶一点间,慢慢诉说;家风是妈妈洗衣板上的双手,是爸爸背着我们长大时的背影。家风如朝露,似春风,陪伴我们一起迎来一个又一个黎明,走过一个又一个漫漫的寒冬。

我们每个人唱着家风的歌,哼着家风的曲,一代又一代,一辈又一辈把家风传承、延续。家风在哪里?家风在我们的谈吐中,在我们的行为里,在我们无涯的胸襟间。

你让我说,我家的家风是什么?真的一言难尽,也不是几个词汇如勤劳、朴实、善良、诚信等，就可以概括明了的，我就用几件小事情讲一讲我的家风。

家风一："劳动是"大人"的一种担当"

我小时记忆中的妈妈总是在干活，不是去工作干活，就是在家里干活。妈妈是在食堂工作的，她的单位名称就叫"大食堂"，她在食堂里负责烙大饼和炸油饼。大食堂的工作时间是早点、中饭和晚餐，起早贪黑成了妈妈生命的节奏。那时的妈妈，要每天早晨4点钟起床。深冬的寒夜，外面漆黑一片，闹钟的铃声如何地清脆也唤不醒温暖被窝里熟睡的我们，妈妈则轻轻起床，穿衣，掩门，淹没在漆黑冰冷的胡同小巷里，然后在夜的笼罩中开始点燃炉火，也点燃一家人生活的希望与光明。小时候的我常常想一个问题，那么早的起床妈妈不累吗？那么黑的夜路，妈妈不害怕吗？

妈妈中午下班的时间是2点，等吃完中饭的人走光了，妈妈就下班了。然后下午4点又去上班，开始准备晚餐的工作，直到晚上8点半、9点的样子妈妈才下班。

下班回来的妈妈，便一刻不停地为一家人做单衣，做棉衣，打鞋底儿，搓麻绳，纳鞋底，洗衣服。记忆里，一家6口人的鞋子，成年累月的麻绳搓也搓不完，纳也纳不完。夜晚昏黄的灯光下，我们已经睡去，而妈妈手中的锥子在厚厚的千层底上，用力，用力……那一针一线密密的针脚里，缝着岁月的艰苦，也缝着妈妈对我们一家人的爱。

小时候，每一个晨曦初露的清晨，很少能听到妈妈对我们亲昵的呼唤，因为那时妈妈早已开始生活的奔波；每一个夜晚，我们也很少能吃到妈妈为我们做的饭菜，因为妈妈还在为生计忙碌。妈妈在我幼小的心里就是上班，干活，干活，上班。上班，干活，干活，上班成了我对生活、对人生的一种理解与定格，好像这样便是我们全部的人生意义、生活的意义。而妈妈的勤劳与吃苦，对家、对工作的默默与付出，也让我懂得这该是"大人"的一种担当和责任。

家风二：一个简单、整洁干净的家

妈妈是一个特别干净、利落的人，贫穷的家，在她的操持下总是一尘不染，整洁有序。虽然简陋的只有一间屋子半间炕，但家永远是被子叠得方方正正，黄土地的地面上留着扫把清晰可见的一道道印痕。

少年时的我，住在一个大杂院内。放学归来的孩子们，夏天总是要聚到院子里一起写作业，捏泥巴，跳房子，看糖纸，过着那快乐的童年时光。而冬天来了，欢乐还是要继续的，进到屋里的游戏依然玩耍。而狭小的房子经不住几个孩子的折腾，每每床上床下，闹得人仰马翻，一片狼藉。

开心的我们总也忘不掉盯着桌上的闹钟，看妈妈快要回来的时刻，孩子们呼啦都做鸟散状，各回各家。于是，我和姐姐立刻开始整理房间，把躺倒的被子重新叠成豆腐块，把满地的纸屑扫得一干二净，把床边的炕围子喷上水摩挲得平平展展没有一道折痕，收拾停当的桌面上摆上了我们学习的课本，家里瞬间恢复成了妈妈最喜欢的整洁的模样。

这个整洁而干净的习惯，就这样被我们姐妹传承了下来。至今，在睡觉之前我都会把家中的所有物品归放原位，摆放整齐，沙发上的靠垫儿不偏不倚，端端正正，房间里整洁如初，心里面便干干净净，然后我上床安然地入梦。

当初在三幼,现在在二幼,园所中的每一件东西都是要摆放得整整齐齐,孩子们午睡的衣裤叠得如同被展览的模样,每天如此,既给孩子们看,更是给自己看。虽为物件,但物件中自有乾坤。这就是家风的力量吧!

家风三:百姓与党性

妈妈不会写字,扫盲班时识得了一些字,可以简单读报,但妈妈却很早就成了一名中共党员。因为妈妈在单位工作时从不怕苦怕累,不偷懒,不耍滑。

1998年,我也光荣地加入了中国共产党。开完发展会的那天,回到家,妈妈问,发展会开完了?我回答说,开完了。妈妈坐下来郑重而严肃地对我说:"从今天起你就是一名党员了,你再也不是一名普通的百姓了。你要记住,党员就不同于一般的老百姓了,党员就要有党性。党性和百姓同样都是 XING,但它们不是一个 XING,党性,就是你要用一名党员的标准时刻要求自己,党性就是要把党的事业和工作放在第一位,党性就是要吃苦在前,享受在后,你一定要记得啊。"

至今,20年过去了,妈妈的这次谈话,总是让我常常想起。每当面临工作和个人问题选择时,我就会不自觉和本能地选择工作。这依然是家风的力量吧。

家风四;感恩与知足

2006年退休职工又涨工资了,妈妈每月的工资上涨了60多元。我们与妈妈在家里共同分享这令人高兴的事情。

1984年妈妈退休,那时退休金不到100元钱,如今,她的工资已经涨到了2800多元。工资从退休的几十元到2800多元,

已经翻了28倍。

聊着聊着,妈妈说道,在楼下遛弯儿的时候,几个老太太在一起聊天儿聊到涨退休金,有个老太太不满意地说,涨工资,涨工资,涨了半天就涨这几十块钱。妈妈说,你说这人老了,咋这么不知足了呢?我是感谢共产党的,是中国共产党让我过上了今天的幸福生活,让我吃得饱,穿得暖,让我有了工作。我从23岁参加工作,干了27年,老了,退休了,共产党每月按时给我发工资,每月一天不差,一分不少,还年年一直在涨工资。想想啊,我养了四个儿女,他们也养了一群儿女。我们几十年把儿女从小养到大,付出了多少的心血,为儿女受了多少的苦和累。如今儿女们都长大了,挣钱了,又哪见哪家的儿女如共产党一般,每月一分不差,一天不差地给父母发工资,给养老的钱呢?所以,我要说共产党好,共产党给我涨一块钱,我都知足。

听了妈妈的话,我很是感动,多么朴素,又多么实在的道理呀!同样是涨工资,一些人会那样看,而妈妈会这样看。从妈妈的这个角度看,她看到的是党的恩情,党的温暖,党对人民的热爱。而从那位老太太的角度看,看到的是不满和牢骚。所以,妈妈的生活是开心的,是快乐的,是幸福的!

妈妈正是从这琐碎的事件里,从这平常的话语中,教导着、影响着我们,要习惯看到事物的正面,要有正观和正思维。至今,我的生活始终是开心的,是快乐的,是幸福的!

在百科全书中还说:家风,如同一个人有气质、一个国家有性格一样,一个家庭在长期的延续过程中,会形成自己独特的风习和风貌。这样一种看不见的精神风貌,摸不着的风尚习

气,以一种隐性的形态,存在于特定家庭的日常生活之中,家庭成员的一举手、一投足,无不体现出这样一种习性,这就是家风。可以将家风理解为家庭的风气,将它看作是一个家庭的传统,是一个家庭的文化。

传统作为人类代代相传的行事方式,是从过去延传到现在的事物。没有经过较长时间的过滤和沉淀,就形成不了传统。家风作为特定家庭的传统,也是该家庭长时期历史汰选、传承沉淀的结果,是一辈又一辈先人生活的结晶。

38. 我的"老庄孙子"哲学

——关于招生工作，我的一些思考

昨天，接到艳红电话，说周四下午的招生会要介绍经验。我心里觉得实在没什么可说的，也没有什么比别人更好的经验和策略，姐妹园可谓各村有各村的高招。艳红说："您还是说说您的经验吧！"我开玩笑说，我的经验就是"老庄孙子"。虽是笑话，却也是我在我的园所招生工作中用到的管理哲学。我的"老庄孙子"说的是中国哲学史上的大家，是指中国的老子、庄子和孙子，他们对我管理工作的启示。

第一，"执大象，天下往"，老子对我们的启示。

"执大象，天下往，往而不害，安平太。"这句话出自老子《道德经》第三十五章。意思是哪里有道，天下的人就会向往哪里，大家都向道了，就会天下安和太平。学前招生工作，于家长、于一个家庭，可以说是一件大事。因为入园启蒙教育，是小孩子走向社会、走向生活的开端，家长们都希望自己的孩子能在启蒙阶段受到良好的教育，优质园、公办园自然成为家长们的首选，但由于教育资源的短缺，儿童入园需求增大，造成一位难求，有家长甚至说"入园难，不亚于考大学"。

入园可以说是关系到民生大计之事。因此，我们在招生工作中的政策和着眼点，就应放在为家长排忧、为家庭解难上。

作为园长，要带领大家将心比心，去换位思考。当我们把自己放在一名普通家长的位置上去想这件事情的时候，我们的政策、我们的方向，我们的做法，就会更公平、更公正、更客观、更符合天道。我们这样想了，我们的态度，必然会影响到我们的老师，行政人员甚至门口的门卫和保安人员。由此，园所的每个人在解答家长咨询问题的时候，就会心平气和，就会共情而柔和，就会把招生的政策说得明明白白。这样，即使有孩子进不来，家长们也可以理解我们政府目前的学位短缺，理解我们园所的难处。

同时，对于家长们的咨询给予耐心解答，对家长们的渴望心怀感激，让老师们在耳濡目染中学会换位思考，学会理解，学会慈悲，学会感恩。大家认同你，肯定你，大家觉得你是执大象之人，守道之人，自然就会在其他的事情上同样地跟着你一起向道。大家都向道了，天下就太平了、和谐了。

第二，"未战妙算""不战而屈人之兵"，孙子对我的启示。

"未战妙算""不战而屈人之兵"，这是《孙子兵法》中很精妙的两句。也有人说，这是战争的最高境界。"未战妙算"，就是在没战斗之前，先要计划，筹划周密，条件充分就会胜利。条件充分，但是计划不充分，就不会胜利，条件不充分，计划再不充分，就是彻底失败。所以，如果我们想要在招生中少发生或者不发生冲突，那么我们事先的准备工作就要充分。招生至于今天这种形势下，可谓"兵者，国之大事，生死之地，存亡之道……"我们把它换成"招生，园之大事，生死之地，存亡之道，不可不察"。我很佩服郭主任和陈霞科长，对招生之事给予高度的重视，从来不轻敌，不大意。每年的招生工作，始

终保持着高度的警惕。

"不战而屈人之兵",最会打仗的将军,从来都不是战场上打得极其惨烈而取胜的将军,而是看着没打,而仗已经漂亮打完了的将领。最高明的将领是"不战而屈人之兵"的统帅,那是妙算与筹划的结果。中国的传统智慧给了我们很多启示。所以,几年来,园所的招生工作由专人负责,把一切工作做细做实。我们班子会上会研究,每个人均清楚地知道标准,明晰政策,做到口径统一,法人法言。所以,正如《孙子·谋攻篇》中所言:"故善用兵者,故非屈人之兵而非战也,拔人之城而非攻也。"

第三,"天下大事必作于细",因为细节决定成败。

"天下大事必作于细"出自老子《道德经》第六十三章,告诫我们天下的大事都是从细小处做起的。我们现在也很流行一句话"细节决定成败"。我们整体的招生工作和流程,各个园几乎都是一致的,存在差异肯定在细微之处,毫末之间。而成败得失,往往就在于分毫之差,所以,重视招生工作中的细节,是园长不可不察的地方。

比如:在招生网站上,我们所提出对限定条件"度"的把握,要分析和依据本地区的实际情况;家长交材料的审核时间与安排要做到周详;网报后面试通知的语言,标准统一,我们都打成小条,一字不差,以免造成误解。再如:我们让家长分批、分组、分时间来园审核材料,避免家长扎堆、避免恐慌、混乱;我们不让家长在大门口等,我们请他们在会议室和大厅等候,有专门的教师组织和管理,避免沟通中出现问题等等。这些决定和措施是我们招生平稳而有序的重要因素。

第四,"上善若水",用智慧和胸怀去解决难题。

"上善若水",出自老子"上善若水,水善利万物而不争,处众人所恶,故几于道。"这是讲,做人要修炼自己至高的品性,像水一样,做到至柔能容天下的胸怀和气度。在我们的招生工作中,总可能在几百个家长中遇到几个个别的家长。往往这样的家长,他们不是完全没有道理,因为占了些理,有的就想要跟你死拼,血战到底。对于这样的人,曾经一位老师给我讲过这样一个故事,她说:"在我们前进的路上,总会遇到一些小石子,或者大一点的石子。遇到小石子的时候,我们用脚踢开,继续向前;而遇到大一点的,我们能搬动,就搬开也过去了;但如果我们真的碰到一块很大的石头,我们可以不用花很大的力气去搬它、凿它,我们只需绕过去就行了。为什么要花那么大的力气,要跟一块大石头较劲?因为我们奔去的地方是前方的目标,我们本可以很轻松绕过去的事儿,为什么要花很大的力气去铲除和消灭它呢?其实,绕过去是一种智慧。"所以,我们一般都会把事情放在我们可以控制,而不是僵化的"度"上,给家长留些余地,给自己留些余地,这样自己和他(她)都可转身,也可绕过去。

这样做有些人认为是低头,其实,这是胸怀,更是智慧。

刘伯承曾问主席:"什么是战争?"主席说:"打得赢就打,打不赢就跑。"所以,我们都知道,游击战的十六字方针"敌进我退……敌退我追。"

39. 2015年12月25日送给老师们

我亲爱的老师们：
　　我爱你们！爱你们的笑，爱你们的舞，
　　爱你们淡淡的忧伤与愁苦，
　　无论是开心的笑抑或烦恼的忧，
　　都是你们至真至纯的青春版图。
　　岁月的流淌把我们编织成了一道道美好的风景，
　　那风景中的绿与粉，黄与蓝，浓与淡，
　　浅唱低吟着我们曾经的脚步，
　　诉说着我们一起走过的悠悠历程！
　　我亲爱的老师们，让我们记住这真，守护好这善，
　　继续编写我们最美的诗篇！
　　感谢我的生命中遇到了你，
　　让我的生命如此丰盈饱满！

40. 致二幼我亲爱的老师们

——2016年12月25日生日中的感恩

亲爱的老师们：

含着热泪与惊喜看着眼前慢慢展开的小片，泪水挡住了我的视线，模糊了我的双眼，我只好一遍遍地去看，再去看，再去看……终于，随着那轻缓而美妙的音乐，我一步步踏回了曾经的岁月，也踏回了自己。

我在问自己一个问题，上天派你们来到我身边，究竟有何意义？我给了自己一个肯定的回答：是为了接受你们的温暖，为了懂得你们的感恩，为了报答你们的热爱，为了感受你们的美好，为了我们前世今生的缘定。

老师们，上天如此疼爱我，让我遇到了你们！我感恩生命！我感恩命运！我感恩你们！我感恩所给予我的所有！

电话就在我身旁，老杨的电话一遍遍打过来，我没去接听，我知道她想告诉我：老师们在祝福您，游老师您快快去讲话，快快去看看！我知道，她期盼我看到祝福的那份幸福与感动！

老杨呀！我们同事这么多年，你不了解我吗？你该懂的，你该知道，今天的我，已早早起来，等候着12月25日清晨第一缕阳光中老师们的祝福与问候。我知道它一定会来，因为我知道你们对我的那份爱与情，我懂得人与人之间最珍贵的是照亮

对方的那一瞬间,只是没想到,这祝福来得如此隆重与盛大!

老师们,游老师何德何能值得你们如此厚爱,如此用情?

我亲爱的老师们,15年我们相依相伴,正如你们小片中所言,这是我们共同生命中的15年。我们是家人一般,你们的所思、所想、所感,我全能领会,只是,就为这情,这爱,我该拿什么去回报你们,我亲爱的老师们!

最近在读一本书《月童渡河》,觉得是本好书,所有物质的我都给不了大家多少,所有精神的我都愿与大家分享。在这个日子里,我只有祈祷上天,唯愿我们每一个人都一生喜乐!平安!生命充盈而饱满!

永远爱你们,我的老师们!

游向红敬上

2016年12月25日晨

41. 致二幼我亲爱的老师们

——2017 年 12 月 25 日生日中的感恩

谢谢！我亲爱的老师们：

感谢你们给予我那么多的爱！给予我生命的能量！给予我去爱你们的能力！

我爱你们，爱到自己也不知道有多爱，只是想把你们当女儿般看待，怕你们疼，怕你们痛，怕你们走了弯路，怕你们日后才明白路该怎样走。所以，你们的一点点进步，我满心欢喜；你们的一点点忧伤，我疼在心里；你们每一个人成长的节律，到什么时候该走什么样的路我都装在心里。因为，知女莫如母，你们叫我一声游妈妈，我便把妈妈的责任担在心里。

游妈妈知道，成长中的儿女啊，你们怕唠叨，你们怕批评，你们怕过度压力，你们总想要在游妈妈面前表现得更好，更好！其实，你们已经非常好了，在你们这样的年龄里。只是，人都是要不断精进的，否则生命就没有了意义，成长中的关键期呀，错失了就永远不会再来。所以，我们每个人永远都不可能停下脚步，所以在前进中我们都需要不断地学习，所以我们都需要别人善意或者冷静的批评与帮助。

对帮助我们的人，我们一定要心存感激！

其实，很多时候，老师们，我是不讲的，我讲给你们听的，比我看明白的少了很多很多。中国人讲留白，我留了很多白，让你们自己明白。所以，待我讲出来的时候，我希望你们用心思考与掂量。爱你们！让我也时时疼在心里。可我们都知道，没有疼痛的成长一定是没有力量的成长，所以，游妈妈愿和你们一起承受疼痛。

机缘给了55岁的我仍和你们在一起的机会，我珍惜，我惜福。我知道，一定是上天觉得我们在一起的日子真好，我们缘分深厚，所以留下了我，让你们天使继续陪伴我，让我感受你们的爱，感受你们的活力，感受你们的聪明，感受你们的善良，感受二幼这个家的温暖。

因此，我懂了，我唯有用更多的爱去回报你们，用更有智慧的思想去引领你们，让你们因我在而获益，让自己存在于二幼更有存在的价值！

我亲爱的老师们，最后，我用汪国真的诗表达对大家的感谢之意：

给我一个微笑就够了
不要给我太多情谊
让我拿什么还你
感情的债是最重的呵
我无法报答 又怎能忘记

给我一个微笑就够了
如薄酒一杯，像柔风一缕

这就是一篇最动人的宣言呵

仿佛春天 温馨又飘逸

游向红

2017 年 12 月 25 日

42. 感恩，生命中有你
——2018 年 12 月 25 日生日中的感恩

我亲爱的老师们：

没有时间雕琢，没有时间润色，今天很忙，忙到现在，但我今天必须把要说的话说出来，不能超过 2018 年 12 月 25 日的晚上 12 点。所以，话讲的真实、朴实无华。

今天清晨，从一进幼儿园，我就惊喜不断，应接不暇。一声声游妈妈生日快乐，一件件漂亮而独特的生日快乐的拼插，一张张你们精心设计摆成心形写来的生日贺卡，还有你们用爱与心拍摄的充满温情的生日小片，让我一个 56 岁的老人，享受到了此生中最美的温暖，享受着女王也不过如此的殊荣与款待。

谢谢你们，我最亲爱的老师们！2018 年的 12 月 25 日这一天，你们又给了我理解人生、感受幸福的一次高峰体验，给我生命注入了新的能量与给养。听到这里，也许你们会觉得游老师获得过那么多的荣誉，幸福的体验应当远远超过今天这些吧！那我要告诉你们，你们错了，所有的荣誉都不及创造时那一刻的享受，所有的荣誉同样不及被人爱时那一刻的幸福。我肯定地说，今天的感受，远不是我文笔所能表达清楚，说得明白的。如果真能用文字表达清楚了，我想一定就不算是什么高峰体验了吧。

  我亲爱的老师们，你们写给我的生日祝福，到目前为止我还没来得及读。因为今天确实忙，所以没能腾出时间来读，同时我也是想留着给自己一个充分的时间，让自己去享受那人生中并不常常有的、令人感动的时光。我要选择一个独处的、美丽的、有鲜花绽放的、安静的时分，然后把那一颗颗心轻轻地打开，让老师们祝福的话语伴随着花香，浸透在我的心里，浸透在我生命的血液里。我知道，它必将成为我后半生取之不尽的营养剂。

  提笔到此，我脑海中不停地翻卷一个问题，这一天我一直在问自己，一直在问，我凭什么可以得到你们如此的厚爱与礼遇？我什么都没做呀，我总是把工作的标准提高了又提高，你们总是在加班了又加班，你们付出的劳动与你们的所得在很多人眼里并不成正比，可我作为一名园长，所能给的就这样多，而你们回报于我的却是天大地大的爱与情。我想只可能有一个答案，那是因为上天眷顾我，拯救我，让我遇到了你们这样一群美丽善良的人，派你们用如此美丽的心灵和方式教化我、感动我，让我理解什么是爱，懂得爱的力量，体会爱所能达及的人生臻境。

  了然于此，我心里便只有一个想法，那就是我该用你们给予我的爱去回报你们，而且，一定要比你们给予我的爱还要多，还要厚，还要深。

  老师们，感谢上天让我遇到了你们，与你们为伍，让我们有更多机会在精神层面上交流，在自我价值实现这一最高层级上相遇，相知。同时，在 2018 年的尾声，感恩有你们一路同行，感恩这一年大家的付出，感恩你们对教育的热爱与投入！

感恩!感恩!感恩!

愿 2019 的一切,一切都更加美好!!!

愿老师们的美梦都可以成真!!!

游向红

2018 年 12 月 25 日深夜

43. 开在咖啡馆里的青年业务学习会

丰台二幼的青年教师业务学习活动，青年教师自己提议要设在咖啡馆里去，他们想边喝咖啡，边学习讨论。

他们自己找到了地方，地点距离幼儿园并不近。他们用自己的业余时间去学习，与咖啡馆老板做了协商，咖啡馆中有可以让他们放PPT的地方，也允许把几张桌子连起来的会议长桌，时间是每周一次。咖啡馆儿的场地费，老板没有向他们收取。这件事的整个过程是他们在策划好了之后我才知晓的。他们发回来的照片上，年轻人每人一台电脑，大家开心地聊着、学着，咖啡散发着迷人的芳香，而年轻人的脸上都放着青春的光芒。很特别、很时尚的学习活动。

我没有去多问和多管他们究竟学得怎么样，有什么感受，但年轻人的这一举动却引发我思考他们这样做的背后原因，思考着幼儿园当今管理模式当中，青年教师们到底喜欢什么、到底需要什么样的培训方式，该怎样契合和适应年轻人当今的组织团队建设。

春节这几天，我的朋友们按照中国传统的老方式和习俗要来家串门拜年，拜访朋友。女儿看我忙得不亦乐乎，很不理解地说，您为什么要让朋友到家里来呢，你们可以约到咖啡馆去

呀,这样岂不是更方便、更轻松?大家都没有了负担,您也不用又备茶点,又做饭。我说,我们这代人与你们年轻人不同,好朋友我们更喜欢的是到家探访,朋友进了家,就意味着是"一家人",是至亲至近的朋友。我们的心与心会贴得更紧。女儿不置可否,说,尊重你们的习惯,但还是不能理解和苟同。我知道中国传统的一些习惯,在今天一定是要被年轻人进行改良的,这也正标志着社会的不断创新和变化。二幼年轻人把学习和交流放在咖啡馆,大概也是一个对园所业务学习和培训的主动改良吧!

多年前读余秋雨的散文《行者无疆》,清晰地记着那篇《悬念落地》。文章讲的是余秋雨老师游历法国,来到萨特和波伏娃常去的那间咖啡馆去讲萨特。这间咖啡馆叫德弗罗朗咖啡馆,余秋雨老师在文中说,这家咖啡馆一切萨特研究者都知道,巴黎市民都知道。

清晰地记得这篇《悬念落地》不是因为那是萨特曾去的地方,是因为我很疑惑的问题与余秋雨老师的一模一样,为什么咖啡馆成为了萨特常去写作的地方?余秋雨老师在文章中说。这就让我奇怪了。一般的咖啡馆人来人往,很不安静,能写作吗,萨特很早成名,多少人认识他,坐在这样的公共场所能不打招呼吗,打了招呼能不一起坐坐、聊聊吗?总之,名人、名街、名店撞在一起,能出得来名著吗?另外,一个连带的问题是,即使咖啡馆里可以不受干扰,总比不上家里吧?家里有更多的空间和图书资料,不是更便于思考和写作吗?像萨特这样的一代学者、作家,居住环境优裕舒适,为什么每天都要挤到一张小小的咖啡桌上来呢?

在文章的后面，余秋雨老师说明了他所认为和感觉的原因。他在文中说："这八个人，自成四个气场，每个气场都是内在、自足，因此就铸成了一圈圈的墙。""他们身居闹市而自辟宁静，固守自我而品尝尘嚣，无异众生而回归一己，保持高贵而融入人潮。"

我又翻回照片，想在他们的表情和细节中寻找契合这一想法的蛛丝马迹。第一张照片中，工作仅仅一年多的小老师温馨，站在一圈老师中间，在她的周围，围着6个比她更有工作经验的年轻面孔，有的工作2年，有的3年，甚至5年。这些面孔中，或是伸着脖子参与着讨论，或是拿着书中的材料按照温馨提出的方法进行着操作。看得出，这里大家丝毫没有因为她的年轻而轻视她的设计和想法。第二张照片是他们对着电脑、书籍三三两两学习的照片。蓓蓓老师在记录中说："咖啡馆温暖的灯光，和乖巧的猫咪一直陪伴着可爱的老师们。"而我仿佛听到寂静中键盘打字的嗒嗒声，听到老师们轻松而惬意的欢笑与沉思……亦如余秋雨老师所说的，他们的聚集形成了一种强烈的气场，这样一个气场像一堵透明的墙，将小小咖啡馆里的这一群人，紧紧包围着、凝聚着，他们在其中更加柔软、松弛，便也更像他们自己。

我后来问了一下参加咖啡馆学习的二幼年轻人，没有人读过余秋雨的这篇文章，不知其内容，也无法去简单地效仿。但他们亦如余秋雨老师文中的萨特、波伏娃和八个人，愿意走进咖啡馆去开启自己一个学习、思考的新地方，我想他们可能想要身居闹市而自辟清净，保持高贵而想融入人潮。

但我想，他们可能更有想要对我们当前园所管理环境氛围

的挣脱,想在更加自由的栖息地上让思想驰骋;也许,他们想要吸纳更加时尚潮流的社会文化,让自己教育的思路融入更现代、多元的元素;也许他们意识里想跳出园所教育的边界,做更多框外的一些思考,用一种外在形式去寻找内心的、莫名的渴望;抑或,他们想在自己的第一人生之外,找到第二人生中自己重新的位置与重量。

余秋雨老师的悬念已经落地,而我的悬念还是悬而未定。

第二篇
绘本这样读

每个周六的早晨，我都起得亦如往常，
洗漱完毕，泡好茶，
便坐在桌前写字，看书，望晨光，
静悄悄的晨曦，
摩挲着如玉的指尖
淡淡的茶与书香，
悄悄溜进我的心房，
直到早餐上桌，我从书中抬起头，
家的芬芳，如期而至氤氲身旁，
这样的镜头，成为了我家周末清晨的一种"日常"，
它先于早餐，也更丰盛、悠香。

1. 我心中的大英雄——小黑鱼

李欧·李奥尼的绘本《小黑鱼》,是我极喜欢的绘本之一。他也成为了我们二幼老师必读、必知、必懂、必行的一本书。

本书讲的是:在大海的角落里住着一群鱼,大家都是红色的,只有一条是黑色的。他比兄弟姐妹们游得都快,他叫小黑鱼。一天,一条凶猛的金枪鱼冲过来吃掉了所有的小红鱼,只有小黑鱼逃走了。他孤身一人在大海深处游荡,孤独、伤心、寂寞。然而,大海里有很多稀奇古怪的生命,他遇到了很多新的事物。他看到了水母像彩虹果冻;大龙虾像水下行走的机器;怪鱼像被一根看不见的线牵着;森林似的海藻长在糖果般的礁石上;鳗鱼的尾巴有多长,连他自己也搞不清;而海葵像粉红色的棕榈树在风中起舞。有一天,小黑鱼又遇到了一群躲在礁石后面的小红鱼。小黑鱼不再躲避,不再害怕。他想了一个好办法,教小红鱼聚在一起游成大鱼的样子,而小黑鱼自己来当这条大鱼的眼睛。就这样,他们吓跑了所有的大鱼。于是,他们在清凉的早晨游,在阳光灿烂的中午游。

《小黑鱼》这本书深深地吸引着我,整个绘本跨页45厘米×28厘米,而那条仅有1.5厘米长的小黑鱼,却占据了我整个心灵和脑海,小黑鱼那闪耀着光亮的眼睛,在我的脑海里久久萦

绕，挥之不去。

我心中有许多的问题要问自己，也有许多的问题想问作者。我想问李欧·李奥尼，《小黑鱼》一书你到底想告诉我们什么？是要告诉我们关于勇气与团结吗？是想告诉我们小黑鱼的智慧与勇敢吗？在绘本的第一页，整个的跨页版面中你画了那么多条的小红鱼，为什么只有小黑鱼有清晰而明亮的眼睛？那明亮的眼睛说明了什么？第二个大跨页里，当金枪鱼来了，为什么只有小黑鱼逃走了？是因为他游得快吗？还是因为它有明亮的眼睛？第三页，你让小黑鱼一个人面对那孤独的世界，没有任何物体，没有任何生命。45厘米×28厘米的一个大跨页上什么都没有，只有一条小黑鱼在奋力地向前游着，孤单、害怕、伤心。你是想说，这不正是我们每个人在世界上必然要经历的人生吗？

你设计了全书一共十四个场景，而小黑鱼独自漫游深海的场景画面一共有七张，正好是全书的一半，七比十四。你用七幅画面让小黑鱼独自面对世界，而这个世界是如此的美丽、丰富、多样、奇特。你给了小黑鱼丰富而奇特的经历，是想告诉我们小黑鱼后来成了小红鱼领袖的原因吗？

我还想问，当小黑鱼再次遇到躲在礁石后的小红鱼，他不畏困难，不畏危险，想出办法带领一群小红鱼组成一条大大的鱼，吓跑所有的大鱼，而小黑鱼成为了整个大鱼的眼睛，那眼睛是不是团队的灵魂与思想？那眼睛是不是意味着当一个人经历了孤独、挫折以及见到广阔而美丽的世界，便有了坚强的灵魂与内在力量？

是的，我的问题也是我们所有读者的问题，是我们内心想要搞清楚的问题，因为我们每个人内心都想成为你笔下的那条小黑鱼。

接下来，我说你听！

第一页的小黑鱼有清晰而明亮的眼睛，我知道你想告诉我们，那是小黑鱼的灵魂。每个人只有有了自己的灵魂与思想，我们才能真正地成为独特的自己，我们才能在这样的一个世界里骄傲而富有意义地存在。

第二页小黑鱼逃走了，那是因为他有明亮地眼睛，有能感知世界的能力与敏锐，而且比别人游得快。

第三页，你让小黑鱼独自面对茫茫的世界，你是想让我们知道，世界是残酷的，是弱肉强食与无情的。每当这样的时候，你只能凭借自己的快、自己的力量去生存下去。人在成长过程亦是如此。我们每一个人在自己的人生道路上都会遇到挫折、危险、孤独。那个时候，我们常常只能一个人去面对，我们无所依靠。所以，你想让我们知道：唯有坚持，唯有不停脚步地向前走，你才能获得成长，你才能获得生存，你才能等到属于你的光荣的那一刻。

接下来你用了六页，我认真地数了又数，你让小黑鱼在漫长的海底漫游，他看到了水母像彩虹果冻；大龙虾像水下行走的机器；怪鱼像被一根看不见的线牵着；森林似的海藻长在糖果般的礁石上；鳗鱼的尾巴有多长，连他自己也搞不清；而海葵像粉红色的棕榈树在风中起舞。你给了小黑鱼丰富而美丽的人生与世界。一天天，一年年，你让小黑鱼在这样的世界里，练就了勇气与力量，给了他思考的能力，独立生活的能力，也给了他饱满而快乐的童年。

　　你想让我们懂得，任何一个人的成长，都是要在孤独中、在困难中、在挫折中、在危险中磨砺，但同时要相信，这个世界同样也会给你美好、善良、快乐与能量。只要你无论在怎样的困境里，依然具有对美好的感受力，对美好事物的吸收能力，你就一定有希望。

　　后面，你用与前面完全一样的情节做呼应，小黑鱼再次看到躲在礁石后面的小红鱼，而此时的小黑鱼早已不是彼时的小黑鱼，时间、经历、见识、孤独，赋予了小黑鱼智慧、勇敢、力量和勇气，小黑鱼已经慢慢成长为一名真正的英雄。他用自己那颗明亮的眼睛，美丽的心灵，超常的速度，广博的见识，带领小红鱼组成大鱼，战胜了所有的大鱼，赢得了属于自己的光荣、自由，还有尊重！敬佩！友谊！

　　小黑鱼在你的笔下成长为了一名大英雄！

　　每读一次，就感动一次，感动于世界的美好，感动于生命的顽强，感动于生命的成长！

2.《鳄鱼怕怕 牙医怕怕》让我们彼此建立爱与信任

——写给天下的爸爸妈妈

《鳄鱼怕怕 牙医怕怕》是日本五味太郎编绘的一本绘本，故事讲的是：一条鳄鱼患了蛀牙，去看牙医。鳄鱼在心里对自己不停地说："我真的不想看到他，但是我非看不可。"而诊所里的牙医也在想："我真的不想看到他，但是我非看不可。"此刻文本中两个画面虽然对话一模一样，但是心理活动却完全不一样，引发了幽默的效果。

鳄鱼看到牙医吓得叫出了声："啊！"牙医看到鳄鱼吓得叫出了声："啊！"鳄鱼看着椅子："我一定得去吗？"牙医看着鳄鱼："我一定得去吗？"鳄鱼坐到了椅子上："我好害怕。"牙医拿起了牙钻："我好害怕。"鳄鱼对自己说："我一定要勇敢。"牙医对自己说："我一定要勇敢。"鳄鱼张大了嘴巴："我做好最坏的打算了。"牙医把手伸进了鳄鱼的嘴巴："我做好最坏的打算了。"鳄鱼被牙钻钻痛了："哎哟！"牙医的手被鳄鱼的嘴咬痛了："哎哟！"鳄鱼捂着嘴巴："这是一件多么可怕的事。"牙医捂着手腕："这是一件多么可怕的事。"鳄鱼又张大了嘴巴："不用太久……"牙医又把手伸进了鳄鱼的嘴巴："不用太久……"

鳄鱼给牙医行了个礼："多谢您啦！明年再见。"牙医给鳄

鱼还了个礼:"多谢您啦!明年再见。"可走出诊所的鳄鱼却在想:"我明年真的不想再见到他……"牙医在窗口看着鳄鱼也在想:"我明年真的不想再见到他……"

鳄鱼说:"所以我一定不要忘记刷牙。"牙医说:"所以你一定不要忘记刷牙。"

这是一场鳄鱼和牙医之间的心理较量,五味太郎用简单、反复的语句刻画了鳄鱼和牙医每时每刻戏剧性的心理变化。他们互相惧怕,可是又因为那颗蛀牙凑到一起。凶恶的鳄鱼只得乖乖听牙医摆弄,而红脸的牙医也只能壮着胆子给鳄鱼拔牙。

初读绘本,你会觉得这是一个讲给孩子们要保护牙齿的故事。再读绘本,你会在释怀的笑声中感受到故事的张力,全书贯穿着一个怕字,鳄鱼怕疼,牙医怕鳄鱼的牙齿。而当读到第三遍的时候,你便知道作者并不简单地想告诉我们这个故事仅仅是刷牙,保护牙齿,作者想要说的还有保护牙齿以外的事情。看看这泪,看看这汗,我们体会出这贯穿全书的怕,继而最终战胜恐惧,积极配合,治好了牙病,鳄鱼与牙医靠的是什么?是爱,是信任!这是鳄鱼与牙医两位之间关于疼痛,但更关乎彼此爱与信任的事情。

发生在鳄鱼和牙医之间的故事是引人入胜而富有张力的。故事的张力来自疼痛感,而疼痛是我们每个人成长的必须。疼痛考验爱与信任,也唯有疼痛,能够见证爱与信任。

每一年的新生家长会,我都会带领家长们阅读《鳄鱼怕怕牙医怕怕》。台下每一位家长当然知道,幼儿园的园长今天想要告诉他们的,想要让他们理解的,不是要让他们回家教育自己的孩子每天要刷牙。疼——怕疼——忍受疼痛——彼此信任

是今天园长想要宣讲的主题。

爸爸妈妈们，你们把最爱、生命中最宝贵的孩子送到二幼，交予我们，我知道你们有很多的担忧，很多的疑虑，很多的不放心。对于儿童成长必经的种种艰难坎坷，你们有充分的精神准备吗？孩子那么小，第一次离开家，离开亲人，离开你们，在一个全新的陌生环境中开始一种新的生活，一路上孩子们有时会觉得孤独，觉得无助，觉得疼。这份艰难与痛苦，必定会在深爱着他们的你们那里得到加倍的体验。但是，亲爱的家长，很多时候，不给孩子一点压力与疼痛其实是一种蔑视。因为你不相信孩子能够承受成长之痛，进而不信任孩子有资格有能力享受成长的幸福。

- 所以，当您的孩子入园时哭的时候，
- 当老师批评了您的孩子的时候，
- 当您的孩子在排队，在游戏时站到了最后一个，
- 当老师发东西时您的孩子是最后一个拿到的时候，
- 当上课被最后一个叫到或没有叫到的时候，
- 当孩子可能游玩中相互发生冲突的时候，甚至吃亏的时候，
- 当您孩子的小床在靠窗户位置的时候……

请家长们明白，这都是孩子今后走向社会必然面对的问题，这是生活与成长中再正常不过的事情，孩子都不会计较、感到受到委屈，都不会认为这是不公平，都不会因此而挑剔或畏惧，而此时您的着急、您的在意将影响孩子的看法。让孩子在您的强化下变得胆怯、自私而矫情，不能承受成长中的任何疼痛，从而失去对任何事情的乐观积极、包容理解的态度。快乐从此远离了您的孩子。

请相信我们的老师，我们始终关注着孩子，还有家长的感

受。老师给班级建立微信群,给每个孩子建亲宝宝档案、做微信书,在班级的QQ相册、微信群发照片、发微视频。每一次上传,老师们都会关注到每一个孩子都要有照片,视频中都要被拍摄到,怕家长没有看到自己的孩子而感到失落,感到被忽视。为了避免这种误解,老师们承担了极大的工作量,然而,这本可以不是我们工作任务职责中的。

而我们的老师呢?为了让班中三位老师都知道家长的担忧与问题,班级提出家长问到任何一位老师的问题,都要让班级的其他几位老师知道,这样便于所有老师共同关注到孩子成长中的每个细节。三位教师要看护、教育30名儿童,照顾好孩子一日吃喝拉撒的同时更要做好教育工作。关注家长工作,将承受更多的繁杂、疲倦、困惑,要承担30个家庭、120—180位家长的目光。当然,这是我们的责任,也是我们的使命,我们会尽全力给孩子一个温暖而关爱的成长环境。

二幼老师有一个信念——让进到二幼的孩子成为世界上最有福气的孩子。同样享受这种"福气"的还有二幼所有的家长。"有福气"并不代表孩子和家长不用走出"舒适圈",而是在老师的帮助和引导下,勇敢地迈向成长,学会勇敢面对成长中的疼痛,进而享受成长的快乐,这才是二幼给予所有人最大的"福气"。这个过程中,疼痛依然是不可避免的,也不该全力避免。因此,不要害怕,不要躲避。你一定清楚地知道,那最值得你信赖、最深刻地爱着你的,必定是可以与之分担痛苦的那一个。疼痛考验爱和信任,疼痛见证爱和信任。所以,让我们把爱与信任交给对方,让二幼的教师与家长建立一种平等的教育伙伴的关系。唯有爱、信任与真诚是我们相处三年的基石。

3.《石头汤》里的石头意味着什么

最初看到《石头汤》这本绘本就爱不释手,喜欢那三块石头垒起来如佛的样子;喜欢那淡然而笃定的三位僧人,尤其是那位老者;喜欢这本书绘画的中国风格;喜欢里面那横亘而寂静的山峦;喜欢中国的房屋式样;喜欢那中国式流水席的大聚会、大团圆的热闹;喜欢那开始冰冷而隔绝的小村庄后来变成的温暖、红火、热闹的景象;更喜欢那硬邦邦、冷冰冰的石头在烈火燃烧下给周边所有事物带去的温暖与感动。反复读、反复读,不厌其烦,越读越感受到那石头的温度,石头的力量,石头的美,知道了作者为什么要叫他《石头汤》。

推荐给老师们去阅读这个绘本的理由,是我想让老师们都知道,每个人都应该装一颗滚烫的石头在心中,培养自己的坚定和温暖、拙朴与力量。

薛瑞萍用《〈石头汤〉里的石头意味着什么》做了最好的解读,我自认怎么也好不过薛瑞萍对这本书的理解、诠释,这里就全文转载,只因觉得无法多加一笔。

《石头汤》里的石头意味着什么

是的,石头不能吃,也不能喝,可是后来的一切都是

"石头汤"这个词引来的。所以这锅汤,只能叫作石头汤而不是别的什么汤。

一切来到之前,石头在那里;一切消失之后,石头在那里。

最初的宇宙是星云,最初的世界是石头。石头赤裸在旷野,集天地之灵气,以朴拙、浑然显示着原始的力和美。生命从石头中孕育而出。生命是石头中开出的最美的花。孙悟空从石头中蹦跳而出,贾宝玉是一块没有机会补天的顽石,他们的降生带着天然的野性和活力。从石头中孕育生命要经过一个艰难的过程,但无疑,唯其艰难,开出的生命之花才会绚烂。

最空、最硬的石头,孕育了一切。

没有石头的时候,吃饱穿暖,是村民唯一的追求——那时候,他们是隔绝和冷漠的,仅仅活在胃的层面;因为石头,他们发现,吃饱穿暖之外的幸福,是那么的美妙;一颗颗冻结的心,因为石头的滚烫,变得快乐温暖、彼此需要。

"这样的人可不是每个村都有的。"显然村民以自己的所遇为幸运。唯一没有实在用处的石头——唯一存亡系之的东西。

石头是什么,对于我们而言,石头是我们坚定不移的信念。凭着石头的光润、质朴和顽强,我们坚定不移地相信:卷心菜、土豆、牛肉、大麦、牛奶,会有的。烤肉、面包、苹果酒,也会有的。

4. 飞吧，小鸟
—— 《小阿力的大学校》系列活动

《小阿力的大学校》里面有这样一个情节设计：小阿力在花园中救助了一只小麻雀，这是小阿力见过最小、最脏、最瘦弱也最灰头土脸的小鸟了。这样的一只小鸟，让小阿力顿时觉得自己不再是那个最无助的人。一个看似弱小，需要被引导、被照顾的孩子，成为了另一个更弱小、更需要照顾的小鸟的引导者和照顾者。正是由于小麻雀的出现，小阿力发现了自己的力量。他从小鸟的身上看到了勇敢和信任，从而自己也萌生出勇敢面对新挑战和新环境的信心。在阅读的过程中，老师发现了这一点，并巧妙地将它们设计到班级的活动中。

小班没有开学之前，老师在微信群中推荐了这本书，并建议家长进行亲子阅读，在阅读中家长有意引导孩子注意到小鸟情节的设计，共同讨论"如果小鸟要去幼儿园了，我们应该怎么照顾它？"于是，在绘本的引导下，班中的小朋友们都变成了小阿力，一颗颗富有爱和力量的种子在心中渐渐萌芽。班级由此引发的系列活动，也按部就班地开展起来。

活动一：亲子制作"会说话的小鸟"

首先，爸爸妈妈和孩子共同用折纸的方法制作了一只小鸟，每一个小鸟的身上都有家人对孩子们鼓励的语言。这些会"说

"话"的小鸟不但包含着父母对于孩子的爱，同样也安放着孩子们对陌生环境的忐忑不安。每一次，当孩子们情绪不佳或者在幼儿园想爸爸、想妈妈的时候，老师就会摘下小鸟，给孩子们念一念家长们鼓励的话语。听着爸爸妈妈的话，孩子们的心情也平复下来，感觉到家人的爱一直伴随在自己的身边。

活动二：我陪小鸟去幼儿园

这些亲子制作的小鸟不但是孩子们对父母的心灵寄托，同时也是他们心灵的伙伴。在小班的孩子们还没有和同伴缔结友情，产生一起玩的想法的时候，这些和爸爸妈妈一起制作的小鸟就成了她们的"临时伙伴"。孩子们带着小鸟一起吃饭、一起睡觉、一起做游戏。当孩子们逐渐熟悉了幼儿园，放下了心中的忐忑，他们便有了能够照顾和安慰小鸟的内心力量。于是，老师引导孩子带着小鸟参观幼儿园中自己最喜欢的地方，让每一名幼儿感受到自己是环境的主人，同时也在孩子们的心里产生熟悉感和安全感。

活动三：教师节，送您一只小鸟

慢慢地，孩子们和老师建立了信任的情感。在教师节这一天，老师引导孩子们做一只小鸟，送给园中的老师，以表达陪伴老师过节的愿望。于是，孩子们用自己的小手蘸满五彩的颜料，用小手掌拓印的方法，在纸上印出五彩的小鸟，送给老师作为节日礼物。孩子们从刚入园时一个需要安慰的"小朋友"，变成了能够将关心与爱分享出去的"大朋友"。

当孩子们将小鸟双手递到老师手中，嘴里说着"老师，教师节快乐！"的时候，心中更多的是对老师的亲近和依恋，是对幼儿园的信任与接纳。

活动四：飞吧，飞吧，我的小鸟

孩子们的小鸟有着多层的含义。它既代表着家长的鼓励和关心，也代表着孩子们即将入园对家长依赖的心理寄托，同时也是每一个孩子内心的缩影。当孩子们真正勇敢地成长，对新的环境适应和信赖的时候，孩子们的小鸟也需要像小阿力放飞小麻雀一样，勇敢地放飞自己的内心，独立勇敢地迈出成长的第一步。于是，我们的老师准备了与班中儿童一样多的氦气球，将孩子们的小鸟轻轻地系在气球下面，放飞到天空中。放飞的时候，孩子们手中攥着那根线，抚摸着小鸟，与小鸟说着最后离别的话语，而后大声地与自己的小鸟挥手再见。当小鸟飞向天空的那一刻，老师们知道，孩子们也迎来了崭新的自己。

以绘本《小阿力的大学校》为契机开展的一系列活动，让孩子们快速地适应了幼儿园的生活，接纳了新环境中的一切。随着孩子们用力地挥着小手，大声说着"小鸟再见！我一定会好好照顾自己的！你也要好好照顾自己！"的时候，我们不禁要对这些孩子们投以敬佩的目光。他们小小的身体里面藏着巨大的生长能量。在他们挥别小鸟的时候，也挥别了自己对幼儿园所有的担忧。转过身，迎接他们的是老师阳光般的笑脸，和一个蜕变后全新的自我。

5. 从《小阿力的大学校》飞出勇敢的小鸟

就要开学了,孩子们的心情是什么样的呢?是激动还是忐忑,是兴奋还是不安?在我们揣摩幼儿入园心理特点的时候,《小阿力的大学校》这本书走进了老师们的视野。它的图文作者分别是:文,[英]罗伦斯·安荷特;图,[英]凯萨琳·安荷特。其中起伏变化的情节,引起了老师们对于孩子成长的关注和思考。

《小阿力的大学校》讲述的是一个叫小阿力的男孩子,在上学前发生的一些特别的故事和他的心理变化。从书的第一页,我们就从这个十指相扣、面带微笑的男孩子——小阿力的身上看出了他对上学这件事充满不安。的确,每一个孩子(包括我们成人)在面对新环境的时候,都会有着不同程度的紧张和担心。比如,小阿力担心自己在大学校里迷路,担心被欺负,甚至担心妈妈买的新鞋子有好难系的鞋带……直到有一天,他看到了花园里新来的一只小鸟。那是一只好小、好小的麻雀,其他的小鸟都要啄它,把它赶走。这不正是小阿力对学校的担心么?我想,在这一瞬间,小阿力从小鸟的身上看到了自己的影子。于是,小阿力用爱呵护、陪伴着小鸟,给了小鸟一个温暖的、柔软的小窝。第二天,小阿力惊喜地发现小鸟恢复了活力,

于是他放飞了小鸟,也放飞了自己这颗恐惧不安的心。他说:"小麻雀,你该飞走了,要像我一样,好好照顾自己!"这句话,小阿力说给小鸟,也说给自己。

《小阿力的大学校》真正带给我们的震撼是,一个孩子在面对成长时候的勇气。即使他知道也许会遇到困难,也许会有难以预知的挫折,但他依然坚定地走进学校的大门。在学校里,贝瑞老师就像小阿力照顾小鸟一样,细致地为他讲解学校中的一切,同学们也对他非常友好和善,让小阿力逐渐放下心来。几天后,小阿力带着学校交到的新朋友回到家。在花园里,他惊喜地发现了一只几乎和曾经那只好小、好小的小麻雀长得一模一样的小鸟。但是,这只小麻雀比较大、比较勇敢,也比较快乐,而且还有很多很多的小鸟朋友,就如同现在的小阿力,慢慢地走出了内心的那个"小",变得强大、快乐又自信。

幼儿园每一年都会面临新生、新家长。每一个新来的孩子都像小阿力一样有着这样那样的担心,家长也如是。但是,孩子真如家长们想象的那样脆弱吗?他们就没有自己调节好情绪,敢于面对陌生一切的勇气吗?很多时候,是我们小看了孩子的适应能力,小看了孩子内心拥有的力量。老师们知道,孩子们进入幼儿园,从家庭中的一个个体变为群体中的一员,这才是他们真正长大的开始。就像一只鸟的成长,在鸟巢中被大鸟呵护喂食的小鸟永远只能是雏鸟,只有当小鸟真正飞向天空,融入自然的时候,才是一只鸟真正的成长。

绘本中,只有几页说到了小阿力的老师——贝瑞老师。但我看到的时候,着实觉得这位老师智慧又有爱,她似乎能懂得小阿力所有的担心。贝瑞老师带着小阿力认识学校的每一个地

方。比如，告诉他外套挂在什么地方；厕所在哪里；洗手池、电脑、娃娃家的地点；颜料画画纸在什么地方。图书角有一本关于小鸟的书，正是小阿力的最爱，这也许正是贝瑞老师最有心安排的结果。看到小阿力对动物感兴趣，贝瑞老师组织孩子们共同谈论关于动物的话题，并为小阿力精彩的发言鼓掌。这一天，小阿力是全班笑得最开心的。

贝瑞老师让小阿力放下了最大的不安，也给了他最暖的怀抱。《小阿力的大学校》让老师们看到了孩子精神的成长，感受着老师教育的智慧。我们准备着让孩子们遇见最好的未来，也相信他们能勇敢地迈出成长的第一步。

6. 让孩子在被爱中学会爱与相信
——《存起来的吻》《小小的早餐》系列活动

这个学期，小班的老师们根据米歇尔·盖伊的绘本《小小的早餐》与《存起来的吻》在班中开展了系列活动。这两本异曲同工、相得益彰的书，给予了老师们教育的灵感，也给了我们丰富的滋养与启迪。二幼的老师们充分运用绘本内容，通过绘本故事中的智慧，让孩子们去理解爱、感受爱和表达爱，同样充满着爱的智慧与教育的智慧。

老师们和孩子们在一个午后共同阅读绘本《存起来的吻》《小小的早餐》。但这可不是阅读的结束，这仅仅是绘本阅读的开始。接下来，他们会怎么做呢？

3岁多的孩子，刚刚入园，他们对环境不熟悉，对老师既陌生又想要靠近，而心中更多的是对爸爸妈妈的不舍和依恋。虽然每天早晨已经能够在老师的带领下进入幼儿园，但是心里反复想念的，嘴里碎碎念叨的仍然是爸爸妈妈的名字。这像极了《存起来的吻》里面小奔第一次在外面过夜时候的心情。老师们理解孩子们，在亲亲、抱抱、抚慰、陪伴的同时，也如同小奔的爸爸妈妈一样，用智慧开展了一系列的活动。

活动一：爱的银行

在绘本《存起来的吻》里面，小奔的爸爸妈妈用小盒子装着印有表达爱的吻痕小卡片，让小奔带在身边，每当想念爸爸妈妈的时候，就可以拿出一个卡片，看到吻痕就感觉到爸爸妈妈陪伴在身边。

老师们学习着小奔的爸爸妈妈，在班中用一个个小抽屉似的盒子，组成了班中的"爱心银行"。每一个抽屉上都贴着孩子的照片，这是属于他们自己独立又私密的角落。每个孩子从家中将代表着父母爱的小物件带到幼儿园中，有一家人的合照，有妈妈的小粉盒，有自己最喜欢的贴画等，存在爱心银行里。每次心中想念的时候，便从贴有自己小照片的银行抽屉中取出来看一看、摸一摸、亲一亲，睹物思人，心里也多了几分慰藉。就像斑马小奔看到小卡片一样，感觉到自己虽然身处陌生的环境之中，但是始终有家人的爱和祝福陪伴着。孩子们的分离焦虑得到了舒缓，情绪也平稳了很多。

活动二：神秘的爱

孩子在幼儿园中的不安情绪，源于他不知道周围的人对于他来说，是否像家人一样充满爱和善意，同样也不知道自己是否能够信任和依赖老师与同伴。因此，在晚上离园前，老师悄悄地往孩子们的爱心银行中放进了神秘的礼物。依据每个孩子性别和喜好不同，在他们抽屉中放进的礼物也不同。有的是一张小卡片，有的是一个小汽车模型，有的是小玩具，有的是一颗甜甜的棒棒糖。孩子们离园前，打开抽屉的瞬间，从里面取出来的是大大的惊喜和满满的爱。这份神秘的爱让孩子们感受到，幼儿园也有一个像妈妈一样值得信任和依赖的人，而这个人就是老师。

活动三：小小的野餐

当孩子们逐渐感受到新环境中的善意和爱的时候，老师们将目光投向了《小小的早餐》这本书。绘本中斑马小奔的爸爸妈妈在吃着小奔送来的小小早餐时，那幸福甜蜜的表情始终印刻在我们心中。书中巧妙地将早餐的味道和爱的味道进行了结合，由此，我们的老师们开始思索，怎样能让孩子们在幼儿园中也能够有这样甜蜜的体验呢？于是，老师在周末的时候在幼儿园的草地和操场上举办了一个"小小的野餐"活动。

在老师的带领下，孩子们和爸爸妈妈一起做游戏，一起准备野餐的食物。在分享中，孩子与孩子、孩子与老师、老师与家长之间建立了感情。当大家共同吹灭了"入班仪式"大蛋糕上面的蜡烛时，所有的孩子和家长都鼓掌欢呼起来。在这样充满仪式感的活动中，孩子们将快乐和幼儿园联系在一起……一名叫乐淘淘的小朋友晚上睡觉的时候告诉妈妈："幼儿园真好，我明天还要去！"

活动四：妈妈的早餐

随着时间的推移，孩子们的分离焦虑得到了缓解。老师和孩子们继续阅读着绘本《小小的早餐》，于是，依据绘本开展的活动继续深入进行着。孩子们说，给妈妈做一顿爱吃的午餐是多么美好的一件事儿呀。于是我们的老师们复印了很多彩色的苹果、梨子、黄瓜、胡萝卜、西红柿等蔬菜，还有主食以及汤类的各种图片，然后让孩子们给妈妈做一顿丰盛的午餐。孩子们将各种图片摆放在托盘里，组合着送给妈妈最美好的那顿午餐。每一个孩子都回忆着妈妈平日里最喜欢吃的饭菜，抑或是三明治，米粥，馒头，包子，还有妈妈爱吃的水果橘子和蔬菜茄子。一顿鲜美而营养丰富的午餐，在孩子们的手中完成了。

虽然只是一幅简单的图画，但是这午餐包含着孩子们对妈

妈的爱，也蕴含着对孩子要合理搭配营养、健康饮食的教育。这是多么富有智慧的老师呀！晚间孩子们托着自己给妈妈设计的午餐作品，讲述着自己给妈妈准备的各种食物。妈妈们的脸上都荡漾起幸福而感动的笑与泪花。

活动五：老师们的教师节惊喜

9月，开学便是教师节，请孩子们为老师们做一顿和小奔一样的早餐给老师是不是一个很棒的想法！这也顺应了孩子们感受爱、表达爱的需求。于是，班中老师带来了咖啡、饼干、小面包，请班中的孩子给园里老师沏一杯浓浓的咖啡，再配上一块甜甜的饼干，就像小奔给爸爸妈妈送的那一份"小小的早餐"一样送给园中的老师们。孩子们捧着亲手做的香香的、甜甜的咖啡，那咖啡的甜与香，沁入到了老师们的肺腑，也一样沁入到了孩子们的心田。一顿小小的早餐，让孩子们理解着爱，感受着爱，也表达着爱。

爱是一种情感，当我们的老师将一种看不见摸不到的情感转化为可感、可触、可品味的一种实体的时候，对孩子的触动和改变就是巨大的。老师们从《存起来的吻》和《小小的早餐》这两本绘本中寻找活动的灵感，将作品的内涵转化为教育的行为，让孩子们从中汲取爱、储备爱，发现自己具有分享爱、表达爱的能力，从而实现了孩子们内心真正的成长。

7. 让《存起来的吻》生长出爱的花

新小班就要开学了。老师们都寻找着适合儿童入园开展的主题活动。米歇尔·盖伊的斑马小奔的故事绘本——《存起来的吻》成了老师们首选的教材。因为它确实是那么地适合第一次走出家门，离开爸爸妈妈走进幼儿园，将要独立面对新环境、新老师、新生活孩子们的心理需求和感受。

绘本《存起来的吻》是讲述，小奔要去参加夏令营，要在夏令营过夜，这样一来，清晨和睡前小奔都得不到爸爸妈妈的吻了。小奔心中有点儿不想去了，但充满爱和智慧的爸爸妈妈想到了一个好办法，就是让小奔带上爸爸妈妈的吻去参加夏令营。爸爸妈妈把一张白纸放在中间同时亲了一下，一张纸的这一边有了爸爸的吻，那一边有了妈妈的吻。爸爸妈妈给小奔带上了很多这样的吻，并把带有爸爸妈妈吻的纸装在糖果盒里。小奔去了夏令营。当夜晚降临，小奔要睡觉的时候，他开始想念爸爸妈妈，于是，就拿出一张带有爸爸妈妈甜甜吻的纸贴在脸上。此时他感觉心里暖暖的，好受多了，仿佛爸爸妈妈正在亲吻着自己。但是，同在列车上的其他小朋友们开始想念爸爸妈妈，哭泣了起来。小奔就把自己甜甜的吻全部分送给了其他小朋友，大家每个人都有了一个爸爸妈妈的吻。带着爸爸妈妈

的爱，大家安然地入睡了。

《存起来的吻》成为了二幼老师解决幼儿和家长入园焦虑的宝典，也感动着、温暖着全体二幼老师的心。每每读到此绘本，老师们心中涌起一股股暖流。我们感动着小奔的有爱，更感动着小奔爸爸妈妈爱的能力与爱的智慧。

《存起来的吻》包含很多的思想和意义，但在这里我想说的是小奔爱的能力的由来。那么小的小奔，自己还有离别的伤心，还在思念爸爸妈妈的忧伤之中，但小奔心中却能感受到别人的忧伤和难过，并且能把自己的爱献出来给别的小朋友。对小奔的行为，我们不可能说他有多么高尚的道德，我们也不能说他心中装着别人。那么，我们不禁要问，小奔为什么能做到如此有爱？小奔的爱从哪里来？其实答案就在绘本的字里行间。小奔之所以这样有爱，可以拿出来给别人，是因为他的内心储存了大量的爱。小奔那大量的爱，是因为他有有爱心、又温暖又智慧、能理解别人之心的爸爸妈妈，而小奔从爸爸妈妈那里得到了大量爱的滋养、爱的浸润。那日积月累的爱，在小奔的心里储蓄起大量的爱的力量，一旦有需要的时候，那爱的能量就如汩汩清泉流淌、灌溉。

教育者中有这样一句话：在被爱中成长起来的孩子们学会了爱人。回味那《存起来的吻》，我想作者米歇尔·盖伊不仅是在糖罐里装入吻，而更是要我们一点一滴储存起心中的爱。那爱包含着对别人感受的理解，对别人需要时的关心，对别人困难时的帮助。当我们存储了这些在我们的心里，在我们的情感中，我们就是在心中种下了颗颗幸福的种子。

幸福的老师才能培养出幸福的儿童，有爱的老师才能在孩子的心里种下爱的种子。老师们从小奔的身上看到了孩子们精神的能量，也从小奔的爸爸妈妈身上学会了作为一名教育者的智慧，更重要的是，我们懂得，我们便是那个心中能献出爱的人，是那心中拥有大量爱的清泉的人。因为老师便是孩子们爱的源头活水，我们给孩子们存储下大量爱的积蓄，才能让他们逐渐成为一个拥有爱和善良的人，一个能够慷慨给予别人爱的人。

余秋雨说："文化的最终目标是在人世间普及爱和善良。"幼儿园教师拥有了爱与善良，便会把那爱和善良的种子，播撒在儿童的心间，让那爱和善良的春花开遍儿童心灵的原野。

8.《小小的早餐》大大的能量

绘本《小小的早餐》是斑马小奔的故事《存起来的吻》的作者米歇尔·盖伊的另一个作品。这是一本十分暖心的小书。绘本讲述的是，斑马小奔睡醒了，而爸爸妈妈还睡着。小奔想爬到爸爸妈妈的床上与他们在一起。聪明的小奔想到了一个好办法，他要用一种甜蜜的方式去唤醒梦中的爸爸妈妈——为他们做一顿幸福而丰盛的早餐。小奔生动、可爱的形象引领着我们进入孩子的世界。以做早餐这一看似成人的举动，向大家展露出小奔对父母表达爱的行为的观察，从而表现出对父母的爱。小小的茶杯、过家家用的餐具，温馨与甜蜜都渗透在故事的语言和画面中，伴随着小奔躺在爸爸妈妈中间越来越小的"呼呼呼呼……"声，进入了甜蜜的梦乡。

阅读着这本书，我们不禁被小奔那充满爱的情感包裹着，融化着；为小奔聪明而充满智慧的做法赞叹着，温暖着；为小奔面对困难时的坚持与勇气欣慰着，感动着。同时也向塑造斑马小奔的作者米歇尔·盖伊投以赞美与敬佩的目光。

作者米歇尔·盖伊对小奔这样的小小孩儿是那样的相信。他相信小奔拥有爱的能力，相信他有解决问题的能力，相信他有面对困难时的勇气与力量。书中小奔善解仁义，他懂得不打

扰爸爸妈妈，懂得即便是打扰，也想一个让爸爸妈妈开心的方式，这是小奔爱的能力。不仅如此，小奔还懂得，当面对问题的时候，要自己去想办法解决。咖啡机很高，小奔踩在凳子上为爸爸妈妈煮咖啡。当因为不小心踩到地上的小卡车摔倒时，盘子打破了，还把咖啡洒在了地上。小奔没有沮丧，我们看到他把卡车和托盘规整地立在墙边，学着爸爸妈妈的样子用工具打扫干净地面，有条不紊地重新准备起这份爱的早餐。咖啡不够时，小奔依然不气馁，乐观的小奔找来过家家的小杯子依然让爱充盈得满满盈盈；而当爸爸妈妈拿不住小杯子的时候，小奔依然有办法，他爬到床上亲手拿起小杯子，一杯喂给妈妈，另一杯喂给爸爸。因为小奔心中充满了爱，爱给了他克服和解决一切困难和问题的耐心、勇气和智慧。

书中小奔的爸爸妈妈始终都没有起床。我想，小奔用咖啡机在那里为他们煮咖啡，爸爸妈妈一定闻到了香香的味道，知道小奔已经醒了，但爸爸妈妈没有起床；当小奔端着两大杯的咖啡，不小心摔在地上，盘子打破的声音一定把爸爸妈妈吵醒了，但爸爸妈妈依然没出声，因为他们相信小奔一定能解决好这个问题；当小奔端着小小的咖啡杯子给爸爸妈妈喝的时候，爸爸妈妈怎么也拿不起来，他们用充满期待的眼神看着小奔，因为他们相信小奔一定有办法。

作者米歇尔·盖伊用这样一个充满温情的故事，不露声色却又深刻地向我们展示了他对孩子的信任。从小奔充满爱的想法，到面对每一个困难时不急不躁的态度，再到想尽办法克服困难的做法，都让我们看到了孩子身上满满的能量。作者用这样的故事告诉我们：孩子们是有能力的，每一个孩子都有独立

面对困难、独立解决问题的能力，更具有爱的能力，并乐于将自己的爱传递给身边的人。而我们能做的，就是要像小奔的爸爸妈妈一样智慧地倾听、观察，适时适当地退位、示弱，从而让孩子全部的能量得到释放和不断地积累。

现在的大部分父母什么都愿意给孩子，任何物质上的满足对于他们来说，都从不犹豫半分。但是，他们却不能够给予孩子们充分的信任，舍不得孩子吃苦，更舍不得孩子受累。我们看到家长有时候不敢退位，生怕孩子不能做、做不好，辛辛苦苦之余，剥夺着孩子们成长的权利……表面上看，这像是对孩子无微不至的爱，实际却在这糖衣下包含着对孩子的不信任。而我们的老师，通过这样一本《小小的早餐》，从小奔的身上看到了无数孩子的影子。他们的内心渴求被相信，他们小小的身体里面蕴藏着大大的能量。作为老师，我们在幼儿园中促进孩子身体健康发展的同时，更重要的就是帮助孩子们建立起强大的精神世界，让孩子们发现自我，让他们的内心充盈着爱的能量、勇敢的能量、智慧的能量，在纯粹的相信中，让孩子成长为真正独立、有力量的个体。

爱孩子，就用平等的眼光看待他们，相信他们、鼓励他们、帮助他们，让他们自己走路、自己创造人生，这样我们的人生也会更加幸福和圆满。

9. 幸福的仪式、爱的印记
——《魔法亲亲》让家长和孩子走出分离焦虑

吻是什么？吻是一种表达、一种承诺、一个祝福，也是一种仪式。对于孩子们来说，再也没有比妈妈的吻更让人感到甜蜜、幸福、安全的了——这是我听完班长会，小班老师们解决新入园幼儿分离焦虑后深深的体会。的确，小班新生入园，孩子与妈妈、亲人的分离，对妈妈的想念，对陌生环境、独立面对一个世界的恐惧，对于孩子来讲是一次巨大的挑战。解决儿童的分离焦虑，是幼儿园教师每年都要面对的问题。而老师们的解决策略让我感觉到，这真是一群聪明又智慧的教师呀！

事情要追溯到新小班开学的前一周。"快来看，我找到一本好书！"小三班的王老师拿着刚刚邮寄到的绘本《魔法亲亲》，兴奋地向其他的小班老师介绍着。

绘本《魔法亲亲》的作者是美国人奥黛莉·潘恩，它的插图是由英国的茹丝·哈波和美国的南西·理克两个人共同完成。故事讲的是小浣熊要去学校了，他心中充满恐惧。小浣熊的妈妈告诉他"学校有新玩具、新图书、新朋友"，并且告诉他一个秘密"the kissing hand"。妈妈在小浣熊的掌心印上一个吻，说："当你想我的时候，把手心的吻贴在脸上，妈妈一直和你在一起……"每当小浣熊在学校感到孤独的时候，他就把掌心轻轻

按在脸颊上,妈妈的吻温暖着他的心,小浣熊就不再感到孤独和害怕了。有一天小浣熊去上学,在走进校门的那一刻,他在妈妈的掌心也印下了一个吻,好让妈妈在想他的时候,也可以感受到这魔法亲吻。多么温馨的一个故事啊,老师们读后泪水盈满眼眶。

小二班的冀老师说:"这本书太适合刚入园的孩子们了,可以帮助他们缓解分离焦虑。咱们把这本绘本推荐给家长们吧!"我想,老师们一定是从书中感受到了一个甜甜的吻带来的温暖和力量,她们想要将这样的感受也传递给家长和孩子,想要让每天的分离变得甜蜜、温馨,让早晨送孩子的时刻不再那么痛苦阴郁,而是充满阳光和温情。

享受浓浓亲情的亲子共读,感受爱的美好

老师们把绘本《魔法亲亲》拍下来用微信传给了妈妈们。新小班的妈妈们读着这样一个故事,心中暖暖地感动着。"看完有一种想哭的感觉啊!""是感动和幸福的眼泪。"几位妈妈这样在班级微信中说道。还有的妈妈说:"看完了绘本《魔法亲亲》,突然好期待孩子去幼儿园,想着孩子们带着我们祝福的吻走进幼儿园,当妈妈的心里就觉得更温暖、踏实了。"的确,《魔法亲亲》不但给了孩子们面对新事物的力量,也给了同样有分离焦虑的妈妈们一种信心。吻,作为离别前的仪式,代表着妈妈对孩子一日生活最美好的祝福,代表着妈妈浓浓的爱。同时,孩子留给妈妈的魔法亲吻,也让妈妈在一天工作的任何时候想起来都觉得有一股暖流从指尖涌入内心。老师们送给新小班妈妈们的绘本《魔法亲亲》,也让妈妈们紧张而悬着的心平静了下来。

发去绘本的同时,小班的老师们对家长提出了一条要求,让妈妈们在睡前的讲故事时间与孩子们一同阅读这个绘本。孩子们听得认真、入迷,仿佛故事中的小浣熊成了他们自己。面对着相同的境况,孩子们和小浣熊产生了共鸣。在看到小浣熊带着浣熊妈妈的吻快乐地走进森林学校的一刻,很多孩子都向妈妈伸出了小手说:"妈妈,我也想要一个魔法亲亲。"这时,每一位妈妈会如小浣熊妈妈一样在孩子手心留下一个深深的吻,孩子也将自己的吻留在了妈妈的手心。带着这个热热的吻,带着故事中快乐、幸福的结局,孩子们进入了梦乡。

感受妈妈纯纯的爱,建立吻的仪式

清早,老师们照例在门口等待迎接每个新入园的小班孩子。远远地,那些小小的身影有的在妈妈身上依偎着,有的紧紧搂着妈妈的脖子,也有的牵着妈妈的手向幼儿园走过来了。到了门口,妈妈们都蹲了下来。孩子说:"妈妈,你给我一个魔法亲亲,我就去上幼儿园了!"这时候,每个妈妈都会给孩子一个大大的、紧紧的拥抱,然后拉过孩子的小手认认真真地亲下去。随后,孩子们也将自己的魔法亲亲送到妈妈的手掌心,那一刻妈妈的泪珠挂在脸上。那些依恋不舍的孩子即使流着眼泪也在妈妈的手心里留下带着泪水的吻,妈妈的拥抱与印在孩子手心的吻,让缓流浓得化不开。"亲吻离别"成为了一种仪式。就这样带着彼此的祝福,带着彼此的思念,孩子们小心翼翼地将妈妈的亲吻攥在手心,放进裤子的口袋中,在老师的注视下,独自走进幼儿园。

每当孩子想妈妈忍不住哭的时候,老师就会说:"拿出兜里面妈妈的吻,看看妈妈是不是一直都和你在一起?"幼小的孩子

此时一定会"掏出"那个带着妈妈温度的、爱的吻放在脸上亲一亲,扬起还挂着泪珠的小脸告诉老师说:"妈妈就在这里。"然后再小心地把妈妈的吻藏在手心,放回兜里。在这样一个温暖的分别的仪式以及魔法亲亲的帮助下,孩子们早晨来幼儿园哭闹的少了,妈妈们的不舍也减轻了。

一天加餐前,小一班的明明在盥洗室里久久不愿意出来。老师走过去关切地问:"明明,你怎么了?"热心的小朋友凑过来说:"老师,明明不洗手!""不是!"明明立刻解释说,"我一洗手,妈妈的魔法亲亲就洗掉了……"说完,他一脸委屈地看着老师。孩子的顾虑体现了他们对生活的认知,也折射出他们单纯美好的内心世界。为了让孩子打消顾虑,许老师找来了仙女棒,在每个孩子的手心施展了一个"跑不掉魔法"。"这下,就算洗手、打香皂的时候'魔法亲亲'也会紧紧地贴在你的手心的!"老师认真地告诉大家。孩子们开心地看着被施了魔法的手掌心。"哇!原来老师也会魔法呀!"孩子们开心地笑了。老师们充分地理解着孩子,追随着孩子,走进了孩子的童心世界,获得了孩子的爱和信任。

带上爱的礼物,体验吻的魔力

老师们看到离别的仪式和魔法亲亲虽然能够帮助孩子们减轻分离焦虑的痛苦,但是小班的孩子们更喜欢实实在在的东西,他们希望能够看到、听到、感受到。为此,老师们将白天发生的事情,发到了班级的微信群中,引发了家长们的思考。"带张一寸照片吧?"有的家长说。"一寸照片放在孩子兜里怕折、怕揉,也不安全啊。"这一提议被其他家长质疑了。"那带一件妈妈的东西?有妈妈的味道。""带上妈妈的发卡?"……大家在微信

群中七嘴八舌地出主意、想办法，却也被一一推翻。这时候老师说："大家还是想想，如何带一个有颜色、有味道又不会被洗掉的吻吧！"听了老师的提议，依依的妈妈立刻发来一张照片，照片中雪白的纸巾上有一枚红红的唇印。"哇！太棒了！"家长们立刻点赞、鼓掌。一个让孩子们随时都能看到的、有颜色、有味道，甚至有体温的"魔法亲亲"应运而生。

之后的日子里，小班妈妈们每天都会放一张新的印有红红的、有味道的唇印纸巾在孩子身上。每当孩子们想念妈妈的时候，他们就会掏出来看一看，贴在脸上亲一亲。这样，妈妈的爱一直伴随着孩子们度过入园的每一天。每天，孩子们入园与妈妈分别的那一刻，也都会在妈妈的手心里印上一个小小的吻。吻，让清晨的入园如此美好！在老师的悉心关怀和魔法亲亲的伴随下，小班的孩子们很快地走出焦虑，喜欢上幼儿园了，小班的妈妈们也在爱的表达、传递中感受着教师的教育智慧与浓浓的教育情怀。

10. 绘本是这样阅读的

——绘本《好饿的毛毛虫》下的多彩活动

幼儿园里又在开展绘本《好饿的毛毛虫》阅读活动，这真是一本好书呀！如果说有一条虫子能够一路畅通无阻地从一个国家爬到另一个国家，那就是它了！三十多年来，这条从艾瑞克·卡尔手里爬出来的红脑壳、绿身子、高高地弓起来走路的毛毛虫，已经"吞噬"了世界上两千多万个孩子的心。这是一本充满了诗情与创意的图画书，有那么多可讲、可看、可悟、可感的内涵。那只"好饿的毛毛虫"，就是每一个孩子的童年；那充满着未知，充满着新奇，充满着诱惑，充满着希望的一天又一天，还有那一天又一天里好吃的食物，给了毛毛虫成为美丽蝴蝶的精神给养与物质给养，让我们感受着成长的力量。而老师们引领着孩子们对绘本的阅读方式，更给了孩子们不同的发展阶梯与无比的快乐。

小班《好饿的毛毛虫》这样阅读——毛毛虫成了儿童自己

我走进小班，看到分成三个小组的孩子在分别做《好饿的毛毛虫》绘本的活动，显然这已经不是第一次了。第一组孩子们在利用沙盘讲述《好饿的毛毛虫》故事，孩子们操作着沙盘教具按照绘本的情节星期一、星期二这样的顺序边讲述、边取出自制的苹果、梨子等，边摆放、边点数，孩子们把毛毛虫讲成了一个情景剧，并在构织着情景剧的场景；第二组是美术活动，几个孩子用长长的豆角做毛毛虫的身体，在制作和绘画这只"好饿的毛毛虫"，鼓鼓的、弯曲不平的长豆角真像毛毛虫一路吃在肚子里的食物，孩子们添画着毛毛虫的脚，画着那好吃的冰激凌、苹果等食物，重新架构起这本书的情节；第三组孩子在剪绿绿的树叶，并用打孔机在树叶上打孔，如同绘本所展现的那样，孩子们在做那只啃穿了树叶的毛毛虫，它等待着成为一只蛹，然后破茧而出。

多好的绘本活动呀！绘本不仅是用语言来讲的，更是用心灵、用身体来感知和触摸的。当孩子们用打孔机在树叶上努力打孔的时候，他们已经是那只毛毛虫了；当他们把长豆角旁边画上毛毛虫爬行的脚时，他们已经开始与毛毛虫一同成长了。好绘本一定与孩子们的成长经历相契合，孩子们在书里面一定能找到那个自己。因此，老师在组织设计上，要让儿童亲历绘本中的角色毛毛虫，让儿童成为书中的主角，就如同我们成人读一本书，我们记忆深刻的地方，一定是与我们曾经的经历最相似的地方，因为它触动了我们最真实的情感。无论痛，还是温暖，好的绘本一定是教会儿童成长，教会儿童生活。

走进另一个班级，我看到墙面上贴着由孩子们通过涂色剪纸制作而成的毛毛虫，而毛毛虫的头部竟然贴的是班里孩子们的大头照。在这里，一个个可爱的孩子变成了一条条可爱的毛毛虫。老师们正在引领着孩子们讨论："你这条毛毛虫最爱吃什么？"孩子们七嘴八舌地说着："我爱吃甜甜的草莓。""……我爱吃柠檬糖，我爱吃提拉米苏。"于是每条毛毛虫的身边都有了一个好吃的，或一截火腿，或一个纸杯蛋糕，或一块樱桃派，

那是儿童自己绘画的作品。我一下子就被这充满童趣的创意与活动打动了，不由得对老师的童心和爱意钦佩起来。在这里，孩子们不再是局外人或一个简单的阅读者，而真的成了故事中的主人公——那只"好饿的毛毛虫"，那只最终会变成翩翩起舞的美丽蝴蝶的毛毛虫。

真正的绘本阅读活动绝非仅仅是读下一个完整的故事，记住图画中的对话。它一定是让幼儿能够从中看到自己，将自己的生活与故事进行融合、迁移，从而让绘本故事成为自己成长中的一个缩影和参考，成为他自己。

中班《好饿的毛毛虫》这样阅读——感受生命的成长

走到中班，老师开展的是《好饿的毛毛虫》音乐活动，孩子们分成小组，在自己创编舞蹈，几个孩子在班级一角讨论着该用怎样的动作，该如何表现不同的毛毛虫。终于，各组的展示环节到了。在安静舒缓的音乐下，有的孩子抱着自己的脚踝弯下腰，有的抱着自己的头蹲下去，也有的抱着自己的双腿跪下来，不同的姿态组合成一个蛋卵的形状，这是孩子们在用身体动作来表现那毛毛虫在卵时期的生命。随着音乐的声音慢慢提高，孩子们开始扭动着身体蠕动，那是生命的蠕动，终于那只毛毛虫破茧而出，开始了生命的成长。孩子们开始把身体当作毛毛虫在活动室中爬行、旋转着身体行走，有的在表现钻过树叶，有的在表现啃吃棒棒糖，每一只毛毛虫都在寻找着生命的轨迹与成长的方式，每一只毛毛虫都有自己的所思所想。当音乐再次低沉而安静下来的时候，孩子们又成为等待另一次生命蜕变的蛹，静静的。当音乐激扬而热烈的时候，孩子们把彩色的长纱巾挥舞起来当作翅膀，在天地间尽情地绽放生命的美丽。我想这只"好饿的毛毛虫"的经历，一定会让表演毛毛虫的孩子们记忆一生，感受生命的成长与力量，并怀揣着这样一个美丽的梦想，最终成长为美丽的蝴蝶。这样的绘本阅读一定是孩子们的期待，同样也成为了我的期待。

每当老师们选择了这样一种方式大胆尝试的时候，我通常都是非常支持的。因为绘本活动不仅仅是一种语言和思维上的阅读，更重要的是调动起孩子的各种感官进行参与。蒙台梭利说："我听到了，就忘记了；我看到了，就记住了；我亲自做了，就理解了。"基于孩子对事物的理解方式，这种体验式的、感受式的、游戏式的新型绘本阅读活动更容易让孩子们对绘本本身产生共鸣和兴趣，让他们从心底与绘本本身融为一体。

大班《好饿的毛毛虫》这样阅读——为孩子种下幸福的种子

步入大班，我看到了以《好饿的毛毛虫》阅读活动为主题的展板墙。展板中有《好饿的毛毛虫》作者艾瑞·卡尔的照片和生平介绍；还有艾瑞·卡尔其他绘本作品，如《北极熊，北极熊，你听到了什么?》《小种子》《棕色的熊，棕色的熊，你在看什么?》等书的照片介绍；有孩子们在用自己绘画制作的《好饿的毛毛虫》的故事图画进行讲述的照片；也有孩子们正在观察介绍毛毛虫变成蝴蝶这一生长过程的照片；还有孩子们正在阅读艾瑞·卡尔另一本书《海马先生》的照片。借由一个绘本，儿童根据自己的发展和需要进行扩展与想象，粘贴在展板上的这些大大小小的资料和内容都是孩子们自发寻找而来的，这些活动的照片是老师在孩子们投入地开展活动时抓拍的。在这片天地之中，大家进行着知识的分享和思维的碰撞，让小小的毛毛虫幻化成奇异飞舞的彩蝶。

小小的展板并不大，但我已经感受到了老师们对绘本教学的理念，对儿童发展的理解。我们不仅让孩子们喜欢阅读这本书，同时还帮助他们了解这本书的作者和作者其他的作品，并产生对作者的尊重和感激之情，更重要的是启发孩子们的好奇心、激发儿童想要阅读其他书籍的愿望，并借此养成一生的好习惯。

对于同一本绘本，依据孩子不同的年龄、智力发展水平进而开展不同内容和程度的教学活动，老师们不仅仅是让孩子们在读这本书，了解这本书，更重要的是引导孩子们通过各种阅读方式，了解世界。她们把世界带进教室，把世界带给儿童。

11. 失败也是教育的过程

——读绘本《和甘伯伯去游河》有感

第一次读绘本《和甘伯伯去游河》，我很激动，书中的甘伯伯如自己多年想要找寻的一位伯伯，一位如此随和、如此亲切、如此宽容的伯伯。

《和甘伯伯去游河》是约翰·伯宁罕的作品，讲述的是一个非常单纯的故事，单纯得犹如一个幼儿。甘伯伯有一条木船，他的家就在河边。有一天，甘伯伯撑船要游河，两个小孩子、兔子、猫、狗、猪、绵羊、鸡、牛和山羊，一一要求上船。起初的情形还好，后来这些乘客都忘了甘伯伯提出的要求，忘了坐船的规矩。结果，船翻了，大家都掉进水里。甘伯伯带领大家游到岸边，太阳把他们和他们的衣服晒干了，和气的甘伯伯还邀请这些乘客到他家去喝茶，并且提议过几天大家再去游河。

阅读完毕，掩卷长思，这样的事情之于我们教师、妈妈是极其常见的事情。遇到类似事情，我们的做法往往是板起脸来，好好地教育一通，为什么不听妈妈、老师的话？为什么总是把妈妈、老师的话当作耳旁风？最后还大多要跟上一句："这就是不听妈妈、老师的话的后果。"而甘伯伯，一句批评都没有，一点也没有生气，他把孩子们救到岸上，然后一起晒太阳，还把他们请到家中喝茶，并且邀请大家下次一起再去游河。没有一

句简单的批评，只是让儿童自己在失败中、在事件中去体会去领悟不当的行为会产生什么样的后果，明白怎么做才是对的。而在甘伯伯家喝茶的时候，我们看到小动物们再没有人乱跑、再没有人乱蹦，他们在自己的行为中反思，无须甘伯伯再说任何多余的话。小动物们为自己给甘伯伯带来的麻烦而羞愧。

想到此，自觉十分地汗颜，我们的教育总是在说教、总是在埋怨、总是在批评，我们缺乏对儿童的理解、缺乏宽容，也缺乏仁慈。我们以为儿童不听老师的话，老师就应该尽职地去说教，就该让孩子在老师的批评中去改正。但细细想来，这样做的结果就是导致孩子们失去尝试的可能、失去下一次通过自己经历获得成功或失败的可能，儿童在成人的批评与指责中变得胆小、畏首畏尾，止步于对冒险的挑战。我们忽略了，失败也是教育的过程，失败也是一种结果。我们甚至应当高兴孩子们的失败，在失败中孩子们获得失败的体验，获得学习。儿童的成长正是在经历过无数次的失败、成功、成功、失败中一路走来。爱迪生发明灯泡的过程就是在经历了无数次的失败，用失败证明这样的方法不可行，转而去尝试另一种材料，最终获得成功。我们太关注于一时的得失、成败，结果，我们忘记了教育目的是为了生活，成长本身就是目的。

让我们做一名像甘伯伯那样宽容、慈爱、有智慧的妈妈和老师！

12. 我愿自己如獾那样

——读《獾的礼物》有感

在一个静静的夜晚,我读到了由苏珊、华莱完成的绘本《獾的礼物》这本书。读到第一页,我便喜欢上獾。喜欢獾坐在大树墩上稳如磐石的样子,喜欢獾独坐于天地之间,独享那份属于自己的自在、孤独与安静;喜欢第二页上獾站在山坡上,久久地慈祥疼爱地看着鼹鼠和青蛙游戏奔跑的身姿,那挂着拐杖站在风中的獾,是那样的潇洒、持重而高大,而风让他的生命依然飞扬;更喜欢第三页中的獾,他很晚回到家,向月亮道了声晚安,拉上窗帘,把寒冷的世界关在外面,而温暖炉火边的摇椅上,獾安详而满足,内心淡然而从容。

然而,就在那一晚,獾离开了我们。他做了一个梦,一个很美的梦:他飞奔向那长长的隧道,他翻腾、旋转,起起落落,他越跑越快,奔向那长隧道,他觉得自己自由了,脱离了自己的身体。而此时,我的眼泪已经溢出了眼眶。

孤独应该是属于獾的,他一个人走了,走去下面的长隧道了。然而,我们却知道,獾并不感觉孤独,也不难过,獾很快乐。而失落、孤独、难过的是我们读者和他的朋友们。虽然,此时作为读者我并不知道獾的朋友们孤独、难过的理由。

獾的朋友们想他,念他。因为在他们曾经一起的日子里,

獾教会鼹鼠怎样剪出一长串手拉手的鼹鼠；獾帮助青蛙，在冰上迈出打滑的第一步，亲切地带着他滑行；獾在狐狸小时候教会他怎么也打不好的领带，现在的狐狸领带系得无可挑剔；獾给兔子太太上了第一节烹饪课，教她如何烤出美味的姜饼，使兔子太太的姜饼全村都出了名。所有的动物对獾都有说也说不完的一段段记忆和一个个故事。獾，在他与朋友曾经一起的日子里，给每个朋友都留下了离别的礼物，这礼物是美好的时光和珍贵的回忆，这份礼物可以永远珍藏、记忆、传承。

整本书，作者一直将獾的离去，和朋友们对獾的回忆定格在寒冷冰雪覆盖的冬天。但是整本书读下来，我们丝毫没有感觉到冬的寒冷、孤独与萧瑟。我们内心被獾对朋友的真诚、帮助温暖着、快乐着。我们感受着鼹鼠的喜悦，也感受着青蛙的自信，感受着狐狸的开心与得意，感受着兔子太太的自豪与幸福，也感动着獾快乐着朋友的快乐，喜悦着朋友的喜悦的心情。而这所有的一切只因源于獾对朋友日常需要时的帮助，那小小的帮助，看似微不足道的帮助，让每个人内心世界永远温暖如春，让冰冷的冬天永远在心的世界之外。

但，獾的朋友们心中依然难过、悲伤，他们失去了一位好朋友，一位好导师。

本书还向我们讲了一个关于死亡与接受死亡的问题。獾，特别好地回答了这个问题。他在留给朋友的信中说："我去下面的长隧道了，再见。"在獾看来，死亡只是去了下面的一个长隧道，是朋友，终会再见。獾死去的只是肉身，但他的精神，他教过朋友们的一些事情始终活着，活在朋友们的记忆里，活在朋友们的快乐里，活在朋友们身上的本领里。珍藏，不朽，流传。

接受死亡是我们每个人都常常面对的事情。亲人、朋友的离去，让我们怀念，让我们哀伤，那哀伤如冬天的冰雪紧紧地包裹着我们，彻骨，揪心。但，寒冬终将过去，春天必将到来，獾的朋友们在常常说起獾还活着的那些日子里，春天悄悄地走来。

本书作者想要告诉我们，死亡并不可怕，但活着的日子才需要我们去认真地思考和面对，特别是我们每一个人活在世上的价值和在朋友间的意义与作用。我们每个人要扪心自问，活着的时候你快乐吗？活着的日子，你被别人需要过吗？活着的时候，你看到过别人被你帮助后那开心的笑脸吗？活着的日子，你感受到生命的美好了吗？无疑，獾都回答了我们这些问题。獾对生命的热爱，对死亡的豁达，对生命的意义的透彻，都给了我们很多的启示与反思。

每往下读一页，我的泪珠便扑簌簌一粒粒滴落在绘本上，读着獾，我仿佛读着自己。我多么地羡慕獾，多么希望自己就是獾呀！希望自己如獾一样，有他那样的善良，有他那样的温暖，有他对每一个人真诚帮助的能力，也有他对每一个朋友真正的惦念与关心。

57岁的我，没有獾那么老，但不远的60岁就在那里等着我。那一天，我将退休，离开二幼，离开我的同事与朋友们。我想，我该像獾那样，留下永远可以让朋友们回味和记忆的事情，留下让大家能在冬日里露出微笑，在冬日里感到温暖的那一缕缕暖阳。我希望自己离开二幼能有朋友说："谢谢你，园长。"请相信我能听到。是的，我一定能听到。

从现在开始,我亲爱的老师们,我要像獾那样,把爱、把情、把关心、把温暖、把能量给大家,让自己的生命在曾经驻足过的地方,永远芬芳。

喜欢书中的獾,书中的獾是一位让人依靠和信赖的朋友,但獾也是一位老人,他那么亲切,那么宽广,那么自在,那么慈祥,那么智慧,让即将步入老龄的我想到应如何做一位如獾一样的老人。老人的样子,我想应该是这样。

1. 无所不知,但却常常装作不知。懂得把经历留给年轻人去体验和感受,知道那才是最好的所知,真知。

2. 不疾不徐。老人懂得把时间拉长,知道用时间去换取每个人的成长和自身的重量。

3. 宽厚慈祥。老人能看透,清楚所有人和事,了解一切的手段与措施,但却只坚信爱与信任,让人心在爱与自由、自信、自悟中起舞飞扬。

4. 恭敬有礼。老人更知道尊敬所有比自己年长的,还有比自己年少的人。因为每个生命都有被尊重的权利。

我愿自己如獾那样!

13. 拆除我们心中的高墙
——读《蒂莉和高墙》有感

打开书，整整一个双开跨页，一堵高墙横在那里，从左到右，从天到地，挡住你视线。那墙没有一丝的缝隙，没有一点透气。墙挡在你面前，你无法跨越，无处可逃，令人窒息，仿佛把你困在一个封闭而不见光亮的空间里。高墙挡住了你，挡住了我，也挡住了绘本的主人公，她叫蒂莉。这就是李欧·李奥尼的绘本《蒂莉和高墙》。

那堵墙一直立在那里，立了多久？谁立的？而墙的另一边是什么样？或者说，那堵墙有没有另一边？李欧·李奥尼向我们发出了一个好像谁也答不上来，也未曾思考过的问题。而这个问题被年龄最小的老鼠蒂莉回答了。

> 蒂莉总想知道墙的另一边到底有什么？她憧憬着、想象着墙的另一边，一定是一个美丽的、梦幻般的世界，生活着许许多多奇异的动物和植物。

童年时的我们，对世界充满了好奇心，想要知道世界的一切，我们不停地问着，不停地想着，10万个为什么，好像也不能回答我们的全部问题。慢慢地，我们长大了，我们不再发问，

不再发现,也不再探索,习惯的墙、适应的墙、麻木的墙、安逸的墙、制度的墙、经验的墙、执拗的墙、畏惧的墙……一重重一道道阻隔了我们的眼睛、思想、手脚和魄力。

可蒂莉说:"我们必须去看看另一边,试试能不能爬过去吧。"她与她的朋友用人梯的方法向上爬,结果不行。他们又试图用钉子穿孔,结果不行。于是他们用走的方法,想要走到墙的尽头绕过去,结果不行。

在我们生活与奋斗前进的路途上,我们常常是心动了,然后行动没有跟上,又或者我们常常觉得目标看起来很容易实现,但一旦实施,那通往目标的路上充满了荆棘与坎坷,困难与挫折,让我们望而却步。但,不放弃梦想,不忘初心,不轻言放弃,是我们通往幸福和成功的阶梯,暂时的高墙,暂时的挫折,相信会在坚持、坚守与奋斗面前低头,相信勇者胜,久者胜。

有一天,蒂莉看见一条蚯蚓正在挖洞往土里爬,蒂莉受到极大的启发。蒂莉开始挖洞,那洞好长,那洞好黑,黢黑的、长长的洞穴里,只有蒂莉一个人,她挖呀挖呀!

在通往未知的路上,是艰难的。走着走着,我们就会发现,理解你的人越来越少,跟上你步伐的人越来越少,能陪伴你行走的人越来越少,能攀越那险峰的人也越来越少。在茫茫的征途上,只剩下你一个人独行,你必须忍受寂寞,忍受孤独,咬牙前行。但,孤独者的背影,往往是强者的证明,是勇敢者的

身影。

　　终于，明亮的阳光，晃得她睁不开眼睛。她来到了墙的另一边。但她不敢相信自己的眼睛，因为站在她面前的还是一群普普通通的老鼠，与自己一样。

李欧·李奥尼设计了怎样的一幕具有张力，又富有戏剧性的出人意料的结果？蒂利想了又想，盼了又盼，拼搏又拼搏的结果，竟然是与自己一样的老鼠。李欧·李奥尼，我真的为你拍案叫绝！是啊，这就是我们的人生，我们不懈的努力，千辛万苦的奋斗，所得的结果往往没有我们想象的那么灿烂，那么新奇，那么精彩！平淡、寻常、无奇是我们生活的本真。但是……

　　这一边的老鼠们为蒂莉举行了盛大的欢迎会，请蒂莉站在高高的庆典石上，向她表示敬意，并挥舞彩旗。

那五彩的高高的庆典石，是英雄之石，是光荣之石，是属于开创者之石。只有敢于拼搏，敢于奋斗，敢于挑战的人，才有资格站在那庆典石上。人们向心目中的勇敢者、开创者、梦想者致敬，蒂莉是人们心中的大英雄！

蒂莉带着另一边的老鼠回到自己的这一边，同伴们同样为她举行了一场庆祝会。他们都喊着蒂莉的名字，带着胜利者的喜悦，把蒂莉高高地抛向空中。从此两边的老鼠

自由自在地在墙的两边，跑来跑去。

连最小的蒂利都能够有拆除高墙的勇气和坚持的决心，其实真正阻挡我们的，是竖在我们心中的高墙。奋斗的过程、拼搏的过程才是我们拆除心中高墙的方法。

14. 开在寒冬里的花朵
——绘本《田鼠阿佛》中的那个春天

《田鼠阿佛》是李欧·李奥尼很著名的一本绘本。它讲的是，冬天就要来到了，五只小田鼠忙着储存过冬的食物。只有一只叫阿佛的田鼠什么也不干，独自坐在一旁发呆。大家问他为什么不干活儿。阿佛说，他在采集阳光、颜色、词语。因为冬天会很冷、很黑、很长。冬天来了，漫长的冬日食物慢慢吃完了，可春天还没有到来，于是，阿佛拿出阳光、颜色和词语与大家分享，给大家带来了温暖、多彩和希望。

我和同事蓓蓓老师都极喜欢这个绘本，喜欢田鼠阿佛的名字，觉得名字好美，名字里带着禅意；喜欢绘本扉页上阿佛坐在大石头上的背影；喜欢阿佛手里举着的那朵有着长长茎秆的罂粟花；喜欢阿佛冥想、发呆、沉思的样子；也喜欢李欧·李奥尼用几片撕纸，淡淡的、仿佛随手拈来讲述的这个既浅又深的故事。

故事是浅显的，浅到只是在讲五只小田鼠如何过冬；故事是深刻的，深到让人与阿佛一般地陷入长长的沉思与冥想。

这个故事总让我的大脑反复想起那句"诗和远方"。阿佛手中举起的那朵红红的花，如高高飘扬的旗帜，如黑暗中的一道光，照到我的心里，照在我的头顶上。当然故事也一再地提示

我，生活也同样需要眼前的苟且。

故事讲给孩子们听，有孩子发问："为什么小田鼠们不多采集些食物呢？"有孩子说："要是田鼠阿佛能帮着多采集一些食物，也许冬天的食物就够吃了，大家就不会挨饿了。"也有孩子说："阿佛应该与大家一起做事儿，谁也不该偷懒。"这是孩子们的视角与理解，是他们已有经验里发出的思考与追问。他们的发问我很认同，生活确实首先需要坚果、浆果、禾秆和玉米。因为这是我们生存的根本和必需。

故事里五只小田鼠是快乐的一家人，每个人都为一家人的快乐贡献了自己的一分力量。有孩子们说，阿佛没有贡献，我问："真的没有吗？"我们知道阿佛贡献了，贡献了他的阳光、颜色和词语，只是孩子们还小，没有看到物质之外精神食粮的那部分的重要。

快乐的一家人还源于一家人的宽容、理解与和谐。绘本中四只小老鼠，从早到晚，他们全都在忙碌，而只有阿佛例外。当第一次阿佛不干活儿时，他们问"你为什么不干活儿？"当第二次阿佛盯着草地，不干活儿时，他们说："那现在呢？"当第三次，阿佛要睡着了的样子，伙伴们只是有点责备地问："你在做梦吧？"自始至终，没有一只小田鼠去批评、指责阿佛，没有一只小田鼠放弃手中的活而抱怨不公，甚至画面中没有一只小田鼠的眼神是嗔怪和不满。大家尊重着阿佛的行为和态度，也坚守着自己的责任与梦想，让最快乐、最满意的自己在家的温暖与和谐中自由自在地生长。

喜欢李欧·李奥尼的浅，更喜欢李欧·李奥尼的深。绘本肯定不是仅仅告诉我们，要做好冬天食物的准备，不仅仅是告

诉我们，快乐是和谐、是理解、是尊重、是各尽所能。我想，李欧·李奥尼想告诉我们，人生需要过两种生活，一种是物质生活，一种是精神生活。眼前的苟且必要，诗和远方亦是我们人生中不可缺少的储备与情怀。

因为人的一生中，我们不总是顺境，是春天，我们也会遇到人生中的寒冬与饥饿。为抵御人生的艰难与困苦，我们要做好精神食粮的准备，我们要为自己采集足够的阳光、色彩和词语。因为人生的困境中也唯有精神的能量，才会让我们在寒冬中坚强而温暖，找到阳光和希望。

与朋友们闲聊，说到李欧·李奥尼的《田鼠阿佛》，我说我不会做饭，老了我会生活得很不方便。朋友们一起笑着说："我们合租一处院子，一起养老，你做阿佛，给我们讲阳光、颜色和诗歌。我们负责做饭、洗衣和柴米油盐。"

第三篇
园长的讲话

我爱幼儿园的春天，万物复苏，
一抹清新的绿色伴随着嫩芽和青草的味道，扑面而来；
我也爱这儿的秋天，
黄澄澄的柿子、红彤彤的枫叶、金灿灿的银杏叶，相映生辉，
映得大家脸上透出青春的光彩，泛着火热的力量；
我更爱夏日，孩子们嬉水的清凉和冬天暖阳下奔跑的温暖，
但我最爱的，还是孩子们的笑。
它比嫩芽更清新，比红叶更温暖，比冬雪更纯洁，比夏雨更畅快。
为了孩子们的"乐"、老师们的"乐"、我们共同的"乐"，
几代二幼人一直不懈追求，并且沉浸在努力追寻的道路上。
不知不觉，繁花似锦，花开满径……

1. 二幼人的六种力量

——2016—2017 学年第一学期期末讲话

（2016 年 12 月 28 日）

一学期结束了，感觉满满的，像要溢出来的样子，一列车的丰收，金黄金黄的。这一学期，让我想起泰戈尔的《飞鸟集》中那句"最好的从来都不是独来的，它会伴随着所有的好同来"；二幼的精彩让我们数不胜数，二幼的好让人目不暇接，这些精彩和好都不能靠言语表达了，因为这是我们心里的甜美，是需要细细品哂的回味，是需要一个人静静地享受的过程。

所以，一下笔，怎么也不想把哪一件事落在笔端，觉得落了笔，便破坏了那美妙，便落了俗套，玷污了这一学期老师们所付出的真正的心意，事情真正的价值。

所以，今天我就谈事件里展现出二幼内核的那个东西吧，即二幼的文化与精神。

一、奔跑的力量

这一学期，让我脱口而出的精神是：奔跑的力量。前进中的二幼，犹如转动起来的巨轮，以遏制不住的速度，势不可当，滚滚向前。它奔跑在时代的速度中，奔跑在二幼至乐的大道里上，跑得那样快，快到让我们自己都意想不到，自己都对自己

赞叹不已。我们社团 17 个项目，如此的精彩：我们的音乐活动，怎么就那么漂亮，那么别样；我们的信息技术 APP，让搞了 20 多年的信息技术特长的幼儿园，也被我们远远地甩在后面；我们的区角活动，建筑区，突破你常规思维的一座座高塔、爱斯基摩冰屋、机器人、动物园、火箭发射基地等崛地而起，还有插片、乐高如星火燎原，每个人都像被赋予了一种超能力，全都做得那么好。

我一直在思考，是什么让我们跑得如此快？小娟、老杨总说是至乐的文化，至乐让我们老师找到了教育的真经。您看，老师们现在开展的活动，是不是依照儿童内在节律起舞，"顺木之天，以致其性"；孩子们是不是在发现着自己的能量，发展着自己的能力，创造着自己的世界？是的，循着至乐的教育之源，我们找到了教育的活水源头。

我们至乐：在为孩子积极的人生奠基。

但我更想说，那是二幼内在精神的进一步成长，进一步强大，自强不息，精进不已；夸父追日，鱼跃龙门，中国精神在二幼的血液中奔腾着，中国精神在二幼的脚步中熠熠闪光。

我又在想另一个问题，奔跑，让我们的想象都跟不上自己的脚步。学期初，我们没有一个人，会想到我们的教育会成为这样，我们的孩子会有如此能量与发展。所以我还要说，任何坐在椅子上的想象都不及行走在路上的脚步，在路上，我们才会看到更加美丽的风景！所以，让我们奔跑！

二、年轻的力量

写到这里，我又在问自己一个问题：经验是不是优势？一

个有54年人生阅历的人,今后怎样活在一个不断发展变化的时代里?问题从哪里来?问题当然源于王哲雅老师、张安心老师让我们总是瞠目结舌的APP技术在园所各项活动中的应用与儿童们展现出的了不起。

至今,我不大会做幻灯片,我的幻灯片大多由主任们去做;我不会生成二维码,没做过小影,不知道如何制作二幼的微信平台,不会编辑亲宝宝,不会使用很多叫也叫不上名字的图书管理软件,也不会用孩子们制作动画片《母鸡萝丝去散步》的那个软件……我发现我什么都不会了!我还是二幼园长吗?是二幼人吗?你们甩我八条街,我看快甩八十条街了。

不仅如此,那非洲手鼓、奇妙夜寻宝、神舟十一系列活动、奔跑的序数学习……也不是我能设计出来的。

我感叹着,年轻的力量,就是创新的力量!年轻的力量,就是让你想也想不到的能力;就是让你一次次傻眼的惊奇;就是让你的经验作废、根本运用不上的创意;就是奔跑也不觉得累,而是快乐的嬉戏的游戏!

我承认了自己的年龄,但我放眼望向周边一些园所的许多年轻老师,也没到54岁,然而他们也同我一样的不会、不知。于是,我找到了根本的答案:年龄固然是一个重要的条件,但根本的原因在于是否拥有一颗真正年轻的心,一颗不断创新世界的心,一颗永远追求未来与未知的心。只要富有这样的心,我们永远都具有年轻的力量!这正是二幼前进的力量!

三、专注的力量

截止到12月30日前,我都觉得,这个学期我们好安静,没

有绘本节时的欢腾与热烈。而教育在平和与宁静中悄然地发生着巨变，专注的教师跟随着专注的儿童，专注的教育里生长着教育的智慧，专注的教师体验到了专注的美好与魅力！

我常常喜欢看王哲雅老师在楼道指导儿童插片的身影，随便一瞬间，她都那么地专注，眼神从没有东张西望；我也常常喜欢看李晴班的孩子们，专注的明亮的眼睛看着积木，研究着鸟巢与长城。这样的专注，这样的眼神，许多许多，几乎生长在所有二幼的老师和孩子们身上！

我们本学期，一个活动接着一个活动，一个观摩接着一个观摩：三次共九节首师大学生音乐活动；五次接待观摩，区美术教研组、区小幼衔接组、首都师范大学信息技术组观摩；接待大地教育机构，观摩蒲黄榆二幼；还有区市级示范园验收，以及所有青年教师的汇报课。

我们专注着课堂，专注着活动区，专注着每一个瞬间，我们日常谈论的是教育，我们微信里转发谈论的依然是教育。专注的结果是累累硕果，专注的结果是创造快乐，专注的态度是最美的时刻！我们明白了专注的原因，专注是这样的美好。

这一学期我们硕果累累，大家觉得累了吗？体累，但心快乐着！杨颖老师这样告诉着我们！张俣老师这样告诉着我们！甄娜老师这样告诉着我们！李怡老师这样告诉着我们！王春月老师这样告诉着我们！王哲雅老师这样告诉着我们！食堂的老师们这样告诉着我们！

心在哪里，幸福就在哪里！当我们找到了工作中的快乐与幸福，老师们成了有福的人，一天中 12 小时在工作，还有 8 小时在睡觉，余下 4 小时属于其他。如果你能在工作中专注且感受到快乐，这便是你我的福报。因为，我们找到了生命的价值与意义！

四、温暖的力量

每天清晨，手机微信"二幼乐家族"都会传来清脆的声音，一个或两个名字与鲜花、蛋糕一同飘香而来。接着，便是一个又一个的蛋糕与鲜花从天而降。我们知道，一个生命在一年的这一天降生，而我们有缘在13亿里走成了"二幼一家人"！此时，爱，撒满了每个人的心田！花，开在了每个人的心间！

这一学期微信里，一个个喜报频频发布，许蓓蓓老师、张彩霞老师、赵迪老师、王哲雅老师观摩课大获成功，甄娜老师、马思思老师、鱼水情老师、王春月老师、杨颖老师、吴琼老师获得好评，张俣老师、陈文娟老师课题获得好评通过。于是，一句句祝福接踵而来，一声声赞美饱含真情。此时，情，已充满着人间！

观摩课时，一遍又一遍地说课，一次又一次地试讲，课件一次又一次地修改。你的事，就是二幼大家的事；你的课，就是我们大家的课；你的光荣，就是二幼大家的光荣。此时，暖，在每个人周身传遍。

总结会上，大家肯定着每个人的努力，专注着每个人的付出，赞美着每个人的获得，欣喜着每个人的成长。

老师们，这是二幼最最宝贵的东西，真情！善良！友爱！千金不换。这真情、善良、友爱犹如一朵朵莲花，洁净地、美丽地、高贵地开在接天碧叶的日子里，开在我们每一位教师的心尖上。

在没有算计、没有倾轧、没有诋毁、没有傲慢的集体里，每个人平等、尊重、赞美、欣赏，我们的日子便如在天堂，这就是二幼的精神与文化。

五、完美的力量

刚刚结束的新年联欢会，我们依然历历在目，因为它是那么的精彩。结束时，门卫汤爷爷说，他没看够。一个自己乐、自己玩、自己笑的联欢会，我们把它办成了亦如上春晚那样的正式、那样的投入、那样的认真，这就是二幼标准！记得踢踏舞吗？整齐的服装，亮闪闪的鞋子，统一的声音，完美的演绎！记得张俣他们的小合唱吗？美妙的歌声，天使的笑脸，天籁之音！记得小品《手机综合征》吗？绝佳的表演，超水平的演技，专业的水准！那一天的每一个节目都是如此。我的心里给每个人都要颁发"丰台二幼小金人奖"。

11月，我们去帮忙组织区侨联换届大会，王哲雅老师的幻灯片，不错一张，不错一秒；全体二幼服务人员个个精神，亭亭玉立，成为会场里一道亮丽的风景。二幼的品质彰显在每一个活动里，这就是二幼标准。

我们班级的微信、社团的微信，发给家长时，没有一个孩子被忘掉，每个人都在老师的镜头里、心里，这就是二幼标准。

一位家长对我说起一件事，小孩子在园所大便，老师没有注意到，孩子晚上回家家长看到有污渍在内裤里，于是训斥孩子，为什么不跟老师说，多脏呀！小孩子吓得不敢再在幼儿园大便，怕爸爸再骂。老师发现孩子上火，观察到孩子不在园所大便，就对孩子说，你要大便，没关系的，老师陪着你，你就

是拉在裤子里,也没有关系,老师给你洗,老师依然喜欢你!于是,孩子敢大便了,回家高兴地对爸爸说,我们老师说了,让我在幼儿园大便,如果弄脏了老师给我洗,拉在裤子里老师也喜欢我。这位老师就是王哲雅。这就是二幼服务标准,爱孩子的标准!这样的例子,在二幼天天都在发生!

完美的意义在于,追求更好,让自己满意!

六、自由的力量

自由之地,开出自由之花;自由之花,绽放自由之芬芳。二幼,如一片自由之花园,老师们如一粒粒种子,在这片松软而充满阳光的土地上,生根、发芽、开花、结果,长成自己的俊俏模样。

我们力求给大家学术上的自由空间与领域。于是,社团里,老师们八仙过海;你们的能量在那里自由地疯长;而老师们的特长项目小组,自由地研究,自由地探索,谁能告诉我,你们秘密花园中如今又开出了怎样的奇葩?

自由是每个人都渴望的生活状态,但自由也是需要每个人有很好的控制力、定力、热爱的情感与执着的态度。

谢谢大家!大家辛苦了!

2. 二幼呈现的六种气象

——2016—2017 学年第二学期期末讲话

上一学期的期末,也是站在这里,我讲了那一学期二幼人所拥有的六种力量:奔跑的力量;年轻的力量;专注的力量;温暖的力量;完美的力量;自由的力量。今天,我讲一讲丰台二幼在本学期所进入到的六种气象:关于教育的发生;思想的生成;创造的精彩;梦想的实现;幸福的体验;青春的飞扬。

今天在这里我重复着上学期的前言,"一学期结束了,感觉满满的,像要溢出来的样子,一列车的丰收,金黄金黄的",是沉甸甸的麦穗,还是一箱箱的黄金?我觉得比这还要珍贵。因为,它的价值不可估量。

"这一学期,让我想起泰戈尔的《飞鸟集》中那句'最好的从来都不是独来的,它会伴随着所有的好同来';二幼的精彩让我们数不胜数,二幼的好让人目不暇接,这些精彩和好都不能靠言语表达了,因为这是我们心里的甜美,是需要细细品咂的回味,是需要一个人静静地、静静地享受的过程。

"所以,一下笔,怎么也不想把哪一件事落在笔端,觉得落了笔,便破坏了那美妙,便落了俗套,玷污了这一学期老师们所付出的真正的心意,事情本身真正的价值。"有点道可道、非常道的感觉。"所以,今天我还是谈事件里展现出二幼内核的那个东西吧，即二幼的文化与精神。"

丰台二幼在本学期所进入到的六种气象，是在二幼上一学期六种力量下的结果。

一、教育在平和与宁静中发生

有人这样解读放在学校大厅的那面镜子和那个瓶子——平平静静。其实，那镜子是端正我们衣冠的，让自己的外在与内在像一个学生和教师，而瓶子的寓意便是平平淡淡，平平静静地学习。教育是一件安静的事，是一个要慢慢来、慢慢走的事，教育急不得，急了便要出问题。今天我们的很多教师都懂得了这一点。所以，杜威说，教育即生长。教育是农业，不是工业，要静待花开；郭橐驼说要顺木之天，以致其性，所以今天有这样一句话：十年树木，百年树人！丰台二幼这一学期的教育就是这样慢慢地，静悄悄地铺展开来，但我们内在却发生着一场由蝶蛹到蝴蝶的生命变革。我们没有上级的各种检查要应对，没有外面机构的看课与观摩，没有一定要快速而无意义完成的项目。

教育安静了，老师们安静了，安静地教，安静地研，安静地学，大家凑在一起说的是教育，骨干碰到一块研的是教育，年轻老师们微信里转发的是教育；王春月老师下班后班里的灯光下讨论的是教育，李怡老师、可欣老师坐在汽车上手机查阅的还是绘本方面的教育案例；杨颖班老师们凑在一起订阅的图书是教育，周末微信群中讨论的是教育；许蓓、李晴两位妈妈在周末陪孩子上课的时间里，探讨的还是教育……诸如这样的情景，在今天的二幼已是不胜枚举，比比皆是。而老师们专注

研究时的眼神，放射着光与神采，你们的研究教育的姿态，让你们看上去是那么的美，一种沉静而文气的美，一种学者儒雅的美，一种高贵而富内涵的美。这是二幼教师应当有的气质，脱俗而超凡。

而我们的孩子们在平静地学，我们不急功近利，我们不慌不忙。一个别墅村我们搭了近2个月；一个跳跳学校，孩子们做成了百年工程；与玉兰花的约会，我们可以耐心地等上一个月。孩子们在等待与安静中，学会了坚持，学会了思考，学会了探究，学会了绝不放弃，也知道了自己原来有自己都不知道的一种能力。

教育在平和与宁静中悄然发生着巨变。这巨变，来得从容，来得淡定，但又惊天动地，令我们瞠目结舌。在班长与老师们的个人总结中，我听得入神、入境、入情，听得心潮澎湃，听得啧啧赞叹。我很多次地想，假如给我一次重生的机会，我要回到二幼过童年，在这丰盈生命的乐园。

二、思想在倾听与发现中生成

"让教育充满思想，让思想充满智慧。"这是大约在15年前，教委在教育改革中提出的一句口号，一个理念，一个目标。作为园长的我，特别地喜欢这句话，觉得能提出这句话的人就很棒，牢牢地记住了它，因为很想成为这样的人，成为一个充满思想与智慧的教育者。我追求，我读书，但一直没有追求到，用了15年的时间。但，在这一年里，在这一学期，我觉得，我的老师们，你们做到了，你们做得让我惊讶，做得让我猝不及防。我追寻这思想产生的根源，这智慧生发的源泉。我听到老

杨、张俣、娟、许蓓、杨颖、甄娜、左左等老师们无数次地说着同样的一句话，这是我们园"至乐"思想的引领下，老师们不一样了，教师与教育发生着质的改变。至乐下的教师与儿童，在真正地学习与成长。

"至乐"是一个理念，一种文化，而将文化落实在教育实践中，还是我们的教师们。你们贯彻着"发现儿童""了解儿童""追随儿童""走进童心"的理念，于是，你们听到了天使的唱歌，听到了天堂里花开的声音，你们知道了如何拥有思想，获得了拥有思想与智慧的方法，知道了孩子们真正的所思所想，于是，你们支持儿童，生成出一个个鲜活、真实的活动。李晴、李怡老师班级中的丰台丽泽新区建起来了，大二班的空中轨道动起来了，李霞老师班的航空母舰下海了，许蓓老师班的恐龙在21世纪的今天复活了，王哲雅老师班拼插的救护车、救火车一部部微电影开播了，杨颖老师班绘画大师出现了，甄娜老师班跳跳学校落成了。还有女生节、男生节、水枪节、建筑节、彩绘节……

在和北京小学的刘校长聊天中，他说，有的校长说，在不断改革的今天，自己迷茫了，困惑了。他说，当你迷茫的时候请走进课堂，当你看见学生的时候，你就找到了方向。老师们，你们没有听到刘校长的这样一番话，但你们已经掌握了获得教育思想与智慧的真经。我用了15年，甚至可以说35年时间去追求的东西，你们在倾听与发现儿童中获得了。

三、创造在兴趣与专注中精彩

什么人能成为科学家？发明家？世界走到今天，自己常常想,怎么世上就有这样一批聪明人,把那么多的不可能变成可能?至今,我仍搞不懂,我们怎么就与大洋彼岸的人聊上天了,见面了,视频了?神舟十一怎么就上天了,还空中对接?信息时代怎么就到来了,而我们就享受到信息时代给我们带来的诸多惊奇与便捷?创造、创新一词,成为当今最高最高的高频词,而我其实觉得,创造一词一直离我们挺远。

但,今天二幼的老师们与孩子们你们改变着我的认识。王哲雅小班孩子们用插片拼插了20多种车辆,请问你们在没有看到之前,你们能想到吗?你们相信吗?你们觉得可能吗?不仅如此,小班孩子自己编剧本,自己配音,自己拍成了4部微电影,请问如果你们没能真实地看到,你们相信吗?孩子们自愿留下来,从5点半一直拍电影到晚上8点多,这是一个4岁孩子的坚持;还有杨颖老师班孩子们想要跑起来的火车,我相信不远的下学期它一定能动起来。兴趣是最好的老师,一直是悬挂在我们嘴边的真言;知之者不如好之者,好知者不如乐之者,是我们早已烂熟于心的哲言词条。而今天,我们二幼老师破解了它的密码,找到了芝麻开门的咒语。感谢我们的老师,你们支持着孩子,无限地相信孩子,于是,所有的创造与精彩就在兴趣与专注中发生。

四、梦想在潜能与探究中成真

让梦想成真,早几年的话,我会觉得这句话就是骗人的,怎么可能?但今天,走过55年历程,经历了55年时代发展变迁的我,真的相信这句话,梦想真的可以成真。我活在今天的这个时代,所有的一切都是在我童年和青年时代根本想也想不到、梦都不曾梦到的。而如今，只有你想不到，没有做不到的。

今天的二幼，是一个可以让孩子们的梦想变成现实的地方，老师们成为孩子们的筑梦人，让他们有梦，帮他们逐梦，让孩子们梦想成真。

东园大二班的孩子们要做一个能够运动起来的缆车，这对于幼儿园的孩子们来说，确实是一个梦。连老师都做不出的东西，孩子们又怎么完成？但是，因为他们有梦想，有坚持，正像绘本《爷爷总会有办法》中的故事一样，在家长、老师、孩子的三方面努力下，大二班的缆车，从教室的这一头，滑行到教室的那一头。梦想成了真！

西园大班的小朋友设计的"我心目中的小学"，源于他们对于小学生活的期盼，他们希望自己走进梦想中的学校。于是就有了"跳跳小学""游轮小学""超级小学"……这些满含着梦想的设计，在孩子们的笔下应运而生，一个个有趣的学校模型通过孩子们的巧手呈现在我们的面前。梦想成了真！

左左老师班，孩子们想要机器人喷火，于是火焰燃烧起来了；杨颖老师班孩子想成为画家，于是，一幅幅如大师一样的绘画作品诞生了；蓓蓓老师班扭扭棒建构出整个恐龙世界；李霞老师班游轮在孩子们手里起航……梦想成了真！

这其中，老师们支持着孩子，把他们的潜能激发出来，与孩子们同探索、同研究、同游戏，帮助孩子们将梦想照进现实，使孩子们成了勇于追逐梦想、勇于实现梦想的人。无论梦想多么离奇，但我们绝不轻言放弃，不会泼灭孩子们的梦想，不说这没有可能。因为，一切皆有可能。

六一彩绘节那一天，我们让孩子们都装扮成了自己最喜

的样子。有公主、英雄、超人……那一刻，孩子们距离自己梦想的样子是那么近。正因为是自己的梦想，所以，每一个笑容都是发自内心的。这也让我们看到了，有梦的孩子是快乐的，是有力量的，是真诚的。梦想，让一个人知道自己要什么，要做什么，要怎么做。因此，有梦想的孩子在走向成功。

一个人，一生都有梦想相伴，应该是一件特别幸福，也特别幸运的事情。老师们，你们教会了孩子们找寻自己的梦想，勇敢面对自己的梦想，珍惜属于自己的梦想。

五、幸福在努力与进取中开花

这学期，我看到了两位青年教师的泪水。一位是高歌老师，在上完公开观摩课后，那是成功后的喜悦。她说，是因为看到孩子们那么的可爱、争气、配合，活动很成功，所以，泪水忍不住地往下流。一位是王雨桐老师，在期末班组的总结会上，那是体会到职业成长所带来的幸福的泪水。她说，跳跳学校有她的支持与参与；她说，班级里绘本的制作她尝试开展了好几本；她说，美术活动中她带孩子们绘画长卷。我还看到张彩霞老教师的泪花，噙在眼眶没有流下，那是自己对自己的满意，觉得追赶的脚步离教师们越来越近。

这样的泪水，我流过，我们在座的许多老师也流过，在我们争创市级示范园的时候流过；这泪水的滋味，说不清，只能流泪者自己体味到。流过这样泪水的人是有幸的，因为，你已体会到成长所带来的幸福与喜悦，体会到付出得到回报的喜悦，体会到职业所带来的幸福与喜悦。这泪水是对自己的满意与肯定，是喜极而泣。

职业对于我们每个人的人生很重要。因为你要活着,要吃饭穿衣,所以你必须工作;因为你要活得独立,所以你要工作,要有职业收入;因为你要活得还有些价值,所以你要工作;因为我们对未来的不确定性、未知性,所以我们要有工作,使自己保障自己。因此,能尽早地感受到职业的幸福,能尽早地在职业上成长,对每个人来讲,是一件很重要、很重要的事情。因为年华易逝不再来。

55岁的人,怎么那么好为人师,总想告诫人一些事情?写到这里,我停顿了一下,想了又想,是因为知道,"错过了,就真的不再来";"错过了,哭都来不及";"错过了人生最好的年华,真的太可惜"。我问自己,如果让你重来,你还会这样努力吗?我想,一定还会这样。因为,人的生命要活得富有质量,而质量不是穿名牌与享受饕餮大餐,真正的质量,在于生命与内心的丰盈与饱满。唯有这些,才让人与人分出了高下,活出了差距。

六、青春在学习与实践中飞翔

看过杨颖老师班里孩子们画画的样子,你一定认为,这是一个美术班的孩子;看过他们的画作,我们又会发出"哇"的喊声;而当你知道这是刚刚参加工作不到1年的小老师耿纯教的,你一定会睁大眼睛,问:什么时候耿纯有了这样的能量?半年时间,耿纯老师已让我们"刮目相看"。

我们刚刚也看到王雨桐老师的介绍,我们也听到了高歌老师的活动,我们感受到王思迪老师的成长,以及李怡老师、王春月老师年轻班组的天天向上。我们看到了、听出了,是什么

让她们有了思想，是什么让她们进步得飞快，是什么让她们开始有了特长，是什么让她们焕发出青春的光亮，是什么让她们与原来的自己有了不知不觉的不一样。

是的，在杨颖班长的介绍里，我们看到她们班组休假日所用去的时间，看到她们所购得的书籍，了解到她们日常所谈及的话题，我们知道了书籍的力量，学习的力量，团队的力量。

今年，2017年真是个好年，老师们开始读书了，自己花钱买书的老师越来越多。骨干教师在买书，任务驱动式的读书应当是最有效的读书；年轻老师开始买书了，让自己有货、有料，班级的活动创新而别样。

老师们，很多书，我不知道，我没看过，我都开始隐隐地担心自己落在你们的后面，因为你们知道的绘本比我多，研究的程度比我深，你们那些绘画的技法，我都不知如何实施。我甚至时时觉得，二幼的孩子们比我强，我不会做二维码，也不太会插片，不会背那么多的古诗，不会做那么漂亮的拖地长裙，不会编四股的手链和用玩具扭扭棒扭出那么多不一样的恐龙；还别说张安心老师、王哲雅老师的课件。我也在不知不觉中与你们有了差距，落在后面，被你们甩出了八条街。

但，我愿意被甩，我越被甩，我就越跑得快。因为，你们跑得越快，我就跑得快些；一个团队跑得越快，整个群体就会跑得更快。这就是优秀团队的力量，优秀团队的文化。与有思想的人为伍，我们也变得富有思想，他带领着你飞，让你自由，让你飞翔，让你可以看见更加广博而精彩的世界，让你领略更远、更美的风景。不知不觉中，你已经是高飞的鹰。

最后，我用薛瑞萍的两段话结束我的讲话：

"独自面对一本好书陶然沉醉的能力,其实是一种幸福的能力,也是一种自我净化、自我教育的能力。"

希望我们大家都早一天能够拥有,并体会到这样的幸福与能力。

两种海鸥:

"有两种海鸥。一种把飞行当作觅食的手段,因此,竞逐的范围主要在海岸边的船舷;争食的目标,主要是水手施舍的零食。另一种海鸥却把飞行当作飞行,因此等它把飞行的技术练习到最远也最快时,虽然没有把觅食放在心上,但它可以享受到最内陆与最远洋的山珍海味。"

做第二种海鸥,让自己志向高远,让自己的人生有机会看到、品味到,只有远飞才可能享受到的美丽风景与美食。

谢谢大家!大家辛苦了!

3. 二幼教育彰显的特质与风格

——2017—2018 学年第一学期期末讲话

（2018 年 1 月 8 日）

2002 年 2 月我来到二幼，蓦然回首已经走过 16 个年头。作为一名园长，人生中教育生涯的 16 个年头已足够漫长，春去秋来，岁月如歌，我与二幼人用生命与热爱谱写着二幼之歌；而作为二幼这个集体的 16 年，正是花季，正是风华正茂，豆蔻年华。16 岁，她是二幼成长中最美的时刻；16 岁，她是二幼发展中最蓬勃、最青春的时光。所以，今天的二幼好美，今天的二幼清亮透明而又活力四射！

欣赏中，回望里，我识别着二幼，我们的女儿，我们的作品，从一颦一笑的瞬间，从一举手一投足的刹那，我品咂着她的气质与神采，梳理着她的品格与情操，于是我写下了五个字"爱""乐""平""实""创"。下面我一一道来。

一、第一个字"爱"——二幼人的爱有三爱，热爱、仁爱、博爱

（一）在"热爱"中彰显着二幼人的情怀

爱是上天赐予二幼人最珍贵的品质，最珍贵的无价之宝。热爱祖国，热爱教育，热爱孩子，热爱二幼，这是总书记的要求，更是我们二幼人工作的信条，我们职业的信仰。

热爱之于一个人来讲是多么重要啊！因为，唯有热爱，我们才全情投入；唯有热爱，我们才不知疲倦；唯有热爱，我们的心中才会涌起股股暖流。在二幼，热爱不是轰轰烈烈的表白，不是振臂高喊的口号，我们的热爱在点点滴滴的微笑中，在一句一句关怀的话语里，在一个一个负责任的行为里。我记得，2016年我们参加工会表演的节目"俏花旦"，那个节目很有挑战性，但老师们不畏艰难，加班加点，刻苦训练，只为二幼的荣誉而战。当我们取得好成绩的那一刻，我们全体二幼人欢呼雀跃，只因为那是二幼的光荣，你们把二幼的荣誉看得至高无上。今年，红黄蓝虐童事件，我们没有人相信那会是真的。因为我们热爱着为之奋斗的学前行业，我们希望社会有更多赞誉给我们所热爱的事业，所以我们没有人转发，我们等待着水落石出，等待着真相大白。但我们更会用我们的爱，用爱的行动去昭告社会与天下，二幼学前人才是中国学前人的代言，我们彰显出一名学前人的社会责任与担当。我知道热爱中，你们在乘坐的汽车上讨论着班级的孩子和教育，因为你们以从事学前教育而光荣自豪；热爱中，当别人参观二幼的时候，你们总想把最好的二幼展现出来，说也说不完，你们想为二幼的旗帜上增光添彩；热爱中，你们引导着孩子了解祖国五千年的历史与文化，建设着中国的一艘艘航母，一艘艘飞船，一座座大坝，把爱祖国的情怀、爱中国的种子播撒在孩子们的心间，中华骄傲从此让孩子们的脊梁挺拔而自豪。

老师们，为了教育，为了孩子，你们投入忘我。平凡的岗位上，你们的爱却炙热烫人；琐碎的工作中，你们的爱却细腻而真挚。你们既有轰轰烈烈的爱，更有细雨润土的爱。你们的

热爱既可感天,也可动地,温暖着千家万户父母和孩子的心,更彰显着一名教师的热爱情怀!

(二)在"仁爱"中彰显着二幼人的人格

总书记的"四有教师"中说"教师要有仁爱之心"。"仁爱"是中华文化的根系与源头,仁义礼智信,仁在第一位。"仁爱"是一个人的人格基调,也是一个人的道德水准;"仁爱"是一种宽容,也是一种智慧;"仁爱"是一视同仁的平等价值观,也是人与人之间和谐的基础;中华文化的"仁"已经根植在我们二幼的文化中,植根在我们二幼人的思维方式和行为方式里。

所以,当孩子尿裤子的时候,我们关怀地、微笑地为孩子换上干净的衣裤,没有一声责备;当孩子入园就是不进教室,满院子跑的时候,我们陪伴在身边,等待孩子的回归;当不理解我们教育深意的家长,在微信中伤害我们的时候,如站在后排小朋友的姥姥,如不让养兔子的家长,因儿童相互间发生摩擦而出言不逊的爸爸,我们用自己仁爱的品格,用自己为别人着想的善良,用宽容而仁慈的胸怀,让二幼的教育有着别人不可达及的宽度,让我们二幼教师养成了至善至美的人格特征。

因为,二幼从不倡导自私,不斤斤计较,不倡导一事当前先为自己打算,我们不倡导落井下石,不尔虞我诈,不蝇营狗苟,不做小人,不嫉贤妒能,人性中丑陋的东西,在二幼的土壤里从来都没有生长的条件和温度。二幼的土地上生长着爱,飞扬着美,美好的人格是我们追求的目标。

(三)在"博爱"中彰显着二幼人的人性光芒

二幼人的爱,是大爱,是博爱,我们爱天下人,爱天下的儿童，所以，我们把爱，把教育，把智慧，把能量传出去。我们爱每一个儿童，不分性别，不论贫富，在我们眼中每一个儿童都是世间最美的天使；我们牵手天使，手把手引领，手把手帮扶，帮助他们更上一层楼，取得市级示范园的光荣称号，让高质量的学前教育普惠更多天下儿童；我们与集团二幼葆台园携手发展，让丰台二幼的优质教育辐射到我们丰台的最南端，把教育优质均衡的理念落实在行动中；我们支教青海，把爱的种子撒向祖国的大西北，尽微薄之力，践行让普天之下的儿童享有公平而有质量的教育宣言。我们爱儿童，爱教育，我们也爱社会，每一次捐款老师们积极踊跃，扶贫救弱我们义不容辞；地球日我们熄灯一小时，环保宣传我们永不停息。

大大的爱在我们的心里生长，因为我们知道，人人有爱，世界将更加美好，世界有爱，世界将更加温暖。我们相信博爱是人性中最美、最暖的光芒！

二、第二个字"乐"——众乐、大乐、独乐

"至乐"是二幼的文化，"乐"是二幼文化的核心；让每一个人达到至乐是我们的价值追求。

（一）在"众乐"中彰显着二幼人的格局

"独乐乐，不如众乐乐"出自《孟子·梁惠王下》。孟子曰："独乐乐，与人乐乐，孰乐？"梁惠王曰："不若与人。"孟子曰："与少乐乐，与众乐乐，孰乐？"梁惠王曰："不若与众。"

二幼的"至乐"，不仅是某个人的一枝梅花独秀，更是满园花开的繁景，我们在倡导每个人天性与潜能实现"至乐"的同时，更倡导大家彼此的互助与关爱。二幼的文化里，相互关爱、

相互帮助、相互支持、相互共商是我们的园风与传统。所以，王哲雅、张安心支持着全园老师们的信息技术，从没计较过回报；陈文娟、许蓓帮助老师修改案例，从不希求感恩；老教师指导青年教师成长，从不吝啬时间与智慧；行政人员彼此合作，我们不分东园还是西园。一个人做课，我们全员上阵，因为，我们全园有一个共识：你的军功章里有全体二幼的光荣。张安心一个人去比赛，我们全园关注，一个人的成绩里，那是全体二幼人的荣辱；微信群中，我们真诚地为每一个人喝彩，失意忧伤的时候，一定有人记挂惦念，我们二幼一家人，相亲相爱，相知相敬，不问得失，不记功利，因为我们懂得彼此的重要，友情的珍贵！但更是二幼人的大气与格局！

（二）在"大乐"里彰显着二幼人的品格

这里二幼的"大乐"，是胸怀天下的"大乐"，是心装苍生的"大乐"，是范仲淹"先天下之忧而忧，后天下之乐而乐"的"大乐"，是为祖国，为人类做出自身贡献而欣慰的"大乐"。今天的孩子是祖国的未来，今天的孩子是"两个一百年"的建设栋梁，今天的教育决定着国家未来的兴衰，所以，今天二幼的"大乐"，皆以无数家庭的幸福为乐，皆以无数儿童的快乐为乐，皆以社会满意的教育为乐。

我们视野高远，又宁静而致远。所以，我们不急功，我们不近利，于是，我们有：不是为了展示、为了检查才有的环境与活动，我们有花了2个月甚至更长的时间的宇宙空间站的搭建；我们有根本就不计成本，只为一个孩子兴趣的娃娃机诞生，我们还有无数个加班加点没有加班费的灯火通明的夜晚。老师们，你们的品格让我钦佩，你们的情怀让家长感动，而"大乐"

的品格，我相信会让二幼更加的优秀、精彩！

（三）在"独乐"中彰显着二幼的个性智慧

"独乐乐，不如众乐乐"，为什么还要谈"独乐"？我觉得这是个哲学问题，辩证的，统一的，多角度看问题，是我们在看世界时的方法论。

我们遵循让每一个人都达到"至乐"，而我们还认为，"独乐"是实现"至乐"过程中的一个重要过程。

"独乐"是一种体验，也是一种享受，更是一名教育者必需的修养；哲学家叔本华在《人生的智慧》中写道："智者在他与同胞相处了极短的时间后，就会隐退；若他有极高的智慧，他更会选择独居。一个人内在所具有的愈多，求之于他人的愈少，他人能给予自己的也愈少。"确实，人要学会独处，学会思考，学会阅读，学会独立，学会不依赖他人，在自己独立而宁静的世界里，让自己的思想丰满而有力量。举个例子：我们毕了业的"乐乐"（怎么那么凑巧，乐乐合了我们园所的文化，他也成了我们园所文化践行的代表）。小班时乐乐工作的时候，插插片他不大需要别人，他可以自己独立地插上几个小时。这是一个4岁的孩子，由此我们可以知道乐乐内在的精神力量有多么强大。所以，乐乐的成就也最高。如果一个人没有个人独处的能力，就无法独享创造带来的高峰体验，也无法达到真正的"至乐"。因为，你的"乐"总依附在别人身上，说明你还没有独立行走于大地的能力。

老师们，每个人真正的精神成长都是在独处的孤独中走过，请每个人都想一想自己，是也不是？

三、第三个字"平"——平凡、平静、平等

(一) 在"平凡"中彰显着二幼人的伟大

家有三斗粮,不当孩子王。中国几千年来的观念与思想,在今天的时代中,发生了一些转变,但根深蒂固的文化与当前的国力发展,使社会仍不能给学前人一个该有的尊重与尊严。

但我们清楚地知道,学前教育在平凡与伟大之间的距离!是因为我们热爱,但更因为我们专业;一般人们认为它平凡,是因为他们以为学前教育就是管管孩子的吃喝拉撒的日常行为,就是教教"谢谢你""不客气"的家常话,就是帮帮孩子穿衣服、脱衣服的寻常事,陪陪孩子玩玩玩具、写写画画、做游戏。

而我们说它伟大,是因为我们知道,3—6岁有多少决定孩子一生发展的关键期;是因为我们知道,教师的一句话是鼓励,还是伤害,对孩子有多么大的影响,它决定着成就,还是毁掉孩子的一生;是因为我们知道,一块积木、一片插片,能搭建起孩子怎样一个强大而自主的精神世界。正如陶行知先生所讲:"你的教鞭下有瓦特,你的冷眼里有牛顿,你的讥笑中有爱迪生。你别忙着把他们赶跑。你可不要等到坐火轮、点电灯、学微积分,才认识他们是你当年的小学生。"

所以,老师们,你们甘于平凡,把每一个小姑娘的头发梳得如一朵朵春花,让美丽的花朵绽放在孩子们的童年;你们甘于平凡,在一个个微笑与一次次拥抱中,把爱的暖流送到孩子们的心田;你们甘于平凡,无论孩子们怎样哭闹,你们都柔声细语,千万遍地重复也不急不躁,再说上第1001遍。因为,我们深知伟大与平凡价值的圭臬,就在我们的一念之间。

(二) 在"平静"中彰显着二幼人的力量

教育是农业,不是工业;教育是生长,不是机器制造产品;教育要在宁静中展开,教育不能轰轰烈烈。教育是马拉松,教育是一生的长跑。

所以,二幼的教育从来都不疾不徐。二幼的楼道总是很静,静到初来的人以为没有孩子,那是因为,孩子们都在专注地工作;二幼的老师很静,静到看见孩子们眼睛里的光,听到孩子们心中的话语,那是老师全情投入,工作的时候你们装不下世间的嘈杂与浮动;二幼的孩子很静,静到认出了自己,知道自己的所爱所想,一件事可以坚持到底,不轻言放弃。

平静中,二幼人有了思想,有了智慧。一个个教育故事精彩纷呈,一座座中国与世界建筑春笋般蠹立,一部部微电影层出不穷;平静中的教育创新在悄然发生;平静中我们积蓄了丰富的教育能量,一个个教育故事,都成为脍炙人口的案例经典。我们乐在其中,不知往返。这就是平静的力量:平静让我们找到了教育的本源,平静让我们拥有无穷的教育智慧和力量。

(三) 在"平等"中彰显着二幼人的价值

平等是人权,平等是尊重,平等是社会进步的旗帜,平等是人人期盼向往的愿景。十九大报告中,总书记"让每一个孩子享受公平而有质量的教育"是代表全中国百姓发出的声音;"当前社会的主要矛盾,是人民日益增长的对美好生活的需要,与发展不平衡不充分之间的矛盾"。这里总书记揭示了一个"人生而平等"的真理与普世价值。

二幼的教育理念中,平等是一个最重要的价值观。我们一直在致力于建设一个人人平等的教育环境、管理环境,实现

"人人均有价值""人人皆受到尊重"的共识,我们始终高举着"让每一个人均有出彩的机会""一个都不能落下""每个人都重要""你是独特的自己"的旗帜。所以,二幼的孩子,无论你是谁,在二幼教师的眼里,你们是妈妈爸爸的宝贝,也是二幼老师们的宝贝,没有其他;所以,老师们,我们有"出彩二幼人"的活动,让大家各美其美;我们有陈佩珊的翻译生涯,虽然稚嫩,但姗姗做得很美;我们有人人都是主持人的经历,在舞台上你们展现自己;有了年轻的你成为班长的历练与实践,虽然你们确实被压得喘不过气来。平等的价值观,让二幼老师的潜能被释放,让你们的思想被挖掘,让你们的责任被激发;让你们作为一个人的尊严被肯定,权利被尊重。这就是"平等"的价值重量。

四、第四个字"实"——务实、扎实、踏实

(一)在"务实"中彰显着二幼的本质

《大学》开篇:"大学之道,在明明德,在亲民,在止于至善。知止而后有定,定而后能静,静而后能安,安而后能虑,虑而后能得。物有本末,事有终始。知所先后,则近道矣。"这是讲大学的宗旨在于弘扬光明正大的品德,在于使人弃旧图新,在于使人达到最完善的境界。知道应达到的境界才能够志向坚定;志向坚定才能够镇静不躁;镇静不躁才能够心安理得;心安理得才能够思虑周详;思虑周详才能够有所收获。每样东西都有根本,有枝末,每件事情都有开始,有终结。明白了这本末始终的道理,就接近事物发展的规律了。

二幼的发展与教育,我们本着大学之道,在定、静、安、

虑中得出一个办园根本性的问题，那就是"一切为了孩子，一切务本求实，一切不以赢为目的，一切只为无愧于心"。我们务教育之本，务儿童发展之本。16年的务实办园之路，让我们不走弯路，务实让我们建立了优秀的园风，务实让我们走上一条光明正途。

所以，我们给孩子们的饭菜中有最好的调料，有最优质的猪肉，也有最美的花样；所以，社团活动我们不挣一分钱，只为给孩子多一些培养兴趣的机会；所以，我们不计成本地把班里的绘本借阅给孩子们，只为培养孩子们的阅读习惯，丰富他们的精神发展史；我们踏着光明的正道，在办人民满意的教育的道路上阔步前行！

（二）在"扎实"中彰显着二幼人的风格

二幼的工作是扎实的，扎实到无论谁忽然而至，我们都有满满的自信且给他惊喜连连；扎实到我们自己都满意地觉得，如果自己有一个孩子，一定送到二幼，放到哪里，都觉得不如我们二幼；扎实到无论社会舆情如何风云突起，任凭雨打风吹，我自岿然不动的自信。二幼的工作，不浮躁，不轻盈，不走过场，不为人瞧，一切只为了孩子的幸福成长，这是我们做二幼教育的根本守则。

在孩子第一天入园就叫出孩子的名字，我们没想过让谁夸奖，就想减少孩子的分离焦虑，让家长放心；每天孩子午睡时衣服码放得那么整齐，我们没想给谁知道，只为让孩子养成良好的行为规矩；我们微信里的照片，每一个孩子都有，没有想过讨家长的欢心，只关注到孩子渴望被重视与爱的心理。

老师们，扎实中我们享受到了家长的赞誉，扎实中我们看

到了孩子成长的美丽，扎实中我们品尝着努力后的满足，扎实中我们慢慢形成了二幼人的工作品质与风格。正如总书记所说"不为人夸好颜色，只留清气满乾坤"。

（三）在"踏实"中彰显着二幼人的作风

也许有人认为踏实过时了，但二幼人笃定，没有踏实就走不长远，没有踏实将一事无成。老老实实做人，踏踏实实做事，才是我们安身立命之本；吵吵闹闹，虚情假意，华而不实，弄虚作假，所有这样的行为被二幼人所不齿。

因此，我们常看到多少个晚上，小娟、张俣、许蓓、杨颖、王琳还在伏案工作；看到老师们不求领导知道和表扬，也没有加班费的加班加点；看到微信小组的青年教师们为编辑微信忙碌到十一二点的身影，听到不断敲击键盘的嗒嗒声响；看到周六日、寒暑假，为了园所建设后勤老杨和吴艳梅放弃休息的忙碌身影。老师们，你们以自己的行动，践行着"撸起袖子加油干，一张蓝图绘到底"的踏实精神，践行着"以拼搏为美，向行动致敬"的可贵作风；你们用自己的点点滴滴，在二幼的土地上深耕着踏实的种子，使踏实成为二幼人最最宝贵的精神资源，并一代一代永续传承。

五、第五个字"创"——创见、创造、创新

（一）在"创见"中彰显着二幼人的学习力

一个人有独到的见解称为创见。作为当今时代的一名教育者，我们在传承中、学习中培养着自己独立思考、独立见解的能力，培养自己具有想法的能力，我们也培养孩子们这样的品质与能力。

因此，我们不想人云亦云，我们不想简单抄袭；我们拆除着思维的墙，打破着思维模式的藩篱；我们不重复别人嚼过的馍，也不断地让自己的"思维电脑"死机，然后重新开机启动。而这一切，需要我们不断地学习与实践，所以，我们不停地用"苟日新，日日新，又日新"激励着自己。班组里，我们共同阅读，教研组我们研究思考，行政班子我们事事研讨，于是，我们有了信息技术在儿童教育中的广泛应用，有了为儿童服务的微信书，有了玉兰树下的约会，有了带着诗歌去旅行的创意，有了用积木开展的建筑节，用插片插出的插片节。创见里彰显着二幼人的学习力不断增强。

（二）在"创造"中彰显着二幼人的精神

创造就是把以前没有的事物创立或者制造出来。这明显地是一种典型的人类自主和能动行为。因此，创造的一个最大特点是有意识地对世界进行探索性劳动。这是百科的释义。这里几个关键词：自主、能动、有意识、探索性、劳动。

因此，我更觉得创造所彰显的是"人类的一种精神"，即中国传统文化典籍之一《易经》中，最经典、最体现中国人精神的那句话"天行健，君子以自强不息"，人类的发展史就是一个不断改造自己、创造自己的历史。创造的动力来自人类内在精神的力量，是一种自我不断挑战的过程，是精神的不屈不挠。而这也正是根植于二幼文化的精髓之所在，"自强不息，精进不已"。

所以，我们二幼人从来就没有停下过脚步，我们打破班级，把自主、自由的旗帜插到课堂；我们开设小课堂，让儿童成为教育的重要资源和力量；我们把生活的技能课程开在班里，让

孩子们通过生活，学习生活；我们改革着课堂，让孩子们在体验与感知中，在自我的兴趣中发展自己。感谢老师们，是你们用时代的精神，推动着二幼教育发展的车轮；是你们用"自强不息，精进不已"的精神，书写着二幼一个又一个新的时代篇章。

（三）在"创新"中彰显着二幼人的能力

创新是人类特有的认识能力和实践能力，是人类主观能动性的高级表现。如同我们在创造中彰显出二幼人的精神，创新与创造同样还彰显着人类创造世界的能力，即认识能力与实践能力。

我们深知空谈误国，实干兴邦；光说不练假把式，深知精神与物质间的统一性；深知口号、精神与实践动手能力间的距离。因此，我们把创造世界的精神动力与创造世界的实践能力结合起来。我们注重师德也重视师能；我们强化自我团队的培训，也提倡走出去开阔眼界；我们鼓励教师个人的特长建设，我们也搭建平台让教师创造展现。

因此，今天的二幼，有信息技术的一批达人，王哲雅、张安心、韩嘉怡等，有文字达人，娟娟、许蓓、陈佩珊；有美术教育达人，左晶伟、刘玲玲、张艳萍、王雨桐、张彩霞、耿纯；有活动创意达人，李晴、甄娜、李霞；有音乐舞蹈达人，许蓓、马涛、杨颖；有表演达人，李怡、赵迪；有伙食和创新达人，杨万红、吴艳梅、袁姐等等；当然还有我没有说到和不知道的一些达人。是你们创造了二幼教育的一个又一个精彩；一个又一个让人瞠目结舌的创新（不再一一赘述），而所有的精彩均来源于我们对教育及儿童的认识能力和实践能力，来源于我们自身的教育水平、自身实力。老师们，你们是二幼发展的主力军，你们是二幼的人才，你们是二幼的未来！

　　洋洋洒洒，到这里，我写了7698个字，比办学实践研讨会的报告还长，可我真的觉得还没有写透、没有写完，心中还有很多话要说。想想为什么？答案是：二幼的老师太优秀，所以说不完；二幼的教育太精彩，所以道不尽。二幼的教育就是宝藏一座，挖也挖不完，取也取不尽，用也用不竭。因为我们二幼老师的智慧不穷，我们的故事就不断；我们二幼老师的热爱不减，我们的奇迹就不完。老师们，你们做的比我说的要好上千倍，所以，感谢我亲爱的老师们，感谢你们的热爱，让我们的大家庭如此温暖；感谢你们的努力，让我们的教育如此精彩；感谢你们对我、对班子工作的支持，让二幼的每一天，天朗气清，惠风和畅。大家辛苦了！最后，祝福大家春节快乐！假期愉快！

4. 站在中华五千年历史坐标下看二幼三十年发展中的三个"不朽"

——2017—2018 学年第二学期开学讲话

时间如梭，转眼二幼走过三十年的历程。三十岁是一个人一生中最富有魅力的年华，走过青涩，走过懵懂，走向成熟。所以，今天的讲话，我想让我们二幼每一个人站在建园三十年，站在中华历史文化五千年的坐标系上，来做一个整体的思考。我们从一件件的事中跳出来，从一天天累计出来的岁月里，做一个宏观的思考，做一个三十年的回眸。我们常常易陷在琐碎的事务里，少了回望，也少了远眺，少了整体性思考，少了对历史与未来的追问。

三十年，从时间到空间是两个坐标。而这三十年里我们在哪儿？这就要回到我们中国的哲学思考，即宇、宙、人。中国人讲宇宙。即上下四方为宇，宇为空间，无边无际，至大至广；古往今来为宙，宙为时间，无始无终，至久至长。那么，有了宇，有了宙，我们的人在哪儿？人就在这宇宙之间，所以古人称：天地人三才。正是因为有人在，历史便鲜活了，时空变成了历史。

空间，无边无际，至大至广；时间，无始无终，至久至长。但人的生命是有限的，而时间是无限的，所以，中国人讲超越

有限,实现无限。所以,在《左传》中古人提出了人的"三不朽",即"太上有立德,其次有立功,其次有立言。虽久不废,此之谓三不朽"。这三不朽,我们可理解为人生的三个最高标准:修养完美的道德品行,为立德;建立伟大的功勋业绩,为立功;确立独到的论语言辞,为立言。这"三不朽",也可以理解为做人、做事、做学问。

大学问家胡适先生针对"三不朽",也提出了自己的观点"社会的不朽"。他在《不朽,我的宗教》一文中说:"我这个现在的'小我',对于那永远不朽的'大我'的无穷过去,须负重大的责任。对于那永远不朽的'大我'的无穷未来,也须负重大的责任。……我应该如何努力利用现在的'小我',方才可以不辜负那'大我'的无穷过去,方才可以不遗害了那'大我'的无穷未来?……'小我'虽然会死,但是每一个'小我'的一切作为,一切功德罪恶,一切言语行事,无论大小,无论是非,无论善恶,一一都永远留存在那个'大我'之中。"胡适先生的"社会的不朽",旨在把每个人的一己行为与人类历史发展关联在一起,给有限的个体生命赋予永恒的意义。人的一言一行,所作所为,无论是非功过,都要被历史记上一笔。

二幼三十年的历史,虽不算长久,但那些曾经在二幼发展中赋予自己生命能量和热情的人,你们、我们的每一分努力,每一分耕耘,每一个言行,成就了二幼那"大我"的无穷过去。我们的轨迹,我们的故事,我们的生命,都被二幼所深深牢记,成为二幼永恒的记忆。于是,二幼因为我们的存在,在整个人类30年的教育史上写下了浓墨重彩的一笔,在丰台教育的发展史上留下了灿烂而美丽的篇章。所以今天我以《左传》中所提

的"三不朽"和胡适先生的"社会的不朽",为题,想说说二幼人,我们今天应当在自己所处的时代里追求的三个不朽。

一、让二幼的精神不朽

"天行健,君子以自强不息",这是每一个中国人都知晓的一句话,出自乾卦的"大象"。这是我国最最伟大的经典与智慧《易经》一书中,六十四卦中的第一卦,乾卦中的第一句。这一句,从公元前一千多年到今天,纵横上下三千多年,激励着我华夏儿女的精神与信仰。"天行健,君子以自强不息"是讲:天(自然)的运动刚强劲健,相应的君子处事也应像天一样,自我力求进步,刚毅坚卓,发奋图强,不可懒惰成性。所以,几千年的中华史就成为了拼搏的历史,奋斗的历史,图强的历史。所以,我们有"女娲补天"的传说、"夸父追日"的神话、"精卫填海"的故事,有我们至圣先贤的孔子"知其不可为而为之","累累如丧家之犬",依然为恢复周礼而奔走呼号,周游列国。有孟子的"善养吾浩然之气",富贵不能淫、贫贱不能移、威武不能屈的精神气概。有司马迁的《史记》,成为"史家之绝唱,无韵之离骚",有他的《报任安书》"人固有一死,或重于泰山,或轻于鸿毛"的气概。正是这样的精神和文化,使我华夏之邦成了世界四大文明古国唯一保存和发展至今的民族,傲然伫立在世界的东方。

这精神、这基因被我们中华的儿女们一代代传承着、繁衍着,也被我们二幼人契合着、发扬着、传递着,二幼三十年的历史,与中华五千年的历史一样,是拼搏的历史,奋斗的历史,图强的历史。二幼三十年几代人所坚持高扬的精神正是我华夏民族的精神,所以我们喊出了这样的口号"自强不息,精进不已"。

回望二幼三十年,从1987年最早的两居室、6个孩子起家,我们第一代创建人陈传琴园长骑着自家小三轮车给孩子们买菜、买面,穿梭于风里雨里,我们的后勤老师吴艳梅、孙玉凤、杨万红在大雪纷飞的冬日,推着平板三轮车去卖自制的包子,身怀六甲的她们,只为用那自己拼尽全力得来的钱,给二幼的孩子们增添些新玩具,为老师们挣得那养家生活的一份奖金。

我们也一定记得,丰台二幼的教师们为争创一级一类市级示范园,为筹备办学实践研讨会,老师们挑灯夜战,为孩子们制作各种玩教具,自己家人、孩子生病了,我们狠心扭过脸去,然后,把最美的笑脸送给了幼儿园的孩子们。而今天,教育的改革与创新的号角召唤着我们,创新、创新、再创新,我们如夸父一样,奔跑的脚一直在路上。班级微信,老师们每天修改到晚上九十点钟,只为把二幼的教育及时传播出去;信息技术应用,老师们时时找寻着适合儿童发展应用的APP,为的是给孩子们的成长插上时代飞翔的翅膀;支持儿童个性发展,老师们陪伴着孩子们完成会跑的高铁列车,完成抓娃娃机的制作,完成机器人的编程,完成一个又一个宏伟而壮观的积木建筑群……我们没有一刻停下过奔跑的脚步。

因为我们每个人,都想在宇宙的时空中,把每个人的一己行为与人类历史发展关联在一起,给有限的个体生命赋予永恒的意义;都想让自己的"小我"在那永远不朽的"大我"中永生,无悔地走过一程。

三十年岁月变迁,五千年历史长河,在时空的坐标系上,二幼人昂扬挺立在天地之间,二幼的精神也必将与中华自强不息的精神同在,不朽!

二、让二幼的文化不朽

《论语·雍也篇第六》有这样一段话:"知之者不如好之者,好之者,不如乐之者。"两千多年前的孔子,我们的至圣先贤在《论语》中留下了最不朽的伟大的教育思想。一个"乐"字体现了孔子教学的核心,更是对人生命最高境界的追求,也是教育者对学生施教的最高标准。

我们正是传承着孔子伟大的教育思想,坚持着这一伟大的思想,提出了二幼的"至乐"教育。我们的至乐,倡导"依照着儿童的内在节律起舞",追随儿童的天性,挖掘儿童的潜能,教育要做到"顺木之天,以致其性",使每一个孩子在他自己的每一生命时段得到最好的成长。

"至乐"教育的形成源于园所发展的历史积淀,更源于对中国传统教育思想的传承与创新。从1987年丰台二幼建园伊始,便确立了"一切为了孩子"的办园宗旨。2002年我们明确提出"培养健康、快乐的幸福儿童",提出"乐"教育的思想,于是音体室里,我们有了大大的"乐"字,是孔子先生倡导的"乐",也是孔子先生喜欢的"乐"。我们在用大"乐"和"大乐"。那是我们与孔子跨越两千多年时空的一场教育对话,一个彼此会心而默契的一笑,一个投向孔子敬重而钦佩的目光。

2010年我们对"乐"教育体系进行了开拓性的研究和探索,完成了由"乐"教育向"至乐"教育的转变。虽一字之差,却反映了二幼对"乐"更深刻的理解和追求。我们至圣先

贤第一教师孔子思想中的"乐",在今天是发现、发展、创造;是快乐的情感,热爱的态度,自我实现的能力。今天的"至乐"是一个目标,更是一个过程,是我们对教育促进儿童一生可持续发展更为深度的思考,是对人一生都在"至乐"路上的实践与追求。

所以我们有了范路阳的海洋动物的小课堂,有了早早的科学小实验教室,有了支持着每一个孩子的个性成长,为他们搭建的"小展台""小舞台"。然后就来了喜欢恐龙的孩子、痴迷火车的孩子、热爱摄影的孩子、乐于拼插的孩子;然后孩子们创造了海马幼儿园、创造了主题微电影系列、创造了轨道幼儿园、创造了女生节和男生节。一个个梦想在这里实现,一个个创造在这里生成。每一个鲜活的个体,因我们的教育而精彩绽放,每一个孩子都在学习的过程中享受了生命的乐趣。

在这里,今天我们对亲爱的孔子老师说一句"谢谢您"。谢谢您让我们懂得了教育中对人性的尊重与理解;谢谢您给了我们无穷的、非凡的教育智慧与能量;谢谢您让丰台二幼的文化、理念与时代同进,与生命不朽。

三、让二幼的教育不朽

"童蒙养正"出自《易经》;"蒙以养正,圣功也"出自《易经·蒙卦》。

"蒙以养正,圣功也"一语道出教育的至高目标——养正教育。教育要慎始,开始的方向,是人生最重要的课程,决定人一生的方向。

培养什么样的人?怎么样培养人?始终是教育的永恒主题

和根本任务。党的十八大报告明确指出,把"立德树人"作为教育的根本任务。总书记提出"要系好人生的第一颗纽扣"。

"立德树人"从字面上理解,即为立德和树人。何谓"立德"?意思为树立德业。正是我们前面所说的《左传》中"太上有立德"的"立德"。人生最高的境界是立德有德、实现道德理想,"立德"居于人生"三不朽"之首。

何谓"树人"?意为培养人。它出自春秋时期军事家管仲的一篇散文《管子·权修第三》:"一年之计,莫如树谷;十年之计,莫如树木;终身之计,莫如树人。一树一获者,谷也;一树十获者,木也;一树百获者,人也。"译成现代文就是:(做)一年的打算,没有什么比得上种植庄稼;(做)十年的打算,没有什么比得上栽植树木;(做)一生的打算,没有什么比得上培养选拔人才。一经培植收获一倍的,是庄稼;一经培植收获十倍的,是树木;一经培植收获百倍的,是人才。所以我们常说:十年树木,百年树人。寓意着国家、民族、家庭只有做好人的培育,才能得以接续、繁衍、传承。

古圣先贤把"立德"摆在"太上"之位置,是因为"德是才之帅,才是德之资",人以德立身。《大学》开篇第一句即:"大学之道,在明明德,在亲民,在止于至善。"也就是说:大学的宗旨在于弘扬光明正大的品德,在于使人弃旧向新,在于使人的道德达到最完善的境界。

立德树人在园所,包括两层含义。立德,首先是立我们教师自身之德,其次是立好我们的儿童之德。唯有立好我们教师自身之德,才能完成好我们的树人之责。作为教师我们要不断修养自己的道德,成为一名行己有耻、立身有道、处事有节、自立立人的人。

正是基于对教师自身"学为人师，行为世范"的要求，我们才有了二幼前进和发展的动力机制。《中庸》第22章："唯天下至诚，为能尽其性；能尽其性，则能尽人之性；能尽人之性，则能尽物之性；能尽物之性，则可以参天地之化育；可以参天地之化育，则可以与天地参矣。"意为：只有天下最真诚的人，才能充分发挥他的本性；能充分发挥他的本性，就能充分发挥众人的本性；能充分发挥众人的本性，就能充分发挥万物的本性；能充分发挥万物的本性，就可以帮助天地化育生命，能帮助天地化育生命，就可以与天地并列为三了。

所以，我们二幼的教师，让自己如明代学者高攀龙所说："吾立于天地间，只思量做好人，乃第一要义。"所以，我们教师有"至诚、至爱"的文化坐标，有"至乐、至真"的教育追求。

"童蒙养正"，是立德树人在幼儿园阶段的根本目标。它旨在给儿童以根的滋养，养成儿童从小知晓自己是一个中国人，知晓爱国、爱家、爱人是我们所以立身的根本，我们成长的意义与价值在于长大要为家、为国出力，为家、为国争光，为家、为国贡献。

所以，我看到，我们二幼的教育在积极地践行与落实"立德树人"，老师们在自身的实践中发起了"我与神舟十一同行"的系列教育活动；发起了"我的中华骄傲"的主题教育；发起了"带上诗词去旅行"的发现中华文化之旅，发起了天安门城楼巍然屹立，万里长城逶迤延绵，三峡大坝蔚为壮观，卢沟雄狮威武昂扬，航空母舰巍然浩荡，颐和孔桥巍峨耸立的一个又

一个壮丽的积木搭建。孩子们以中华为傲，以华夏之子自豪。"厉害了，我的国"，"厉害了，我的丰台"，喊出了中华之子的豪迈与骄傲。

　　这正是我们教育对人根的滋养，这正是我们教育对人精神基座的构建。这样，唯有这样，我们二幼的教育才是真教育，我们的教育才会真正地不朽，在人类的史册上，在二幼的教育史册上才会留下真正光辉与光荣的名字，我们二幼的教育才会持续百年，永续千年。

　　老师们，今天站在时代的坐标系上，我们回望中华历史，回望二幼历史，心中升起无限的感慨，无限的自豪。三十年风霜雨雪，三十年春华秋实；三十年风雨兼程，三十年铿锵玫瑰；三十年砥砺奋进，三十年沧桑巨变；三十年激情昂扬，三十年硕果累累。我们无愧于历史，无愧于昨天，无愧于岁月，所以我们做到了不朽；展望未来，展望我们二幼的明天，我们痴心不改，我们不忘初心；我们自强不息，我们精进不已；我们追赶太阳，我们一路奔跑；我们攀越高峰，我们不畏艰险；让丰台二幼人的精神与名字与中华民族的精神与名字同在，不朽！

5. 老师，我们拿什么让家长投以尊重的目光

——2017—2018 学年第二学期期末讲话

今天收到大班刚刚毕业的孩子庆庆爸爸写来的感谢信，感谢园长，感谢班中的每一位老师。感谢信是用红纸、粉色打印了三份。我、蓓蓓分别读着，蓓蓓读了开头第一页便已泪流满面。

中二班的彩霞老师，因为搬家而不得已要调动工作。老师舍不得孩子，中二班的家长和孩子舍不得老师。班中的老师把两年来的活动制作成了一本微信书送给了每一个孩子，也送给我一本。微信书取名《致那纯真的时光》。翻开微信书的序言，是两名家长写来的，一位是土豆的爸爸，另一位是黄旂姝的爸爸，而我读着读着亦如蓓蓓老师一样满眼泪水，感动万分。

现在，请老师们随我一起来读：

感 谢 信

尊敬的游园长：

这是一封迟到的感谢信！2018 年春节过后，大班孩子们进入幼儿园阶段的最后一个学期，从老师到孩子，再到家长无不沉浸在即将离别的氛围中。作为家长，一直想通过感谢信的方式表达自己对二幼同行们的敬意，但一忍再忍，还是

希望在孩子离开二幼之后再奉上自己的一份感激之情。

最初是因为近选择二幼,没想到三年来二幼为孩子和我的家庭带来的不仅仅是接送的便利,更多的是先进的教育理念和务实负责而又极具创新的教学精神给我们带来的一次又一次感动。谁能想到在那么狭小的校园里,在那扇朴素的小木门背后孕育着堪称伟大的教育哲学:"至乐文化"——因时而为,顺势而动!这足以让只懂得追求效率、无视孩子个性的教育者们汗颜。所以,感谢游园长,您是二幼的灵魂和骄傲,您用行动实现了自己的诺言:要让进入丰台二幼的孩子成为世界上最幸福的孩子!!!

感谢张燕萍老师!您是用妈妈的情怀对待孩子们:表现好了,不吝赞美;犯错了,严厉批评;有疑问了,耐心引导;有点子了,大力支持!试问这不是父母该做的吗?试问作为父母的我们做到了吗?我们只面对一个孩子尚且难以尽到父母的责任,可张老师每天面对的是近三十个性格各异的孩子。别忘了,还有您的腰——几乎牵动着所有家长的心,生怕您中途离开这个班。您知道有多少家长是因为您而让孩子放弃学前班吗?!曾经我们很自私地希望您坚持,现在我们真心地希望您保重身体,希望您将来能为更多的孩子带来至真至诚的教育,为国家社会培养更多优秀的人才。"百年树人",您的工作是第一步!

感谢可馨老师,每次见面都让我觉得尴尬的长腿姑娘——孩子早早就认定要按照您的标准找媳妇儿,而且经常回家念叨,以至于让我这个家长时而也会有身份错乱感!童言无忌,但是作为家长却明白其中的道理:三岁进入幼

儿园的孩子们对陌生的环境应该是深怀戒备和逆反的，所以能够这么快就俘获他们"芳心"的肯定是一个个小小心窝儿里最信赖的那个人，一定是那个对自己好的人，一定是那个像家人的人。谢谢可馨，谢谢您每天上班早出晚归、不辞辛苦，谢谢您用一个大姐姐的情感带给孩子们无限的温暖，我相信您在孩子们幼小的心田里燃起的火苗会温暖他们很久很久，会给他们照亮很远很远！

还要感谢小李老师，虽然和孩子们只相处了一年，但是却为孩子们付出了很多。记得孩子入园的第一个教师节，我们体念老师的辛苦，自以为是地给老师们寄了张味多美的蛋糕卡，结果被您郑重地退回。从那一刻起我们意识到了二幼的不同一般，我们再也不敢用世俗的眼光去看待二幼。廷廷老师应该做了大量的幕后工作，虽然很少出现在镜头前，但作为家长能够体会到镜头后面有一双关爱、珍视孩子们的大眼睛。孩子回到家里也经常提起，廷廷老师为他们做这个做那个，所以感谢廷廷老师，感谢您的默默奉献。虽然与您不熟悉，但您对孩子们的付出，我们会记在心里！

请原谅我这个不负责任的家长的局限，我们只了解孩子班上的老师，我相信这封感谢信中提及的老师是众多二幼优秀老师的缩影。好的教育理念需要全体教师的认可，需要一个优秀团队的共同实践，所以二幼的老师势必都非常专业负责。最后，真心寄语丰台二幼"不忘初心，牢记使命，百年树人，由你做起"！

丰台二幼2018届东园大二班家长
2018年7月1日

微信书《致那纯真的时光》

序　言

有一种相处叫和谐，见证了孩子们的朝夕相处；

有一种力量叫感动，凝聚着老师们的精心呵护；

有一种话语叫祝福，我们坚信一步能行，千里何畏？

有一种记忆叫永恒，从此生命中镌刻下丰台二幼中二班的印痕。

两年前，孩子们入园时的哭声犹在耳边，

家长们焦虑地站在门外望眼欲穿；

两年后，儿童节的表演令人赞叹，

还有那一道道划在门框上的身高标线。

从小二班，到中二班，孩子们懂得了分享、感恩、孝顺、关爱；

哪一个变化不令人欣喜，哪一次进步不值得点赞？

原本三年的约定，突然要提前，太多不舍，太多眷恋——

眷恋老师们如青荷般遮挡风雨，

任波光中的鱼儿在逆境中积聚力量；

眷恋小朋友似手足般相携相伴，

彼此相依着在生活轨迹中经历成长。

今朝挥手望背影，明日相拥共团圆。

启蒙往事并不如烟……

孩子们从这里走过，

这里是他们心灵交汇的起点，

这里记录了他们最纯真的瞬间!

——土豆爸爸

致那些纯真的时光

从哭哭闹闹
到跳跳跑跑
欢笑越来越多
顽皮越来越少

从前的短发,都渐渐梳起了小辫
现在的头顶,悄悄超过了您的腰
我已学会从前怎么也做不好的早操
明年,老师又会教给我们什么舞蹈

放学来接的妈妈
手里总带着糖果
早上等着我的妈妈
嘘,我悄悄拔掉她
又一根白发

我们有那么多娃娃
没有一个像我在您面前那么听话
我们用了所有积木
只想搭一个——
所有小朋友,永不分离的家

> 一年又一年
>
> 一夏又一夏
>
> 七月的风追着荷花
>
> 八月的雨赶着蚂蚱
>
> 九月我就回来了
>
> 您，想我了么
>
> 快让我抱着您
>
> 在您耳边
>
> 说一个秘密
>
> 昨天您的梦里
>
> 我，是不是
>
> 忽然长大
>
> ——黄旂姝爸爸

  这信、这诗、这书，让我心潮难以平静，让我心中有话想要表达，让我进一步确信我们教师存在的价值与意义，让已从教 37 年的我，又一次深深地体会着职业的快乐与幸福。

  这是世界上最高的礼赞，这是人世间最真的敬重。为什么会是这样？为什么我们一名普通的幼儿教师会受到如此礼遇？老师，是什么让家长向我们投以如此尊重的目光？我想其实答案早已不言而喻，答案早已在信中，在序里，在诗中，在老师们满含泪水的眼睛里。

  那是我们教师无数个日日夜夜的操劳与辛苦，晚上 11 点多了，微光下你们伴随着家人酣睡的呼声，还在与家长微信，做孩子成长的交流。

那是我们老师对孩子付出如妈妈般的爱与关怀，即使你的腰不能动了，可你的眼睛，你的嘴巴，还可说、可看、可交流，所以你依然选择与孩子们在一起的坚持和坚守。

那是我们老师对孩子们的理解与包容，是即使你拉在了裤子里，老师也爱你，只因为你是我的孩子，没有别的理由。

那是我们老师发给家长的微信照片里，家长翻阅了几万张照片，而你们为孩子精心拍摄的活动背景里，却总也躲不开老师们忙碌的背影，你们为孩子踏过了千山万水。

那是我们老师把一群刚入园如小野驹一般的孩子，左手抱一个，右手拖一个，慢慢地，孩子们再也不想跑，就想一辈子在你那安全而温暖的怀里依偎疼爱，而你那纤细的手腕，却打上了绷带，成为了永久性的损伤，但你依然无怨无悔。

但即使这样，我们的老师们，你们依然觉得不够、不够。因为能让那么多博士、硕士、大学教授的家长投以如此尊重的目光，这里一定有同于妈妈，但又有别于妈妈，高于妈妈的爱与宠，那就是对教育、对事业的专业与追求。

那是当家长一次次遇到孩子成长的困惑与难题，你们对孩子专业的解读引领，让家长佩服着你的教育理念与水平。

那是老师您给家长和孩子出现问题时，所开出的一副又一副的教育良方，药到病除，让家长获益释然而感动。

还有那是老师组织的一个又一个精彩的活动，把孩子们的潜能激发，继而老师自己和家长们都看得瞠目结舌，叹为观止的惊异与侧目。

那是老师您支持孩子一次次成功，让孩子从此认出了自己，发现了自己的能量，继而生长出了自信与骄傲，坚定与执着。

如此这般你们仍嫌不够，还有那是老师在儿童入园，家长分离焦虑，面对门口哭泣不停的爸爸时，老师一次次家访，一次次陪伴儿童，那是为家长的安心工程，为解除家长的担忧与焦虑。

那是老师带领家长一起回归童年的家园携手，一本本绘本阅读，一次次的社会实践，一次次的家长走进课堂，一次次的与孩子一起亲子制作。航天服时装秀、水果拼盘厨师秀，老师让家长一个欢乐接着一个欢乐，一次成长接着一次成长，不知不觉中家长已伴随孩子把曾经失去了的童年重新走过。

那科学育儿之经，如春风拂过，如细雨无声，让家长把理念记在心间，也把感恩记在心间。

老师们，我们是幸福的，我们是富有的。我们有那么多的爱，可以付出，我们又有那么多的爱得到注入。我们与家长、与儿童在爱与爱的交流中互为滋养，我们彼此尊重让能量守恒。爱的充盈与温暖，让我们的心灵得到满足，让我们的精神得到飞升。老师们，请珍惜这情，让爱永恒；请饱有这激情，让生命精彩。让二幼的史册上，永远镌刻着我们光荣的名字。我光荣，我是二幼的一名普通教师！

　　　　一年又一年
　　　　一夏又一夏
　　　　七月的风追着荷花
　　　　八月的雨赶着蚂蚱
　　　　九月老师在这里
　　　　等着你
　　　　孩子，你想我了么

6. 新的开端　心的力量

——2018—2019学年第一学期开学讲话

从小学的时候，就总盼望着开学的第一天。因为心里装满了对新学期的期待，装满了父母对自己的新期待，装满了新学期对自己全新的描述。我把自己新的样子，在心里想了又想，画了又画，觉得那一个就是最满意的自己了。同时，也盼望着搬进新的教室，更换的新教师，盼望着看看新老师的模样。也想着上学期自己还不够好，新学期、新老师，自己要有一个新样子。

新学期，新起点，给了我新的心境，新的动力，新的目标，小小的心里喜悦着那将向我开启的未来和未知。多少次暗下决心要改掉自己小懒惰的毛病，让自己有一个更优秀的品质；多少次自己发誓要让自己的数学成绩再好一点，让成绩给自己带来更多的自信与快乐；多少次自己偷偷地把班中的同伴儿作为榜样，瞄准他一定要追赶上他的步调。那个小小的目标，让自己有了一个全新的世界和勇气。那曾经的我，所有好的我都全部珍藏和保留，而那个让自己懊恼而不太满意的小小的我，因为新学期而远远地留在过去。

后来，长大成了妈妈的我，理解着曾经妈妈的心意，也懂得女儿的心思与秘密。新学期，看着女儿制订的个人新计划，

看着她下的决心,要让自己新学期每门功课都上80分以上,要让自己在全年级排名100名以内。我知道新起点、新期望点燃了女儿心中希望的火把,那火把照亮了她走向前方的道路,也点燃了她的一个又一个梦想。新学期,孩子在心中栽下了一粒粒希望的种子,她期待着春的发芽,夏的抽穗,秋的果实。

是呀,新学期给了多少优秀孩子更上一层楼的目标,也给了曾经对自己不满意而懊悔的人,重拾自己的信心的勇气,给了曾经多少无望而想放弃的人,重拾自己生命的力量。

再后来,做了园长的我,每一年都有新学期。那崭新的开学第一天,我知道那对于每一个孩子生命的意义。让孩子经由童年的一个个新学期而体验到新的自我,新的世界,认识到新的目标,从而发现新的力量,会给儿童带来一种无限的喜悦和感动。也让儿童体验着一年又一年,一夏又一夏,周而复始中自己的变化与不同,体验自然的力量及生命的成长。所以,每学期我们二幼的老师们都精心地给孩子们一个新开学的设计,让他们在有意义的、开学第一天的仪式中领悟和体验新的力量,心的力量。

好,谈完新学期带来的新希望,下面谈谈对个体生命的经营。

新的学期,新的开端,新的起点,整理和再出发是我们每一个人都思考过、思量过的问题。

记得自己小学那会儿每学期都要写学期计划——自己每门功课要怎么样?自己有什么要完成的愿望?这里说说我女儿上初中高中时的计划,这个时间距离比较近,记忆清晰一些。她每学期初都会信心满满地给自己一种鼓励:我每门功课要达到

85分以上，我要每天学习到晚上11点半，我要在班级排名争取多少名。所以每学期开学后的第一个月的考试，我都会收到可喜的佳绩。可学习真的是件苦差事，当所有的新知识扑面而来的时候，应接不暇的时候，美好的愿望总是被困难的魔鬼一点点缠绕，一刻不停地在跟你博弈。

但这里的大目标仍显得那么重要，上一所好一点的大学，或者是完成自己制定的一个目标。于是，初、高中六年的时光，让我们要用每一天去为目标而奋斗，于是我们就朝着那个目标越来越近，越来越近。这就是目标的力量，也是念力的力量。

原来，自己一直想55岁退休，所以我的目标就定在了55岁。有这样几个目标：1. 市级示范园争创；2. 办学实践研讨会的召开；后来又加上了自己的特级教师的目标。当时，为了申报特级和组织办学实践研讨会，自己必须要完成一本专著。于是，我紧赶慢赶写了一本书。本以为目标圆满地结束，望着满园的硕果累累，是农禾耕耘后的饱满与充实，自己觉得，终于可以把拉了36年的车套卸下来去轻松地过自己的后半生了。结果造化弄人，世事无常，就在我53岁的那一年，国家出台政策，高级教师可以工作到60岁。从教34年的2016年，荣誉接踵而来：全国教书育人楷模、特级教师、北京市人民教师奖、全国五一劳动奖章。一个又一个的荣誉加冕，耀眼的光环把我推到了台上，聚光灯下的舞台上我成了一个角儿。于是，各种因素构成了我必须在人生和教育的舞台上，在二幼的教育岗位上继续唱下去，干下去。

所以新的目标又来了。于个人的目标，从外在的、客观目标上，有一个正高级的职称等着自己去攀登，其实这个目标以

前根本不在自己的目标范围内；而园所的目标，是又一个五年后的二幼该有怎样的高度，自己在这五年里为官一任，该给二幼历史上交一个什么样的答卷。

在目标的制定上，我们个人与组织的目标，这在同一个人身上是不可分割的两个方面。因为只有与组织、与集体、与国家、与民族紧紧相连的时候，你的个人目标才能更有意义和价值，才会支撑你走得更坚实，更持久。每一个目标的实现都要靠自己一步一步的努力，一点一点地去积累、去证明，正是大家常讲的"不积跬步无以至千里，不积小流无以成江河"。（2015年底办学实践研讨会召开，把自己累透支，整整休息了一年多的时间都没有再动笔。）当然这里还有一个原因，就是以为自己可以船到码头车到站了，不需要再去写什么了。而当得知车套不可以卸下来，还要继续持久地奔跑的时候，于是，自己把当时停了一年多的管理与教育笔记，又开始了书写和记录。目标是想要写成自己的第二本专著，题目想叫《花开满径》。（这就是目标的动力）到目前已经写了十多万字。

当然社会与责任赋予你的名头，你的名牌儿，也会把你推在浪尖上，你要名副其实，你要跑在同行的前面，你要去参加各种会议，各种发言，承接各种任务。就如大家所知道的电影《超人》的名言："你的能量越大，你的责任就越大。"

自己恰恰是能力没有那么大，但要承载的责任很大。所以在真金火炼中，处处捉襟见肘，余额不足。自己于是拼命地补课、读书、再读书、再思考。这里我想与大家分享一篇我被评为特级教师后写的感想，题目是《特级教师的光荣与使命》。

特级教师的光荣与使命

知道被评为特级教师的那一刻,我的心脏颤动着,翻滚着,幸运、激动、感谢交织着向我袭来,右手抚在胸前就能感受到的一阵剧烈心跳。我知道,那是喜悦的跳动和表达,因为毕竟光荣,毕竟难得,毕竟是辛勤耕耘的农夫在付出辛苦后的一种收获。我常说:"教育的路上,但行好事,莫问前程。"而我走过一路的花开,它却就这么悄无声息地来了,心中涌起无限感恩。这果实,是最好的回报。

一、千万次地问

但很快,随之而来的便是压力的包裹。因为荣誉伴随着使命,就像超人说过的:能力越大,责任越大。我想,也许在别人的心里,我应该是个"超人",因此,这些责任由我来承担最合适。于是,我在心里不断地、千万次地问自己一个好像早已知道的问题,特级教师的标准是什么?自己到底够不够大家心目中的特级?

二、特级的标准

好友、同志们在微信中、电话中真诚地祝福着、赞美着,而我除了感谢大家的祝福和赞美,也被一种危机感督促着。我找来标准,在静静的夜晚,暖暖的灯光下,仔细品读着——特级教师的标准到底是什么呢?特级教师的称号代表着一种先进性,又是一种专业性,是师德的表率、育人的楷模、教育的专家……看到这些,我的心像悬在空中,下坠、下坠,一阵阵心跳加速,而这时不是激动,不是高兴,是忐忑,是没了底气的慌张。

于是，我把各种书籍摆满了桌子、椅子，想要填平自己的心，可是越填越觉得差距，那沟很深。教育理论的不足、学科知识的漏洞、信息技术的薄弱、创新能力的匮乏，特级的尺子，衡量着自己的高度，也让我看到了自己的差距。党和人民给了自己这么高的荣誉，这让我感到要走的路很长，要攀登的高峰很多。在这荣誉面前，我没有因荣誉变得更高，反而感到成了矮人。

三、特级教师的责任与使命

今天颁发了证书，接过这红红的证书，感受到一份沉甸甸的重量。我知道，特级不是一个称号，更是一种责任，一种信仰，一种担当。于是，我再一次地追问：1.5%的比例啊，领头雁啊，人民给了我这么高的荣誉，而我能给孩子们带来什么样的发展？能给北京、丰台的学生带来什么？能给园所的老师们带来什么？我告诉自己，唯有更加努力，才能对得起人民的信任。特级教师不是高高的树梢，让人仰望，而是深深的树根。根的深度，决定树的高度，党和人民视我为根，我就要不断供给营养，才能让青年后辈们枝繁叶茂。根正，则身正；根深，则枝叶广茂。静下心来思考，我，仍需努力，这努力于我来说，主要在以下三方面：

第一，加强师德，如习总书记所说："做四有好教师，做师德模范。"

"三寸粉笔、三尺讲台系国运，一颗丹心、一生秉烛铸国魂。"这句话出自习总书记2014年教师节前在北京师范大学所做的演讲。习总书记把教师比作学生的"筑梦人"

"梦之队",我们不但要为孩子们筑好梦,更要指引孩子们将梦想照进现实,让美梦成真。为此,我们更应该捧着一颗高贵的心,感恩和我们在生命长河相遇的那些儿童,用高尚的师德点亮他们前进的路灯,把自己的生命与发展放在教育事业上,与祖国紧紧联系起来,为祖国的教育做出自己的一份贡献。

捧着这火红的证书,它仿佛告诉我:过去干得不错,今后更要好好加油!所以,在我心里,特级教师是起点,是开端,是鞭策我在今后教育路上奋蹄的动力。

第二,发挥作用,认真履职,不负称号。

总书记说:"一个人遇到好老师是人生的幸运,一个学校拥有好老师是学校的光荣,一个民族源源不断涌现出一批又一批好老师则是民族的希望。"从一个幼儿园的领头雁,到丰台教育的领头雁,如今又成为学前教育的领头雁,内心在激动之余也燃起了无限动力,除了当好一名好老师,我也要发挥自己最大的能力,影响身边的人,为祖国培育出一批又一批的好老师,为民族复兴的伟大中国梦而努力。

第三,努力钻研,勇于创新,做出贡献。

十九大报告中,习总书记说:要办好学前教育,要让每一个孩子享受公平而有质量的教育。这是一个时代的目标,是一个方向,是冲锋号。作为一名教育工作者,须时刻以幼儿的发展和成长为己任,以办好人民满意的幼儿园为己任,以培育好更多优秀教师为己任,让这一光荣称号成为鞭策自己努力跟上社会的步伐,具有与时俱进的能力和动力,让自己成为一种有用的资源,成为对社会有更大

价值的人。

我想，幸运是眷顾我的，因为和我一样奋斗在教育事业上的人不计其数，唯我获得了这样的荣誉，所以，我幸运。也请让我带着这份幸运，在感恩中继续走完以后的路，继续体验着教育的幸福，我愿将这些幸福变为鲜花，赠予每一个身边的人，让余香伴我在教育的小径中收获更多绚丽的风景。还记得，我的《园长的札记》中有这样一首小诗，现在想起来，另有一番感触：

> 北风吹落了一地的秋，
> 初雪，
> 使路边的白杨树一夜白了头。
> 冬的暖藏，
> 富饶着春的成长。
> 于是，
> 我期盼着下一季，
> 花开满径。

在这里，其实我特别感谢命运，命运让自己的职业生涯又延长了五年，从55岁到60岁。我也常常问自己这五年是退休好？还是在这里继续工作更好？中国的哲学智慧让自己知道当然是好坏参半，福兮祸兮，哪里会有什么绝对的好坏。

工作中累的时候，特别羡慕那些在阳光下草地上可以自由散步的人，羡慕在电视机前观看一集接一集连续剧的人，羡慕

那可以来一场说走就走的潇洒自由行的人。

但是,当生活真正回归到没有任何责任需要你承担的时候,又会怎么样呢?我与退休的朋友聊过天儿,他们是那么地无聊,觉得自己是那么地无用,然后生活是那么地乏味。你必须去寻找新的生活的目标,然后让自己复活。因为,当生活真的失去目标与奋斗的时候,周而复始,年复一年,我们就会少了更高级、更有价值的生命意义,少了精神生命的动力与源泉。于是,我庆幸我还在岗位上,还有社会责任,还有前面那不落的太阳需要追赶,还有必须要跑起来的动力。

我还要必须去读书,我还要必须去写随笔,我还要必须去工作,那么多的事儿等着我。我在外在的动力下,每读一本好书,一篇好文就让自己兴奋不已,因为我的蓄电池里又增加了一份能量。每写完一篇随笔、感想,我特别地开心与满足,因为我离自己设定的目标更近一步。但,更因为精神生活的快乐与丰盈,是物质所不能给予和无法达及的深度愉悦,这种体验不能分享,只能自己独乐和享受。

这个新学期我给自己定了一个小计划。每天读一篇文章,从苏霍姆林斯基大师的《给教师的一百条建议》开始,不读不睡觉。每天清晨要读一本绘本,让自己从最美丽的画面,从最优雅最简洁的语言,从最纯真、最真挚的童心,开启自己的一天。每周还要写两到三篇教育随笔和札记,完成自己的第二本书。让自己在花开满径的教育之路上一路芬芳,走向远方。

谢谢大家听我分享!

7. 让歌声成为遍野春花

——2016 年 5 月合唱节讲话

五月的鲜花，开遍了原野，也开遍了丰台二幼的校园。孩子们自发组织的合唱节，在家长的鼎力支持中，在老师的大力帮助下，就这样如火如荼地进行着，我看到了每个孩子眼中的欣喜、家长们的期待和老师们溢满着欣慰的笑脸。歌声一波接着一波，一浪连着一浪，如海潮涌来，如山风吹过，如百鸟齐鸣。每天听着各班孩子们欢乐的歌声，真是一件惬意的事情，开心的事。

我喜欢充满歌声和欢笑的二幼。因为，对于孩子们来说，艺术是他们的身体、感知觉、快乐的自然抒发。他们能把兴奋的、稚嫩的跳动变为舞蹈，能使发之于情感的、不完美的声音连成曲调，不受任何功利目的的指使。幼儿在表达艺术这种无意识的状态中，保存了最纯真、原始的美感，体现了人类最初的真善美，就像五月的鲜花，带着春天的朝气和初夏的绚烂，美得让人睁不开眼。

我一直这样认为，在童年里每个孩子必须参加一次合唱团的合唱活动，否则真是一个人的遗憾。因为，当我们全班人齐声唱响一首歌时，我们的心在一起，我们的力量在一起，我们的美好在一起，那歌声响彻校园，响彻天空，也响彻我们的整个人生。

早在我的童年记忆里，小学的时候音乐课就是唱歌，一首首少年的歌，伴随我从少年长到青年。记得音乐课上有一台脚踏风琴，那时的歌谱是老师用毛笔抄写在一张或粉红色或白色的大纸上，那风琴、那歌谱成了我们心中最美的图画，那里有一名少年最美的想象，最甜的时光，最动人的心跳。也还记得，那时每天放学，我们班班排着整齐的队伍，一首接一首的歌，成为整个街巷、道路上最壮观、最美丽的风景线，而一位位少年因一天学习所带来的疲倦，在一路的歌声中烟消云散，化作漫天的花雨。

我曾问过合唱团中的孩子们，你们喜欢唱歌吗？孩子们异口同声，回答喜欢，这答案与我的童年答案一样。合唱团里有一个男孩子璇，由于妈妈生了二胎，他一直闷闷不乐，不开心，他忧郁着、惊恐着，担心着会失去妈妈的爱，但多么心事重重的子璇，只要站在合唱团的台上，一切的忧郁与烦恼便随歌声消散，忧虑化为了那悠扬的歌声，那脸上灿烂的微笑。我知道，是那旋律抹擦了心中的愁苦，是那美的音符钻进了他忧郁的心门，是大家的欢歌驱散了他头顶的那片小小愁云，这就是歌唱的魔力。

感谢孩子们给我如此美好的歌声。这歌有我会唱的，也有我不会唱的，但都令我感动，让我动容。因为音乐给我们情感，给我们滋养，给我们记忆；那歌声唱出了我童年的梦，唱出了心中的美好，唱出了未来与希望。

丰台二幼稚美童音合唱团在孩子们的推动下保留至今，每每听到孩子们的歌声，我觉得如听到天籁之音，陶醉其中！

"请把我的歌带回你的家,请把你的微笑留下,今天今天这歌声,将是遍野春花,将是遍野春花。"我知道,孩子们,你们的歌一定会开遍天涯海角,成为遍野春花。

8. 让读书成为一件快乐的事情
——2016 年六一绘本节讲话

亲爱的孩子们：

又到了什么节？告诉游妈妈！对，六一儿童节、绘本节！

在我们的一年中有很多的节日，你们知道的有春节、元宵节、月饼节、母亲节、劳动节、国庆节、粽子节。而在我们丰台二幼的生活里，我们创造了许多只属于我们二幼孩子自己的节日，比如：大声告诉我今天是什么节？

今天的绘本节，还有前几天西园大班小朋友刚刚举办的"舞蹈节""合唱节"，我们东园大二班玲玲老师班的"风筝节"，我们中一班蓓蓓老师和小朋友自创的"格子节""合唱节"，还有我们前几天刚刚举办的"插片节"。

各种欢乐的节日，带给我们不同的欢乐感受，我们二幼就是由一个欢乐的节日接着一个欢乐的节日为孩子们编织着童年的"幸福时光"。

孩子们！今天我们举办这个"绘本节"，游妈妈和老师们是为了让你们知道，让你们懂得：爱读书是一件值得庆祝的事情；4 月 23 日读书日是一个值得庆祝的节日！二幼的老师们、爸爸妈妈们要让你们在童年的生活里、记忆里感受到读书是最快乐的事，是最有趣的事。所以，绘本节里，我们二幼孩子们的书

可以这样读：可以"画着读"，可以"演着读"，可以"唱着读"，可以"捏成泥读"，可以"用撕纸做成书读"。书在你们的手里，可以读成各种样子，而于不知不觉中你们读懂了书中各式各样鲜活的生命，书中的人物也成了你们的伙伴。现在我知道你们结识了好朋友淘气可爱的大卫；认识了一位善良宽容的甘伯伯和特别节俭的约瑟夫；知道母鸡萝丝有多么的聪明，小黑鱼是多么的勇敢与坚强，你们还认识了让我们大家都佩服的会跳芭蕾的奶牛，以及令人羡慕的长颈鹿和鳄鱼这一对好朋友。

现在，我们幼儿园满院子都是你们创造的各式各样的大绘本，站满了你们从书中认识的好朋友。第一次看到你们创造的绘本真的令我吃惊，令我赞叹不已，到现在我依然赞不绝口。孩子们你们太棒了，到目前为止，我没见过谁比你们更棒！

孩子们！大脚丫跳芭蕾是哪个班做的？大卫惹麻烦是哪个班画的？"搬来搬去"是哪个班捏的？小火车上的孩子们读书是不是很好玩？读书就是这样的好玩。

今天我们开幕式有你们的绘本表演，我们明天还有绘本游艺活动，大后天我们还有绘本漂流，再大后天我们还有绘本表演，每天晚上我们有小舞台，你们可以登台讲故事，做表演，这将是欢乐的一周，是有趣又有意义的一次绘本节，也将是一个难忘的六一儿童节！

孩子们，尽情地享受节日的欢乐吧！享受读书的快乐！享受读书的美妙！

最后祝绘本节圆满成功！祝孩子们六一儿童节快乐！

9. 将美的色彩绘在心底

——2017 年六一彩绘节讲话

亲爱的孩子们：

在一年一度的六一儿童节，让我们所有的家长们、老师们用掌声、欢呼声祝我们的孩子们，节日快乐！一年一度的六一节，于我们二幼人来说，是一年中最最重要的节日，因为它属于孩子们！

因此，每一个六一节二幼人都精心设计、精心筹划。我们让每一年的这个节日，成为孩子们童年生活中一道独特的风景，成为孩子们每每想起就会快乐得乐开花的记忆，让儿童节的精彩与美丽永远印刻在孩子们成长的岁月里，并点亮他们未来的人生之路。今天的彩绘节，我想这样的节日恐怕今天在这里的爸爸妈妈们没有人过过这样的一个节日。

但是，爸爸妈妈们，你们一定记得自己披上纱巾成了善良而乐于助人的花仙子，记得戴上大壳帽成了正义勇敢的黑猫警长，记得腰上别把木头枪成了机智勇敢的小兵张嘎，记得自己一次次扮演着心目中最喜欢，最崇拜的那个角色，而且乐此不疲。

时代更替，今天的孩子们有了自己的偶像，巴啦啦小魔仙、超人、钢铁侠、艾莎公主，当然还有孙悟空、葫芦娃、白

雪公主，孩子们向往着他们，崇拜着他们，扮演中他们成了他们。

孩子们！我知道，当你们披上超人的披风，一挥手的瞬间，你一定觉得自己已具有了超人的能力，可以拯救世界；当你们拿起金箍棒的那一刻，你已经一个跟斗翻出了十万八千里，去棒打妖魔；当你挥动着手里的魔法棒，你一定感觉世界会因为你的魔法力而更加美丽。

孩子们，当你们在挑选与扮演角色时，艾莎的魔法棒下，我看到了你们的善良、勇敢；孙悟空、钢铁侠、巴克队长的脸孔下，我看到的是正义和责任；在小海盗们的眼罩下，藏着的是冒险与自由；在每个扮演小动物的孩子身上，我感受着自然与可爱，友善与真诚……是的，游妈妈相信你们就是超人、就是孙悟空、就是巴克队长、就是每一个你或你想要成为的那个人。

在这次彩绘节的扮演中，东园大班有一位男孩子就想扮演解放军。他是一个军事迷、红军迷，去年抗战80周年的展览他让妈妈带他去看过两次，红军不畏艰难、不怕困难的精神在他小小的心里生根发芽；6岁生日那天，他给老师表演的歌曲是"三大纪律，八项注意"；今天他成了一名小小的解放军战士，威武、自豪而光荣。

彩绘节，我们不仅把形象、颜色绘在孩子们的身上、脸上，更把品格、精神绘在孩子们的内在与心灵；绘在孩子们的今天，也绘在未来。今天孩子们扮演的这些人物身上可贵的品质与特质，已经深深嵌入孩子们的头脑，会伴随着孩子们逐渐形成独立的自己。因为，每个孩子的夜空都闪烁着一颗最亮的星星。

　　孩子们，扮着自己崇拜的英雄，绘着自己心中的偶像，施展你们自己的魔法与力量，让我们唱起来、跳起来，庆祝自己的节日，庆祝我们的成长！

　　孩子们！今天属于你们！快乐属于你们！未来属于你们！

10. 在和平的年代，珍惜快乐生活
——2018 年六一儿童节讲话

亲爱的小朋友们，各位尊敬的老师、家长们：

大家上午好！

五月是向阳花开的季节，映衬着阳光，金黄蔓至天边，成为夏天最美的景致。向阳花一开，意味着六一儿童节也悄然来到了我们的身边。

从业 37 年了，每年都有一个儿童节。特别是做了园长后，六一儿童节成了工作簿上最重要的日程和大事，因为这一天应该是孩子们最开心的节日。

于是我总是挖空心思地，想让每一个儿童节都成为孩子们最独特的记忆。毕竟，无忧无虑自由如闲云的童年只有这三年。我想，孩子们能够享受三个不一样的儿童节，应该是一件多么有意义的事情，因而我们便有了丰台二幼的绘本节、音乐节、舞蹈节、彩绘节……

可是今年，我提笔的时候，突然发现，这个"六一"我的想法竟是如此的纯粹，纯粹到只想让孩子们在这一天感受到轰轰烈烈的快乐，就像我们今年的这台节目的主题——花儿朵朵，幸福绽放。

孩子们，你们一定觉得快乐、幸福是我们一直都拥有的呀，

你们一定认为童年本该就是这样的呀，多么的自然而理所应当。但是，如果游妈妈告诉你们，在今天的世界上仍有一些孩子的童年不是这样，有些孩子的童年是在战火中飘摇，童年是与隆隆炮声、片片废墟相伴，那里的孩子正在失去妈妈和失去生命的恐惧与孤独中挣扎。

最近看到一篇文章，上面写道："叙利亚的孩子，世界欠他们一个童年"，一张张触目惊心的照片，让人忍不住流泪。7年未熄战火的叙利亚，天堂变成了废墟，孩子们的眼睛犹如一颗颗陨落的星星，黯然而无望。文章最后是叙利亚首都大马士革的一片废墟中，10岁的盲童和她的40多名小伙伴唱起一首叫作《心跳》的歌曲，希望能唤醒和平的曙光。而你们，我的孩子们，今天享受到的这份平常的快乐，对于他们而言，竟成了奢望，成了十足的奢侈品。

所以，今天游妈妈选在这样一个特别的日子里告诉你们，国际六一儿童节的来历。

国际六一儿童节，是由联合国国际妇女联合会于1949年11月设立的，它是为了悼念1942年6月10日，在捷克利迪策村惨案中和全世界所有在战争中死难的儿童而设立的，是为了反对虐杀和毒杀儿童，保护儿童的权利而设定的。捷克利迪策村惨案是当时德国法西斯枪杀了捷克利迪策村全部16岁以上的男性公民140余人和全部婴儿，并把妇女和90名儿童押往集中营，他们有的得了传染病，有的被迫成为童工，受尽了折磨。为了纪念这些苦难中的孩子，呼唤保障儿童的生存权、受教育权，会议决定将每年的6月1日设立为国际儿童节。新中国成立后，我国政府将中国的儿童节与国际儿童节统一起来。

于是，我们就有了每年庆祝自己节日的机会。六一儿童节这一天我们快乐地庆祝，尽情地欢乐，实际上更多地是让我们牢记，让我们珍惜，珍惜我们今天的和平与幸福。

孩子们，今天的你们是幸福的，也是幸运的。因为你们生在中国，生在祖国强大而和平的时代，没有战争也没有饥饿。是祖国妈妈给了我们安宁和祥和的日子，是她用坚实有力的臂膀竖起屏障，维护着我们舒适的生活以及童年的快乐。

今天为了庆祝这一节日，你们在这个舞台上，尽情地唱吧、跳吧，唱出童年的欢歌，舞出童年的快乐，让和平之歌唱响中华大地，让和平之光照亮整个世界。亲爱的孩子们，六一节日快乐！也预祝演出圆满成功！

11. 为儿童织一方厚实而温暖的素锦
—— 2019 年六一绘本节讲话

十多年前接触到绘本,就再也放不下那么好的书籍,一心只想让我们的孩子们读到它,看到它,热爱它。常与朋友、家长聊天,谈到绘本,话语便如放开闸门的大堤,滔滔不绝如洪水般倾泻,谈了一本又一本,说了一个又一个。

我爱看绘本,也让二幼老师们读,让老师们读懂了,热爱了,去影响儿童。所以我们全体老师一起读美国绘本大师李欧·李奥尼的系列作品,读美国安东尼·布朗的作品,读日本宫西达也的作品。我们想把对图画书的热爱,传达传染给孩子们,用一个热爱点燃另一个热爱,用一朵云推动另一朵云,为儿童一生种下一颗幸福的种子。因此,在二幼,绘本图书在图书室里,在班级里,在楼道里,也在孩子们随手可触的角角落落。

如果有家长问我在儿童时期读什么书最好,我会不假思索地说绘本——图画书。因为,好的绘本,是一个人可以用一生去读的书,是 0—99 岁都可以读的书。它用最简单的故事,及简单的对话,却给了我们不同年龄以及经验的读者极为开阔的思考和想象的空间,它需要我们透过简单的情节看出丰富的、多层的意蕴。

我喜欢《我有友情要出租》《鳄鱼爱上长颈鹿》《你真好》，简单的情节中，让孩子们懂得了友情的意义与价值。我喜欢《小熊，你睡不着吗》《爸爸，我要月亮》，让孩子们感动于充满智慧的力量和温暖的父性之爱。

"看看黑暗吧，我为你拿来了月亮。"多么隽永而温馨和出人意料的结局啊！请问在场的父亲，在孩子遇到困难，在黑暗中，您为您的孩子拿来了可以让他享用一生的月亮吗？

还有，《猜猜我有多爱你》，"我爱你，到月亮那里，再从月亮上回到这里来"。

这是绘本图书中真正的神品，越简单越珍贵，越简单越神奇。一本本绘本图画书，给我们快乐、感动，让我们在不经意处得到深刻与提升。

二幼开展绘本阅读有自己的方法。我们用阅读的方法读，也用绘画的方法读；用泥塑的方法读，也用表演的方法读；用拼插的方法读，还用拍摄微电影的方法读。中国人说：书读百遍，其义自见。"自见"意味着感悟的回路形成，我们鼓励儿童用自己的方式反复阅读，理解。于是，儿童有了100种的理解和感悟，也有了100种的感动和幸福。在阅读中儿童不知不觉渐行渐深，渐行渐远，其精神世界也朝着更高的地方攀升。

绘本阅读，让二幼成为了一个书香蕴藉的整体，成了一个清澈而快乐的世界。让儿童的目光浸泡在美好的图画里，耳朵浸泡在美好的声音里，如此，十分功德，至少成就了八分。儿童时期的阅读，就如春天，种子落在沃土里，时雨来哉，好风至矣，对于那些饱满的种子来说，枝之壮，叶之肥，花之美，果之硕都是自然而然的事儿。阅读带给儿童的，将是一片芳草青青，满目灿烂，是他们能有和该有的至为珍贵的幸福。用阅读为孩子织一方厚实而温暖的素锦，其他所有，来也好，不来也好，都是锦上之花。

  你或许拥有无限的财富，
  一箱箱的珠宝和一柜柜的黄金，
  但你永远不会比我富有，因为，
  我有一位读书给我听的妈妈。

亲爱的老师、妈妈、爸爸，让我们都做那读书给孩子的妈妈，为儿童织一方厚实而温暖享用一生的素锦！

最后，祝丰台二幼绘本节圆满，丰盈！

12. 破茧而出，美丽绽放

——2015年毕业典礼讲话

亲爱的孩子们，尊敬的老师、家长们：大家好！

时光过得好快，又是一年的 6 月，又是一年一度的大班孩子们的毕业季节。这是游妈妈盼望到来，又害怕到来的 6 月。

6 月是让我沉浸于幸福，又深陷于伤感的一个月。

刚刚看着老师们为你们精心制作的成长回忆，听着孩子们朗诵的毕业诗，我的眼泪一次次打湿眼眶，又一次次地忍俊不禁。一张张照片，一张张可爱的笑脸，一个个被定格了的生动的成长画面，是多么珍贵而美好的瞬间。我的思绪、我的情感也随着这照片，随着老师的诉说，重新走过了你们在园的三年时光。你们当时入园时的情景，一幕幕在我的眼前掠过。

我记得你们离开妈妈进到幼儿园哭时的样子；记得你们拽着老师让老师帮你们去找妈妈的样子；记得你们后来开始学会自己独立穿衣脱衣；记得你们开始用积木合作搭建房子，那房子搭得比你们还高，你们登在椅子上去完成顶部的工程；记得你们高高兴兴如小鸟般飞进幼儿园，迎着朝阳起舞的美丽的样子；更记得你们给游妈妈送来自己制作的香喷喷的糕点、包得软软的粽子；记得你们在大大的舞台上那或优美或有力的舞姿与自信绽放的笑脸；当然还记得你们敲游妈妈办公室的门，说着"不给糖就捣蛋"时的顽皮与可爱。

斗转星移，三年了，一千多个日夜，转瞬间我们已经共同走过，而这一千多个日夜，让一切都发生了多么大的改变。孩子们，游妈妈想说，你们长大了，长成了游妈妈最希望的那个样子，是游妈妈最喜欢，最引以自豪的那个样子。你们学会了勇敢，懂得了快乐，明白了道理；你们勇敢地面对困难；你们创造了自己的诗，制作了让自己都爱不释手的灯笼。在即将毕业的日子里，你们舍不得老师，舍不得同伴，于是你们建造了一艘时空飞船，那艘飞船你们一次次地改造直到装载下全班的孩子，你们说一个都不能少。你们学会了爱，学会了分享，学会了创造。

孩子们，二幼这个温暖的家，童年成长的乐园，已将你们这一颗颗种子培育成了一棵棵树苗，已使你们一只只毛毛虫破茧而出，幻化成一只只美丽的蝴蝶；今天的你们长大了，美丽了！强壮了！懂事了！老师们真的为你们高兴，为你们自豪！

这三年间，我亲爱的孩子们，二幼的老师们对你们倾注了多少心血与汗水，老师们把你们视为她们自己的亲女儿和亲儿子。她们疼你们，爱你们。

几天来，每当说到你们即将离去，老师们就眼泪浸满眼眶，这眼泪，包含着老师们对孩子们的欣慰与喜悦，更包含着老师们像对自己孩子一样的母亲般的爱与不舍。

我亲爱的孩子们，你们就要毕业了，游妈妈和老师衷心地祝贺你们！

再过两个月，你们就要成为一名小学生，坐在梦想已久的教室里，那里有更加精彩的世界，有更加美丽的人生。

孩子们,希望你们到新的学校后,个个成为最棒的小学生,因为二幼的孩子永远是最棒的,今天是,明天还是。从咱们丰台二幼毕业的哥哥姐姐们在全市的小学校中都个个顶呱呱,不断地将喜报送回幼儿园。孩子们,好好学习,天天快乐,用最美丽、最优秀的自己给二幼的老师、给爸爸妈妈一份回报。在此,游妈妈衷心地祝福你们永远健康、快乐、幸福。

在此,同时感谢各位尊敬的家长们几年来对我园及教师工作的支持与配合,共同的教育目标让我们成为了伙伴,成为了兄弟姐妹。我们珍惜这缘分,这时光。

在这即将毕业的时刻,感谢孩子们!感谢老师们!感谢家长们!是你们让二幼如此出类拔萃,是你们让二幼如此多彩妖娆,二幼因你们而美丽并与众不同!

最后,再次衷心地祝福我们的孩子们越飞越高,祝美好与幸福伴随你们一生!

13. 在快乐中告别，再出发！
——2016年毕业典礼讲话

亲爱的孩子们，尊敬的老师们、家长们：

2016年的春天，是孩子们最忙碌的季节，是欢笑最多的季节，是歌声震天的季节，是舞姿翩跹的季节，亦是我们即将离别的季节。

5月，我们忙碌着我们的合唱节，你们在舞台上放声歌唱，用天籁般的童声把我们带回童年最美好的时光；我们忙碌着舞蹈节，你们的舞蹈这样有趣、灵动，充满着童趣，就连我们的小男生们，你们在舞台上也是那样地耀眼，每一次舞动都引来我们家长和老师们的尖叫与惊呼；我们忙碌着绘本节，你们用自己最喜欢的方式展现阅读过的绘本，童话剧中，你们将自己装扮成绘本中的角色，表演绘本中的故事。在表演中，你们就是想要飞的小鸟、跳芭蕾舞的牛、彩虹色的花……这些角色中的美好品格，也随着阅读、随着表演印刻在你们的心里。看，这个春天，你们这般忙碌的收获：掌声、成功和自信。游妈妈由衷为你们感到快乐和幸福。

今天，你们穿上了漂亮的小礼服，戴上了精致的小领带，和我第一次见你们的样子，是那样地相同又那样地不同。相同的是，你们的眼中仍带着对未知的期待和光芒，一如走进幼儿

园的第一天,不同的是你们每个人都长高了、长大了,茁壮而自信。在二幼生活的这段童年时光中,你们逐渐成为了最独特的自己,即将毕业,游妈妈对你们每一个人的成长都满意,都欣赏,都充满欢喜和感动。

看着今天你们兴奋地拿着自己的毕业证书,看了又看,摸了又摸,照了又照……我在想,多年以后,我们能在你们的心里留下什么?

亲爱的孩子们,也许你们现在还不懂,但是游妈妈仍然想要告诉你们,我想给你们留下的是最纯粹的童年,最纯粹的自己。我们被时代裹挟,被家庭的希望裹挟,在成长过程中,你们会慢慢发现,童年最简单的做纯粹的自己竟然变得越来越难,你们会慢慢肩负各种不同的责任,有家庭、有社会、有组织……只有现在,你们才能安然地做想要的那个自己。正因如此,童年就显得更加弥足珍贵。于是,我们让整个春天充满欢笑,用歌声、舞蹈、小舞台、小展台,让每一个人发光,同时也发现着自己的力量,在今后回望童年的时候,内心深处留下的只有纯粹的欢乐、幸福和老师、爸爸妈妈给予你们的无尽的爱。

孩子们、家长们,今天我们在快乐中告别。尽管,我依然看到你们因为别离而哭泣,但是游妈妈知道,你们依然感受着快乐,这是成长的快乐,是获得的快乐,是感恩的快乐。让我们在快乐中出发吧,去拥抱全新的明天。

最后,祝福孩子们明天更加美好,游妈妈和老师们在二幼等你们回来,和我们分享小学的生活,这里永远都是你们的家。

14. 带着梦想 快乐出发
——2017年毕业典礼讲话

各位老师、家长,还有我最爱的孩子们:

火热的六月伴随着幸福和伤感悄悄地来临了。转眼,到了大班毕业季。在这个人生的分岔路口,我们停下来,告别、伤怀,也回忆着过去三年中的种种……可无论我们愿不愿意,不管我们怎么挽留,时间毫不客气地向前行走,走到2017年6月27日这一天,走到了我们必须说再见的这一刻。

孩子们,三年来,我们将最炙热的爱给了你们,将最真的情谊给了你们,用尽我们的全力,只为让你们拥有一个日后回忆起来温暖而快乐的童年。即使你们不再记得老师的模样,但是,只要你们始终保持着童年打下的底色,带着梦想飞奔和翱翔,这就是我们最大的满足。

你们是一群特别的孩子。在二幼"至乐教育"文化引领下,老师们像寻宝一样挖掘着每个孩子内心那颗最闪亮的宝石,让你们成为最独特的个体,让你们感受到自己的与众不同。记得你们开始用积木合作搭建度假村时,那房子搭得比你们还高;记得你们的永定塔;记得你们的爱斯基摩冰屋;记得你们画的长长的画卷;记得你们高高兴兴如小鸟般飞进幼儿园迎着朝阳起舞的美丽的样子;更记得你们给游妈妈送来自己制作的香喷

喷的糕点、包得软软的粽子、饱含温情的润唇膏，我都把它们珍藏在我的书柜中。这些，都是最好的礼物。

今天，我们的毕业主题是"童年乐园，筑梦飞翔"。童年属于你们，乐园就是二幼，而丰台二幼所有的老师们就是那帮你筑梦的人。我还清晰地记得，大二班小朋友锲而不舍地研究着如何让缆车从教室的一边滑行到另一边；我还记得，大一班的小朋友用了一个学期的时间将一本平面的书变成一个个立体的场景；我更记得，西园大班的孩子们创造出的一座座令人惊叹的"心目中的小学"……关于你们的记忆，太多太多了。三年的时间，你们不但成为了梦想家，还培养了将梦想变成现实的能力。在游妈妈的心中，你们就是超人，是我的小英雄！

你们一定记得刚刚过去的彩绘节。那一天，你们都装扮成了自己最喜欢的样子，有公主、英雄、超人……你们玩得那么开心。因为那一刻，你们距离自己梦想的样子是那么近。正因为是自己的梦想，所以，每一个笑容都是发自内心的，每一个动作都演绎着你对梦想的期盼。你们让我们看到了，有梦的孩子是快乐的，是有力量的，是真诚的。我衷心地希望你们带着这份坚持、信仰和希望走下去，永远做2017年夏天那个舞剑的侠客、那个挥着翅膀飞翔的女孩儿。

孩子们，二幼这个温暖的家、童年成长的乐园，已将你们这一颗颗宝石打磨得闪光，已使你们一只只毛毛虫破茧而出，幻化成一只只美丽的蝴蝶；今天的你们长大了！美丽了！强壮了！有能量了！老师们真的为你们高兴，为你们自豪！

再过两个月，你们就要成为一名小学生，那里有更加精彩的世界，有更加美丽的人生。我在想，一个人，一生都有梦想相伴，应该是一件特别幸福，也特别幸运的事情。二幼教会了你们找寻自己的梦想、勇敢面对自己的梦想、珍惜属于自己的梦想，你们也要带着这份幸福，快乐地起航。永远记得，在2017年的夏天，你们扬帆起航的这一刻，带着自豪，带着微笑，带着梦想，带着对未来的期待，向着更好的自己出发。

在此，同时感谢各位尊敬的家长几年来对我园及教师工作的支持与配合，共同的教育目标让我们成为了伙伴，成为了兄弟姐妹。我们珍惜这缘分，这时光。

在这即将毕业的时刻，感谢孩子们！感谢老师们！感谢家长们！是你们让二幼如此卓尔不群，是你们让二幼如此精彩纷呈，二幼因你们而美丽并与众不同！最后，再次衷心地祝福我们的孩子们越飞越高，祝美好与幸福伴随你们一生！

15. 坚守让童年更完整的过程

——2018 年毕业典礼讲话

我亲爱的孩子们、尊敬的各位家长、老师们：

今天，我们聚集在这里，共同见证孩子们生命中第一个毕业典礼。坐在下面，我的心被孩子们一张张的照片和老师、家长们的一句句话语所翻动，时而眼含微笑，忍俊不禁，时而热泪盈眶。三年的陪伴，我对二幼的每一个孩子都充满着深深的感情，一朝离别，那句平时经常说的"宝贝再见"却好似有千斤之重，今天怎么也说不出口。

三年了，我们从小班的相识走到中班的相知，再到大班的相伴，这是多么不容易的三年。我要感谢家长们，是你们在学前班浪潮汹涌的今天，依然坚持着"给孩子一个完整的幼儿园时光"的信念；是你们对二幼的教育充满着信心，坚持着让孩子幸福快乐的初心；是你们尊重着孩子成长的需要，相信二幼能给孩子最好的未来。所以才有了我们三年的相守，有了我们一直走到的今天。我想，今天的这一刻，应该是孩子们三年来收到的最珍贵的人生礼物。

我也要感谢我的孩子们，这一年，你们在大班的成长，犹如雨后春笋，爆发出拔节生长的力量。你们探索着名字的意义，感受着中国文化的博大精深；在对礼仪之邦、汉服的研究中，

探索着中国的历史;一枚枚中国结在你们的巧手中应运而生,你们把美与祝福编织在了幼小的生命里;你们乘着神舟五号跟着杨利伟叔叔一起遨游太空,一起探索宇宙,知道了祖国航天事业的伟大与壮丽;你们在制作肥皂、扎染和美食工坊中,体验着动手的乐趣;用插片和各种材料制作成的中国桥,让我们不仅仅看到了中国骄傲,更让我们看到了你们就是二幼的骄傲,未来中国的骄傲。我们当然也有幼小衔接的课程、走进小学体验与参观,那是为了让你们能够完成从被呵护到自我独立的精神成长,从对幼儿园的留恋到对小学的期盼,完成从玩具到书本,从生活到学习的转变。所有的教育,是我们对你们成长最用心与专业的呵护,因为我们懂得什么对你们一生最最重要。

这三年里,你们体验着生活的快乐,享受着发现的乐趣,增长着解决问题的能力,在这里你们慢慢地认出了自己,知道了自己的能量与可能。这宝贵的三年,是大自然给予你们最珍贵的礼物,所以我们的老师们不敢怠慢,教育的规律与法则在我们这里高于一切。因为,它关乎着每一个鲜活生命的质量。

孩子们,三年完整的幼儿园生活,你们是老师们用三年心血浇灌的花朵,你们是老师们用三年之光雕刻的作品,今天你们回馈给了老师们一件多么完整而优秀的礼物。

在这里,我说一件,就在昨天发生的事情。丰台区信息中心课题组,来园检查我们信息技术的中期课题开展情况。大班的庆庆和回熠阳展示运用编程软件操作汽车,让汽车按规定路线行驶,我说:"庆庆你们要加油啊,你们可是咱二幼的骄傲。"庆庆听到我的话后,回应了我一句,他说:"游妈妈才是我们的骄傲。"当听到这句话的时候,我和所有在场的老师都被惊住

了，随即我们是感动，是欣慰，更是骄傲。从教 37 年，这是我获得的最高奖赏。这就是咱二幼的孩子呀！孩子们，你们是二幼教育的果实，你们是二幼教育的骄傲，你们更是二幼教师对每一个家庭，对祖国上交的一份满意的答卷。

谢谢你们，我亲爱的孩子们！你们回馈给了老师最美的礼物，给了我们职业的幸福与光荣，给了我们人生的价值与意义。

孩子们，今天二幼的老师已为你们打下了人生坚实的基础，为你们的可持续发展注满了能量。今天的毕业典礼，意味着一段时光的结束，也预示着一个新阶段的开始。你们就要像小鸟离巢，将要飞向更远、更广阔的天地，希望你们在未来的小学、中学、大学，在家庭里，在社会上，能一路高歌，一路奋进，一路探索，一路欢乐，让学习的奋斗与美好，让拼搏的努力与快乐，串联起你们今后的日子与人生。

而我们，就像那首诗里所说的，会做你们永远的守巢人，为你们今后的成长喝彩、鼓掌！为你们取得的成就骄傲、自豪！

同时，在这毕业的仪式上，我要感谢各位尊敬的家长三年来对我园及教师工作的支持与配合，共同的目标让我们成为了伙伴，成为了兄弟姐妹。让我们珍惜这缘分，这时光。

最后，孩子们，游妈妈希望你们永远记得二幼，记得童年，记得你们与老师与同伴在一起的一个又一个成长的故事和那欢乐的时光。游妈妈祝福你们上小学早日戴上红领巾，给自己增添一个新的骄傲。孩子们，祝你们一生幸福、平安！

谢谢！

16. 我们永远在一起

——2019年毕业典礼讲话

亲爱的孩子们，尊敬的家长朋友们：

今年的毕业典礼，我们开在了北京小学的宝地上，我们把参观小学与毕业典礼结合在一起，把孩子们对小学的梦想和憧憬与幼儿园毕业季的惜别之情结合在了一起，把过去与未来连接起来。此刻的情境是多么的奇特，又是多么的美妙。

有这样的一种设计和想法，是缘于在我们讨论毕业典礼的时候，老师们说，今年大班的参观小学还没有进行，孩子们都盼望着，我们答应了孩子，不可言而无信。于是一句师言，一个承诺，便有了今天这样一个特殊的毕业典礼。

刚刚参观了北京小学，我想，此刻，坐在这里，孩子们脑海里心驰神往的一定是9月1日即将进入小学的样子，脑海里勾勒的是自己坐在明亮的教室里，戴着红领巾，作为一名小学生的那份神气与骄傲。

孩子们，你们此刻可曾想过，是谁、是什么让你们拥有了即将成为一名真正小学生的资格与能力？你们可能会说，因为我们长大了，因为我们六岁多啦。是的，孩子们，游妈妈当然知道是因为年龄，是因为岁月，但游妈妈还想说，除去岁月和光阴，让你们真正有资格进到小学的，是这三年，父母和幼儿

园老师为你们真正长大、成长，倾尽心力的付出和操劳，以及殷殷的期盼与加持。

刚刚我们看了小片，小片虽短，却让我们在匆匆中回望了你们在园三年的历程。从小班到大班，我们看到你们用插片，从插一朵小花儿到能插出京港澳大桥，插出一方世界；看到你们用积木，从小班最初搭建的那条小路，到后来大班的故宫太和殿和那一座座的摩天大楼；还有，从最初的凌乱的线条涂鸦到描绘出多彩而美丽的一幅幅画卷……孩子们，你们长大了，可是你们知道吗？每一片小雪花插片儿里，有老师的爱，这爱犹如雪花片片落入红泥，润物无声，而你们小苗早已茁壮成长；每一块积木里，有老师的情，这情如块块砖瓦，日累月积，不觉其增，但大厦却已巍然高耸；而每一幅多彩的画卷里，有老师的心，这心亦如天边七彩的虹，在你们那纯净的底色上，慢慢绘画出彩霞满天，风光无限。

孩子们，三年里你们成长了，成长为最棒的自己，也长成了老师最喜欢的模样。每年的小舞台、小展台、绘本节、艺术节，看着你们的舞姿，望着你们的作品，赞叹着你们一个又一个不可思议的创造。我们也欣慰着你们脸上的自信与自豪。游老师和二幼的老师们，亦如那辛勤耕耘的农夫，我们耕耘了三年，守望了三年。如今望向那片金色翻滚的麦田，我们是开心，是快乐。我们感动着生命的奇迹，也感动着教育的力量。

如今三年倏忽，如驹过隙，天天盼着你们长大、长高的老师，而今天却舍不得你们因长大而离去。但，游妈妈知道，有一片新的天地，有一所新的乐园，有一片知识的沃土在等着你们，等待你们去探险，去开垦，那就是小学。

游妈妈相信你们一定会满载而归。因为你们在二幼已经拥有了探险与拓荒的意志和能力，成为了一名能够发现和享受美好的小黑鱼。游妈妈和老师们，在这里祝福你们在新的学校里快乐、开心、全面发展，早日戴上红领巾，用光荣和骄傲向二幼老师汇报。

这个六一儿童节，去年毕业的孩子发来微信，是光荣加入少先队的照片，我看到那小学生眼中的光，看到了红领巾在胸前的自豪、骄傲。孩子们，你们知道吗，那也是游妈妈和二幼老师的自豪与骄傲，因为你们永远、永远都是二幼妈妈的孩子。

同时，今天在这里，我也要感谢我们的家长朋友们，你们用爱、用信任、用宽容与理解，始终与我们在一起，给我们信心与力量。记得，去年东园中二班的张彩霞老师调离工作，中二班的家长会上，爷爷的话始终温暖着我们二幼老师的心房。爷爷说，张老师因为要照顾患了癌症的爸爸而调离，我们应当支持，因为，百善孝为先，这说明张老师的孝与善。张老师能做得这样好，我们相信其他的二幼老师也会一样的好。爷爷，您知道吗？您的话激励着我们所有二幼老师要成为一名好老师，要对得起家长的信任与托付。还是中二班，分别时刻的张老师，为了纪念，也为了留住与孩子们在一起的美好时光，把班中孩子们两年的活动做了一本微信书，刘芳延土豆爸爸和黄旖姝的爸爸为书写序作诗。那序，我们在全体老师会上宣读，感动着我们所有人。今天，我用其中一首诗作为今天讲话的结束语：

致那些纯真的时光

从哭哭闹闹
到跳跳跑跑
欢笑越来越多
顽皮越来越少

从前的短发,都渐渐梳起了小辫
现在的头顶,悄悄超过了您的腰
我已学会从前怎么也做不好的早操
明年,老师又会教给我们什么舞蹈

放学来接的妈妈
手里总带着糖果
早上等着我的妈妈
嘘,我悄悄拔掉她
又一根白发

我们有那么多娃娃
没有一个像我在您面前那么听话
我们用了所有积木
只想搭一个——
所有小朋友,永不分离的家

一年又一年

一夏又一夏
七月的风追着荷花
八月的雨赶着蚂蚱
九月，你还回来吗
孩子，你想我了么

快让我抱着你
在你耳边
说一个秘密
昨天我的梦里
孩子你，忽然长大！

感谢我亲爱的孩子们，感谢我亲爱的家长们，让我们的缘分永续，愿我们永远在一起！

17. 2016 因"乐"而饱满

——2017年新年联欢会讲话

（2016年12月29日）

亲爱的老师们：

2017新的一年，在你们匆匆忙碌的脚步中，在欢快悦动的舞蹈中，在咚咚擂响的鼓声中，在一板一眼的唱腔中，在朗朗铿锵的朗诵中，在碎碎念念的期盼中，在红红火火的对联中，在热闹喜庆的庙会中，迈着它稳健的步伐，向我们走来。

去年的新年联欢仿佛就在昨日，小的时候我们总嫌时间走得好慢，大了以后总感觉时间走得好快。365个日子，时间对于每个人如此的公平，而不同的是，每个人走出了不同的足记，走成了不一样的风景。

这一刻我们回望一年来走过的路程，我想，我们二幼人该是欣慰、踏实，该是满足、安详。因为我们把自己的日子走成了喜悦与感动，走成了果实压满枝头的繁荣与丰收。

2016年，29岁的二幼，以它年轻而充满活力的生命，以它热情而奔放的豪情，推动着前进的巨轮飞速地旋转。我们一路欢歌，和着时代的节拍起舞；我们一路笑语，和着至乐的理念升腾。我们领悟了"乐"的真谛，我们在"乐"中取得了真经。

昨天在东园大厅，读到小娟写的新年对联。

上联：快乐幼儿似新蕾绽蕊顺木之天

下联：至爱园丁如春泥护花参赞化育

横批：寻源至乐

读到此对联，我无限地感动与欣慰，因为，我看到我们一名教职员工对园所至乐教育透彻而精准到位的理解。

上联"快乐幼儿似新蕾绽蕊顺木之天"，写出了在二幼，快乐的孩子们都似花蕾在绽放着自己，因为，那是孩子们在依照着自己的天性与内在节律欢快地生长，绽放着生命之花；下联"至爱园丁如春泥护花参赞化育"，我们教师，就是那园丁春泥护花，在幼教的园地里耕耘并呵护着每一个花朵；而所有的一切美好的得来，便是那句横批所言，"寻源至乐"。究其根源，那是因为我们寻到了教育的根本——至乐。所以，孩子们乐了，我们教师乐了。

老师们，今年的"绘本节"，我们在儿童心田种植的那颗幸福的种子，在慢慢开花。

小小二幼社团，我们帮孩子寻找到潜藏在生命中的秘密，让儿童发现了自己。

在生活课程中，我们与儿童一起享受着生活之美，懂得了生活的魅力所在。

我们的小小插片和乐高，为孩子奠定了走向世界与未来的塔基。

我们的APP、小小动画，让我们，也让别人为之震惊，因为我们推进着孩子们创新的能力和创造世界的力量。

我们的音乐课、我们的建筑区、我们的爱斯基摩冰屋，我们的神舟十一，我们的点点，我们的鳄鱼、长颈鹿，我们的神

奇一线,我们的小马斑比,我们的很多很多……2016 这一年我们饱满而丰盈!

感谢你们,我亲爱的老师!你们把爱献给了孩子们,献给了教育,献给了二幼!你们快乐着孩子们的快乐,喜悦着孩子们的喜悦。你们守望着满塘的荷田,已经碧叶连天。

老师们!二幼因你们而精彩,二幼因你们而骄傲,二幼因你们风光无限!

在这里,我要说,2016 年在我走过的人生中也堪称巅峰的一年,我荣获了全国教书育人楷模的称号。这荣誉够重,这光荣也够亮。

在这里,我还要说,这荣誉是你们的,是全体二幼人的,是你们的努力成就了我,光荣属于你们!2016 年,你们让这光荣更加地璀璨,让这荣耀更加地夺目,更加名副其实!老师们,2017 年来了,承接着这荣耀,这光荣,当然,2017 年二幼将承载更大的社会责任与使命,2017 有着更加瑰丽的蓝图要去绘就,2017 年必将是二幼不断渐进丰润而多彩的一年!

老师们,让我们齐心协力,矢志不渝地创造更多学前的童话,创造更多学前的惊奇!让世界因中国不同,让学前因二幼不同,让二幼因你我不同,让孩子们因我们不同!最后,祝福伟大祖国 2017 年更加繁荣昌盛,祝福二幼更加欣欣向荣,祝福我们的孩子们更加健康、自由、欢快!祝福我们的老师们事事如意!心想事成!阖家欢乐!

18. 2018 新年致辞

（2017 年 12 月 29 日）

2017 年的最后一天，该是盘点和总结的时候。但塞在心里满满的话语，仿佛觉得什么都说尽了，什么都不用再说。因为，一切的一切，都在孩子们的眼睛里，因为那眼睛里有光。我知道，那光是孩子们的心灵成长透出的光亮啊！

一切的一切，都在老师们的脸上，因为那脸上的笑自信而灿烂，我知道，那是思想之源的清泉滋养了老师的脸庞。一切的一切，都在家长的表扬信里，在喜庆的对联中，因为信中袒露着爱，那爱是从家长的心窝里敲击出感激的心跳，暖暖地带着热度。

班级的门上，红红的，喜庆地贴着对联：新苗初开，至乐谱就育才曲；红烛生辉，至爱书写师生情。横批：爱在二幼。这是昨天西园小二班家长写来的对联。无独有偶，"饮露幼苗争促蕊；满园花朵沐春风；横批：万事如意"。这是东园中二班家长写来的对联。而恰恰成趣的是，今年 6 月大班幼儿毕业典礼的时候，大班孩子的家长在送来的锦旗上也写道："至爱至美至朴至诚兴至教，乐善乐趣乐礼乐艺成乐学"。而去年的此时此刻，我们的陈文娟老师也写了一副对联："快乐幼儿似新蕾绽蕊顺木之天；至爱园丁如春泥护花参赞化育；横批：寻源至乐。"

2016年12月29日—2017年12月29日竟会是如此地首尾相应，心灵呼应。

是的，二幼的至乐、至爱教育已深深地扎根在老师和家长的心里，成为一种精神，一种信仰。家长们在我们每天点点滴滴的教育中，读懂了我们，读出了深意，品咂着至乐，也发展着至乐，丰富着至乐。

老师们，我们满足了，我们所有的付出都有了回报，所有的真情都有了回响。2017年，我们无憾。2017年，我们荣耀。在全社会被红黄蓝事件热议到谈学前色变，谈学前教师恐慌的12月，我们却接连接到了家长送来的一封封表扬信，听到了家长一句句真诚的赞美，及家长书写的一副副饱含情谊和感激的对联。我们觉得，此年足矣！夫复何求？

回首2017，是多么饱满的一年啊！党的十九大胜利召开，开启了中国特色社会主义的新征程，中国站在了历史的新方位；习大大"一带一路"提出中国方案，昂首引航世界，令世界刮目相看，世界政党对话，我们彰显大国风范，贡献中国智慧，引无数英雄折腰赞叹；雄安新区，千年大计，国家大事，京津冀协同绘就一幅宏伟画卷；朱日和大阅兵，我们气吞山河，沙场点兵，威武豪迈，让世界知道今天的中国，我们昂首阔步强起来，中国向世界发出了自己的最强音。厉害了，我的国！自豪啊，我的国！

而2017年的丰台二幼，我们的教育也是登高一步，上楼一层！搭建节上，爱北京爱丰台，我们一砖一瓦间引导着孩子们，建设着祖国，也建构着自己丰满的精神世界，我们在孩子们心底种下爱祖国爱家乡的种子，从此孩子成了有根的人。

彩绘节上，我们支持每一个孩子心中的英雄梦想，在想象的世界里赋予孩子们希望与勇气，勇敢与正义。有梦的孩子从此知道了方向。

2017年里，"神舟五号飞船"在孩子们的手中建成升空；"三峡大坝"在孩子们手中矗立泄洪；"万里长城"在孩子们手中蜿蜒千里；"国子监"在孩子们手中焕发出新的生命，孩子们在童年的世界里续写着中国的历史与未来，文明与灿烂；而在孩子们心中，101层的房子里住着一个大同、和平而温暖的世界。

2017年，我们去支教青海，把爱传出去，让世界充满爱的同时，那爱也丰盈了我们自己；2017年，我们创新伙食花样，一个个动物精灵，在食堂老师的手里有了新的生命和意义。当孩子们胖了的时候，老师们乐了，乐得开心，乐得满足，乐得笑出了深深的酒窝，成了人生中最美的定格。

2017年，我们二幼有数也数不清的故事。因为，我们还有乐高主题微电影；还有河马先生的一天；还有男生节、女生节，还有克里姆特的玫瑰花园；还有鳄鱼吃也吃不完的菜地；我们还有礼仪之邦，有汉服，有诗与远方；还有玉兰树下的那次约会。2017年里，二幼的活动精彩纷呈，目不暇接。

老师们，我们的智慧不穷，我们二幼的故事不断；我们的热爱不减，我们二幼的奇迹不完。正如习总书记所讲："我们一件事情接着一件事情办，一年接着一年干"。从2015年我们写到2016年，从2016年我们写到2017年，从2017年我们写到2018年，我们有理由相信，2018年，我们会讲述出更加美丽的二幼故事，我们会设计出更加完美的二幼方案，我们也会创造

出更加精彩的二幼活动,当然我们一定会贡献给社会更有价值的二幼教育。

感谢你们——我亲爱的老师!你们把青春,把智慧,把爱献给了孩子们,献给了教育,献给了二幼!你们是春泥护花的使者,你们是学前教育的英雄!

老师们,2018年的钟声就要响起,新的号角会更加嘹亮,让我们以更加饱满的精神,以更加昂扬的斗志,撸起袖子加油干,一张蓝图绘到底,以拼搏为美,向行动致敬,让世界因中国不同,让学前因二幼不同,让二幼因你我不同,让孩子们因我们不同!因为我们坚信2018年会更加美好!

最后祝我们伟大的祖国繁荣昌盛!祝丰台二幼明天更加美好灿烂!祝我们的孩子们更加健康、自由、欢快!祝我们的老师们事事如意!心想事成!阖家欢乐!

19. 助力孩子攀越那座没有陡峭的高峰
——丰台二幼幼小衔接工作讲话

尊敬的各位领导、老师们:

大家上午好!

在这最美的季节,丰台二幼迎来了诸位教育同人,这让二幼的春天更加绚烂。首先,我代表丰台二幼欢迎大家的到来,也感谢教研室给我们二幼一个与大家学习交流的机会和平台。

大概十年前,二幼就动念做幼小衔接的工作。那时还不分学区,二幼毕业的孩子,都去了海淀、东城、西城。我们做过统计,80%多的孩子都流失了。我的心很疼,疼在我们辛辛苦苦培养了那么多优秀的孩子,却没有留在丰台的小学里。那时候我就想,让小学的校长、老师们走进幼儿园,来给大班的家长们、孩子们做一些讲座,讲一讲我们丰台小学的教育和优势。

前年,我的愿望终于实现了,由支梅和朱世诚院长倡导,由学前教研室领导,由部分小学和幼儿园参与的幼小衔接立项研究,并取得了可喜的成果。我很感动,也很敬佩,院长们是懂教育的,是研究真学问的。因为今天的研究项目,不是我当年的那淳朴的、仅仅是对于丰台教育的一种情怀,院长们的视野更加高远,对儿童的关注更加深刻,今天幼小衔接项目立足

在对儿童生命成长的研究。

受此启发,今天借此机会,我向大家交流、汇报一下,我对幼小衔接于儿童发展价值的三个思考。

华德福教育创始人鲁道夫-斯坦纳说过,"教育始于孩子让我们为难的那一刻"。儿童早期会经历两次重大时刻,让教育者最为难:一次是从家庭向幼儿园过渡,从父母的臂膀走进老师的手边,一次是从幼儿园向小学过渡,从无忧无虑的童年转入以"科目"学习为主的小学。

那么,在孩子面临生命转折点的时刻,我们到底为他们做了什么?

思考一:帮助儿童完成从被呵护到自我独立的精神成长

经常遇到五小校长李磊,因熟识所以真诚地对我说:"你们幼儿园对孩子照顾得太多了,太细,入学后不能很好地适应学校的生活。"的确,幼儿园由于孩子入园时年龄过小,家长的过度紧张与关注以及学前发生的诸多事件所带来的巨大压力,当前的监控全覆盖,使得我们的教育与服务细中更细。当然,李磊校长的话也让我反思作为一名教育者的责任。

儿童必将逐渐长大,他们终将要走向一个需要独自面对的世界。作为成人的我们,如果说我们今天能够很好地适应这个世界,那是因为曾经的孩童时代给了我们适应世界的能力,儿童时期为我们提供了未来生活的基础。因此,在幼儿园阶段,特别在大班幼小衔接阶段,我们在关注儿童身体成长的同时,更注重儿童精神的成长,让孩子的精神世界从弱小到强大,从单调到丰富,从外在的行为独立到精神的自我强大。因此我们鼓励孩子们轮流担任"爱牙小卫士"志愿者,承担幼儿园公共

区域卫生，组建雾霾宣传小分队，"世界环境日"走上街头小区宣传环保理念，"地球一小时"和家长一起在家自觉熄灯一小时，让孩子们在责任中学会承担，在生活中发现自己的力量。

思考二：帮助儿童实现从生活到学习的跨越

儿童从玩具到书本，从游戏到知识，从幼儿园到小学，从生活到学习，对于儿童来讲，是一座需要去攀登的高峰。幼儿园有责任为孩子们做好攀越高峰的准备。我们幼小衔接的任务就是：要将这种外在环境改变所带来的，对于儿童适应能力的挑战，自然顺畅地、润物无声地分解，进行提前的应对，从能力和精神上为孩子们做好应对变化的准备，让他们有能力和勇气去面对未来未知的挑战。

为此，我们在儿童的活动方式上，在教学方式上，在生活的节奏上做了很多工作。如：入学教育、参观小学、体验课间十分钟、小组式的合作化学习、学习制订各种活动计划、开展社团活动等，以此培养儿童能够独立照顾自己的能力，努力去接近幼儿上小学以后的生活和学习。

思考三：完成从留恋幼儿园到向往小学校的情感转变

幼儿园是儿童从家庭走向社会的第一步。较之于知识与能力，美好的情感是孩子们一生当中最珍贵的财富和储蓄，因为文化的终极目标是培育"爱与善良"。因此，我们重视儿童的童年经历，我们认为对儿童感受与记忆的关注，就是对生命的敬畏，对爱的呵护与保存。由此，我们追随孩子们的愿望，开展《幸运的一天》体验活动，孩子们自主选择跟随，试做一天幼儿园门卫、老师、食堂老师，感受幼儿园里为我们辛勤付出的人；我们支持孩子们完成"在积木区搭建一艘诺亚方舟，装下班里

的每一个伙伴和老师，一个都不能少"的愿望，让儿童心中装载下对教师的感恩，对同伴的留恋，对童年美好的珍藏。

　　同时，我们注重培育孩子们对小学、学习、未来的向往，激发他们对新世界的憧憬，让儿童美好的情感之泉，从过去流到现在、从现在流向未来，从而培养儿童一生拥有感受美好的能力和朝向美好的情怀。

　　至今二幼的孩子和老师都记得，去参观北京小学的时候，李显洋校长送给孩子们每人一个大苹果。那红红的苹果，留给孩子们最初对小学甜甜的认知，那份美好永恒地定格在孩子们的心里。我们知道，这记忆也将伴随孩子们一生的成长。

　　童年留在人生大树最核心处的年轮里，它始终在为人的一生提供滋养；童年是成年的发源地，我们都是儿童的子嗣。从幼儿园到小学，这是儿童成长过程的必经阶段，也是人生中不可重复的生命时段，因此，做好从幼儿园到小学的转折，是儿童整体幸福的重要组成部分，希望通过我们大家的共同努力，让每一个孩子都拥有更加顺畅美好的人生。谢谢大家！

20. 教师节的礼赞

九月十日是一个石榴树结满累累果实的日子,九月十日是一个到处闻听"老师您好"的日子,九月十日是光荣的人民教师的节日。

这一天,作为幼儿教师,我们自豪,我们骄傲。鲜花绽放出孩子们的爱心,贺卡表露着家长们的情意,而"老师您好"是无限的尊重与感激。

这里我们捧下孩子们的爱,这里我们接下家长们的信任。而此时此刻,作为幼儿园园长的我,也想对家长们吐一吐我们幼儿教师的心声与真情。

尊敬的家长们,我想说,教师的职业是崇高的,教师的职业是神圣的,教师是那点灯的人,教师是那燃烧自己照亮别人的人,但同时,教师亦如各位家长一样是一个平凡的人。她们同您一样有着丰富的情感,同您一样有着母亲般的情怀,同您一样善良可亲,同您一样有自己的喜怒哀乐。

尊敬的家长们当您把您的孩子交到我们手中的时候,同时交出了信任与尊重。我们心存感激,我们不敢轻心。因为我们知道,您交给我们的是您的希望,您的生命的一部分。我们明白自己肩上的担子,我们清楚自己的责任。我们想给予孩子最

体贴的关心,想给予孩子最细致的照顾,想给予孩子最完整的慈母般的爱、严父般的教育。因为,我们是人,我们是教师,我们也是母亲。

当您看到自己孩子的点滴成长,为孩子的一句"妈妈累了您坐,妈妈请喝茶"激动不已,忍不住掉下眼泪,忍不住见人就夸的时候,我们理解您心中的满足,我们知道您心中的喜悦。因为,我们的老师也同您一样,当看到孩子那稚趣的绘画,看到灯泡在孩子手中发亮,看到小伙伴摔倒立刻扶起来的时候,我们的老师心中同样荡漾着幸福,同样兴奋无比。因为,老师得到了她最高的奖赏,孩子的成长比她自己的成功更加令她快乐。

当您的孩子在家淘气,不听话的时候,您大概会严肃地说上几句,甚至会给上两下,会生气。因为,您爱他,您有着很大的期望。而您是否能体会我们的老师,她们也同您一样,当您的孩子又把别的小朋友打了,当他把大家刚刚搭建好的建筑一下子推倒成为一堆废墟的时候,老师忍不住会批评他,会指出他的错误。而这时,您可知道,我们的老师却没有半点的不喜欢,没有丝毫的嫌弃和讨厌。她们只是在为孩子早日成长为懂事而乐于助人的人而着急。

尊敬的家长您可知道,当您的孩子清晨来园哼唱着欢歌,洋溢着笑脸,喊着那声清脆的"老师早"的时候,我们的老师心中一片春天,一片阳光。而当您的孩子带着哭泣,有着不情愿的时候,老师的心中是如此的自责,一种如同自己做错事一样的内疚与不安。因为,您的孩子也已是老师的孩子,是农夫辛勤耕耘田中的青禾,她期待着收获,期待着硕果。

这就是我们的老师，平凡岗位上的平凡的人。她们肯定会犯错，肯定有不尽如人意的缺点，但那绝不是她们的本意。

当您有不满意的时候，请您坦诚告诉我们，不必担心老师会报复，不必有过多顾虑。因为孩子们的天真与无邪，把她们的心感化得同样率真与善良。知识的学习与积累，把她教育得明白事理与通晓人情。而家长的信任，是对老师人格最大的肯定与鼓励。

请给她们以理解，以宽容，请允许她们有错就改，请承认她们是人而非神。

教师节，我们知道家长和孩子饱含着对老师的一片真情，一份感激，您的一句"祝老师节日快乐"，我们已经是满满的幸福，您的一句"老师辛苦了"，我们已记下您的那份尊重与爱戴。

让我们携手并肩，让孩子们健康成长。

21. 教师节师德讲话

非常感谢老师们给我和我们大家提供这样好的一次学习与受教育的机会。今天和前几天,各位老师的演讲非常感人,令我们鼓舞,令我们感动,使我们看到在二幼这片青青沃土上,生长着爱,充满着真,洋溢着美,流淌着善。

请让我在这第 20 个教师节——我们自己的节日里,把鲜花与掌声献给你们,把赞美与敬意献给你们,把喜悦与欢乐献给你们,把祝福与吉祥献给你们。

我曾讴歌幼教人,讴歌二幼人,今天我依然把赞美与讴歌献给你们。多少回的讴歌都不能道尽我对你们的崇敬,多少次的赞美也表达不完我对幼教人的尊重。只缘,我也是一名幼教人;只缘,我在幼教田园耕耘了 8000 多个日日夜夜,播种了 23 个从春到夏,从秋到冬的光阴岁月。

我刻骨铭心地懂得幼教人的崇高与平凡,我切肤痛首地明白幼教人的伟大与渺小。

是我们年轻的老师,心中装满炽热的、沉甸甸的爱,所以,我们成为孩子心中最好的老师。

是我们年轻的老师,脸上荡漾着热情的、真切的爱,所以,我们成为孩子眼中最美的老师。

当我们面对那苹果一样红红的脸,蒜头一样的小圆鼻子,我们知道我们每天都在续写着"春天的童话"。

当我们注视那稚嫩得清澈无邪、充满好奇与渴望的目光,我们知道我们每天都在拨动着"童心的翅膀"。

用爱载着孩子们飞翔,把爱化作春风细雨,我们是春天的使者,我们是阳光下的女神。

"捧着一颗心来,不带半根草去",是我们无私的追求;"甘为春蚕吐丝尽,愿化红烛照人寰",是我们奉献的写照。

二幼人记得,多少个夜晚,我们挑灯夜战,把活动室装扮得如诗、如画、如梦;当拂晓的微光揭开我们的面纱,我们看到的是天使的笑脸。

二幼人记得,多少个周六、周日,我们抛舍开亲人,在新的目标、征程上,攀登挥洒,汗水和着泪水为我们绽放出朵朵胜利之花。

二幼人记得,多少次,父母、儿女、丈夫生病的床前,没有我们的陪伴,那份牵挂、那缕缕情思,化作春风细雨滋润在二幼孩子的心田。

二幼是我们的爱,二幼是我们的梦,二幼是我们祈盼长大的儿女,二幼是我们生命的血与肉。

是我们用柔弱的臂膀,擎起二幼的天空,所以,我们伟大。

是我们用纤纤细手,描绘着二幼的锦绣画卷,所以,我们美丽。

是我们用炽热而温暖的爱,滋润了那棵棵幼苗,所以,我们高尚。

是我们用自己的奋斗把一个零的纪录,改写成今天的这份

成绩与骄傲,所以,我们崇高。

二幼在一天天变化,二幼在一天天发展,二幼在一步步走向灿烂。

这里凝结着我们多少心血,这里饱含着我们多少汗水,这里记录着我们多少付出与拼搏,这里印刻着我们怎样的追求与梦想。

今天讲述的二幼,是我们不断努力和坚持打造出来的成绩与骄傲。这里面,没有侥幸。

二幼的老师们:

我们是伟大的母亲,我们亦是丰厚的土地。在我们的沃土上,生长着甜润的歌,生长着轻盈的舞,生长着动人的故事,也生长着辉煌的历史。

二幼的老师们:

我们知道,我们要的不是掌声,不是夸赞,

我们要的是孩子那一串串甜甜的笑声,

我们期望的是孩子那脸上浮出的笑靥。

我们渴望的是繁华落尽后内心的喜悦、踏实与平安。

幼教有了我们,孩子得以发展。二幼有了我们,园所得以辉煌。教育有了我们,国家得以腾飞。

愿我们每一位老师都傲然站立在二幼希望的田野上,站成一片无边无涯的青青芳草,站出必来的一个又一个春天。

借此之际,向所有在座的,为二幼做出贡献的老师们道一声"致敬"说一声"感谢"!谢谢你们!

最后献给大家一份迟到的节日祝贺:祝大家教师节快乐!

22. 幼小衔接参观北京小学讲话

孩子们：

今天你们带着期盼，带着梦想，带着很多疑问，参观了渴望已久，想象了很久的小学校——北京小学。

小学校里一切都是那么的新鲜。这里有一排一排的课桌，有明亮的教室；有宽敞的图书馆，图书那么多，操场也是那么大；还有，戴上红领巾那一刻你们是不是真的很神气、很高兴？还有大哥哥大姐姐都是那么和蔼，那么友善；校长、老师都那么亲切、温暖，跟我们二幼的老师一样，还送给了我们甜甜的大苹果。小学校一切都这么新鲜而美好呀。是的，小学校就是这样的美好。

但游妈妈也能知道你们的小心思里，其实也还有一点点的疑问，你们会想，这里没有我们想象的屋顶花园儿呀？为什么小学校没有我们幼儿园那么多玩具呀？小学校总让学习，不让玩吗？是的，小学校对你们来讲一切都是那么的新奇。就算今天参观了，但仍有很多的疑惑，很多的问题，存在你们的小脑瓜儿里。

孩子们，这就是因为它是小学校呀。小学校，小学生有很多的秘密哟，期待着你们自己进入到小学，在 6 年的小学校里

慢慢地找到答案。

小学学习,是我们每个人都必须要经历的学校生活。因为我们都要长大,要学知识,长本领,所以小学留给了我们每一个大人很多美好的回忆,当然游妈妈也有很多的小学生活的美好的记忆。

我记得,我上的小学校叫丰台镇中心小学,小学校时我参加了学校鼓号队,背上那个鼓打起来真的很神气,很自豪;我还记得下课十分钟,我们女孩子聚在一起,跳皮筋儿,跳房子,十分地开心,两个小辫子也随着皮筋一跳一跳地上下翻动;还记得,我上课回答不出问题的时候游妈妈也很紧张,低着头怕看到老师的眼睛;还有我们那时候放学是一个班一个班,排着整齐的队伍,唱着一首接一首的歌,歌声嘹亮而高昂,可壮观啦,可精神了!我还记得,小学的考试卷子好大呀,好多的题,要使劲地答。当然啦,今天的这一切都发生了很大的变化,小学校又有很多新奇的事情,你们回去可以问问爸爸妈妈,他们的小学生活是什么样儿的?

孩子们,再过两个多月,2018年9月1日,你们将成为一名真正的光荣的小学生了,坐在宽敞明亮的教室里学习。看到你们长大,游妈妈特别地欣喜,所以今天游妈妈在这里也祝福你们,希望成为一名小学生后要"好好学习,天天向上",多学知识和本领,长大为建设咱们美丽的中国,为我们祖国的发展做贡献。游妈妈盼望你们早日戴上红领巾,成为最棒的自己,那时候你们要回到幼儿园来看游妈妈哟,看望你们的老师,向游妈妈和老师汇报你们的学习成绩。

小学校里有许多的秘密,有许多的知识奥秘,等待着你们去学习、去寻找、去发现,所以孩子们做好准备,为上小学、成为小学生做好准备,然后把自己成长为一名合格的小学生!

2018 年 6 月 9 日

23. 乘风破浪会有时

——丰台区"十三五"教育工作大会发言

尊敬的各位领导、亲爱的教育同人们：

大家好！

今天在这样一个具有划时代意义的丰台教育工作大会上，代表丰台全体教师讲话，我感到很荣幸，同时也很激动。

就在昨天，我刚刚参加完"2016年全国教书育人楷模"座谈会，陈部长的认可和嘱托仍在耳边，我备受感动与温暖。我知道，这一份荣誉，浸透着全体丰台教育人的教育情怀和辛勤汗水，这一份嘱托，也鼓舞了全体丰台教育人继续拼搏的豪迈志气！

刚刚聆听冀岩区长的报告，我的内心再次振奋。报告字里行间渗透着区委、区政府和各级各部门领导对丰台教育的理解和思考、关心与支持。从宏伟蓝图到具体的落实意见，处处可见丰台教育以《北京市丰台区"十三五"时期教育事业发展规划》（以下简称《"十三五"规划》，编者注）为契机，迎接教育深化改革的浪潮，从国情、区情出发，遵循教育科学规律、尊重人的发展规律，理论联系实际，坚持以优质均衡为导向，推进丰台教育现代化、国际化进程，实现丰台从教育大区向教育强区转变的决心和信心！

我们似乎看到了为丰台教育腾飞擂动的隆隆战鼓，听到了丰台教育人齐头迈进的嘹亮号角。当然，我们更深深感到了自己肩上承载着前所未有的使命与责任！

在此，我谨代表丰台全体教师庄严表态：

一、要做有理想、有情怀的教育领跑者

教育需要理想，教育需要信念，远大的志向、纯粹的心灵、高尚的节操，是实现美好蓝图与目标的基石。树立崇高的职业信念，把教书育人当作自己的伟大使命，我们的教育才会灿烂，我们的学生才有希望。在实现"十三五规划"的道路上，我们要以使命与梦想点燃园所、学校每一位干部、教师心中的火焰，激活每一位教师向着共同目标奋进的激情，将一个个具体的目标、一项项强劲的挑战最终转化为学校那欣欣益然、充满生机的精神风貌与文化神采！

二、要做干部、教师发展的支持者

教育需要人才，领跑需要队伍，丰台教育的腾飞离不开可亲可爱的教师们！《"十三五"规划》中对干部、教师的培养与培训从内容到措施手段，更加务实灵活，也更加开放多元。这体现出管理者对教师成长的尊重与接纳，更体现出教师成长与事业发展一致性的理念，更具人性化，更具可持续性，是丰台教育生态发展的最好体现！我们要做好教师发展的支持者，一定为教师搭建好学习锻炼的平台，尊重和发挥教师的不同个性所长，加强教师队伍建设，使得教师在工作中获得自我价值感，在团队中获得强烈归属感，并在奉献中获得职业幸福感！

三、要做富有思想和智慧的学校建设者

懂教育，先要有真学问。富有思想和智慧，是我们每一名教育者从内心所追求的最纯朴的、最本真的愿望。然而思想的成熟、智慧的顿悟、经验的提升，必是在学习实践与反思提炼、反复研磨的过程中逐渐获得的。正如教育部长所说："教育是传授知识的事业，也是科学的事业。"我们要做有思想和智慧的学校建设者，要依据丰台区总体规划的蓝图，描绘自己校园的画卷，带领老师们继续加强对教育科学理论的研究与学习，继续加强对教育政策法规的学习与坚持，继续加强对实践探索的追踪与研讨，在课程特色、校园文化、教师培养、队伍建设等各项工作中形成自己的特色，打造出更多的丰台教育名片，回馈社会，办好让人民满意的优质教育！

老师们：迈向教育强区的号角已经吹响，丰台教育"十三五"画卷已经展开，我们全体教育人，满怀信心、满怀希望，心怀使命、志存高远、凝心聚力、开拓创新，乘风破浪会有时，直挂云帆济沧海！

值此教师节之际，祝全体同人节日快乐！

24. 让生活之树繁花如锦

——2018年3月8日"品生活 乐分享"三八活动讲话

感谢老师们的讲述与分享,把你们珍藏了很久的美好记忆与时光给了我们,让我们听得入了神,入了定,听得欣喜,听得感动,听到泪水打湿眼眶。每一件器物的背后都有一段难忘的故事,一段珍贵的记忆,一段鲜活的历史,而生活中这些不起眼的物件儿就这样默默地守护着我们的岁月,陪伴着我们的生活,将我们的生活连接成了美好日子和岁月。

一、让自己的生活更加有味道,有意义,可品咂,可回忆

今天,我们之所以搞这样一个"家庭中的小物件,品生活乐分享"活动,其目的就是让大家通过讲述与展示,领悟生活中的美好,培养起我们对待生活的积极态度,从而拥有一个良好而诗意的生活方式,培养起自己对美好事物的吸收能力,感知能力和热爱能力。

刚刚赵静怡老师讲述了自己家平房的"门牌号码"。"门牌号码"见证着几代人的生活,见证着家庭在社会发展中的变迁,它犹如一位老者在那里默默地诉说着曾经与过往,我们通过这门牌号码,听到了赵静怡一家人对家的依恋,家的温暖,对家

的认同与归属，也听到了一家几代人暖暖的温情和平凡朴实的日子。而这日子在一个门牌号码这里化成了永恒，如一坛被尘封的老酒，时间越久越醇厚而浓香。

刘玲玲老师那枚没有别针的毛主席像章，从童年保留至今，从童年攥到今天，是毛爷爷陪伴她度过了童年无数漆黑而孤寂的夜晚，给予了一个2岁女娃娃独自扛过无数黑暗的精神力量。我想玲玲无论今后她面对怎样的孤独与困境，那毛爷爷的像章都会在她的心里永驻并灌注力量。

还有张彩霞老师的BP机，见证着岁月与社会的发展，也见证着夫妻两个人从相恋到相爱到结婚到今天，风风雨雨日子里的坚守与珍惜。

我们每个人的生活，不一定都顺利，我们的生活常常出现不如人意，会遇到困境、伤心、挫折，但如果我们具备了对美好事物的热爱的能力，那么我们就具备了幸福的能力。所以老师们，让我们慢慢地培养自己，让自己的生活更加有味道，有意义，可品咂，可回忆。

二、让自己走上一条美好的生活之路

我们的美好生活要靠一些物质来承载，小时候是玩具，长大以后是一些物件，这些物件供我们把玩、观赏、触及、回忆。就如刚刚老师们收集的那些大海螺、小葫芦、筷子架、BP机等，我们慢慢捡拾生活，慢慢捡拾美，慢慢捡拾着人类的文化，也捡拾着人生的快乐。这些物件点缀和记录着我们一路走来的生活，串联起生活的点点滴滴，让日复一日的平凡的日子，有了故事，有了美丽，然后我们把它装在心中幸福的小篮子里。

如果我们把生活比喻成一棵树，那这些个小物件儿，小玩意儿就是我们生活之树上开放的花朵，最终会形成一树繁花，一树锦绣。

我的家里到处绽放着我的生活之花，有在798淘的非洲的一对犀牛小书档，纯手工并不精细，但带着千里异国的风景与工匠的味道，也记录着我每一次去798那一次次对艺术的追求。家里也有去看米开朗琪罗画展购买的小茶盏，喜欢那古朴的酱色，带着黄色小米粒大的斑点，但我知道潜意识中我更想为此次画展用一个物件作证明，犹如一个曲别针，标记着自己曾经看过这伟大而不朽的画作。我喜欢每一次这样的经历和日子。所以，我收集了艺术家朋友的小铜雕，云南之行的树根小花瓶，高碑店古典家具的小雕板，等等。岁月被物件装点，心中被花朵填满。

三、在享受物质带来美好生活的同时，过好我们的精神生活

刚才，杨老师在描述她的木雕之美，得意之情洋溢脸上；小爽在述说着她的布老虎之美，感恩之情装满心间；还有胡老师的海螺之美、二八大杠自行车等等。我知道除去这些物件本身的材料和形式之美，令我们感动和记忆深刻的是它们的精神之美、内涵之美。好看的雕板，花纹背后是那一家人的美好期盼，一家人的红红火火和木雕师傅一刀一斧之间对美的理解和感悟；奶奶的布老虎，那一针一线中密密缝着、牵绊着老人家对小孙女儿的疼爱，对家族的传承与延续的期盼，也表露着奶奶对生活的热爱与中国女子的巧手和淑娴。

门牌号码的美在于情愫，木雕的美在于它外在与内涵美的

统一，海螺的美在于自然的力量，布老虎的美在于文化的传承与根脉。讲到这里让我想起一首歌叫《从前慢》，这首歌的一句歌词是这样写的："从前的锁也好看，钥匙精美有样子。你锁了，人家就懂了。"一把锁，一段情，这几句话里有多少的深意，有多少的诗意，有多少的情愫，有那一代人的情感行为方式、价值观、人生态度与审美。

这是一种多么高级的生活状态，这是一种多么动人的生活习惯！所以老师们，让我们爱生活，懂生活，会生活，培养自己感受生活之美的能力，学会从器物中获得滋养，培养我们享受物质生活与精神生活共存的习惯和能力。

25. 谈家风心曲　谱园风师魂

——2019年三八节家风活动讲话

亲爱的老师们：

三八节，在二幼是一个隆重而备受关注的节日。这大概是因为，幼儿园女同志多，我们平时如女汉子般工作，所有的问题自己扛，所有的事情自己干，而在这样的一个节日里，终于找到了一个自我疼爱，自我重视，自我认知、共识我是妩媚而温柔的女性的节日。

于是，每年的三八节活动成了二幼工会人的一种期盼，她们期盼着能给老师们设计出一份温馨与温暖，设计出一种美丽和芬芳，设计出一种女性的味道与甘甜，让我们作为一名女性，抑或一个女儿、一位母亲，值得用一生去回味、品啜这活动的深意与其中的况味。

去年三八节，我们开展的活动是"品生活，乐分享"。老师们所带来的一件一件器物，所讲述的一个个故事，至今鲜活而动人，历历在目，那事、那物，始终感动着我们，影响着我们。那次活动以后，让我们平凡的生活中，多了一种思考，也多了一个习惯。每添置或丢掉家中一件器物时，总是要想一想，这件器物之于家，之于我们，之于生活的意义何在。我们更加珍惜那曾经陪伴我们走过悠悠岁月，承载过我们浓浓情感的物件，

更懂得珍惜岁月中点点滴滴的平实与美好。回想这一年，我们生活的小篮子里真是多了许多美丽的花朵和青翠的枝蔓。

基于去年的活动，今年，三八节依然想让那美丽和芬芳继续弥散在二幼家中的每一个人上，也让这芬芳在二幼这个大家庭中氤氲，历久弥香。所以今年我们开展的活动是：讲讲我们每个人的家风。

我们每个人都从家庭走来，从社会学角度上讲，家庭，决定着一个人的人格基调。从出生到成长我们每个人都带着家的滋养，家的熏染，家的陶冶，慢慢我们长成了今天的模样。我们不仅从DNA上遗传着祖辈们的血脉，保留着他们的样貌，我们也从思想上、行为上，以及我们对世界的认识上，带着家人祖辈的气息、味道，秉持着家人的风格、风采，镌刻着家人传给我们的记忆、烙印。于是，家风紧紧地跟随着我们，想丢也丢不掉，想逃也逃不了。

就这样，我们带着一辈又一辈，一代又一代的气息味道。走着走着，走成了学生，走成了老师；走着走着，走成了妈妈，走成了奶奶或姥姥；我们也将走向更加遥远的未来。因为，我们的灵魂不死，我们的精神永在，我们祖祖辈辈绵延不绝，永远地唱着家风的调调。

在我们谈家风的日子里，三八节，我给张书记发去微信祝福，而同时获悉，张书记的妈妈于3月7日下午走了，永远地走了。周日一早，张书记给我发来了全家人给妈妈的悼词。悼词很感人，而悼词中最核心的表达，便是妈妈留给全家人的家风，留给后人的精神能量。

亲爱的妈妈：

……

亲爱的妈妈，您是带着满意的笑容走的，所以才这么安详与从容。您用勤劳、正直和包容培育了一个不甘平庸的家族，家风，团结友爱的家庭，赢得了他人的刮目相看和羡慕称颂。

妈妈，我们知道父亲48岁就撒手人寰，给您留下了生命难以承受的重压。您把几个儿女紧紧搂抱在怀里，含辛茹苦，坚韧顽强，不向他人伸手、不向命运低头，用一个母亲才有的大爱把我们抚养成人。妈妈，我们以您为荣，我们也无愧是您的儿孙。这是您留给我们最宝贵的精神财富，我们会世世代代薪火传承。您的风水让子孙后代受用无穷。

……

我想，听到这里，我们知道这是一家人对母亲一生最高的礼赞。因为妈妈给了一家人至高至尊的精神财富，给了家人至远至深的最好风水，给了这个家至丰至厚的无形资产。

人们说，一个女人就是一个家，看一个女人便看到一个家的样子，看到一个家的未来。所以我想：女人如歌，在静静的日子里浅吟低唱；女人如水，在清清的原野上灌溉流淌；女人如茶，在悠悠的岁月中历久弥香；女人也如铁，在熊熊的炉火中淬炼成钢。

我们三八节选定这个题目："说家风心曲，谱园风师魂"。我们老师们讲了那么多感人至深的家事，述说了那么多质朴至

简的做事做人的道理,我们每个人都从祖辈那里,家庭那里习得与传承了那么多优秀的品质、品行,成为一个有道德、知廉耻、明事理的人,一个善良的人,一个心中有规矩的人。这些家风、家训,惠及我们终身,恩泽我们一生。我们要感谢我们的祖辈,让我们成为一个大写的人。(这是我们活动的前一部分——说家风心曲,我们的后一部分——谱园风师魂。)

大家一定知道,在园所里搞这样一个活动,我们一定不会仅仅只是要说说自己小家的事。因为,没有小家,就没有大家,没有大家更没有小家。有一首成龙的歌曲《国家》,歌词是:

> 都说国很大,其实一个家,
> 一心装满国,一手撑起家,
> 家是最小国,国是千万家,
> 在世界的国,在天地的家,
> 有了强的国,才有富的家。

这首歌是在讲国家,教我们爱国,爱家。我想今天把它借喻为讲二幼,讲园所。

老师们,我们在家为人女,为人母,为人妻,为人奶奶、姥姥,我们擎起一个家,养育一个家,建设一个家,亦如张书记的妈妈。传承着家的薪火,家的精神血脉,我们希望给子女一份好的家产、家风。

而家庭是社会的细胞。家风连着园风,园风连着国风。家风影响着园风,园风也滋养着家风。

在二幼,在这里,二幼是一个家,二幼这个家由我和你们

每个人组成。我们是二幼家庭的一成员，一儿女，一老师，一妈妈。我们既是二幼的子女，也是二幼孩子们的妈妈。二幼还有无数可爱的孩子，需要我们浸润着他们，滋养着他们，引导着他们。他们在看着我们，学习着我们，模仿着我们，继承着我们。

所以，我们要知道我们肩上扛着的分量，我们应知道我们该成为什么样的妈妈、老师，该有怎样的师风与家风，该给孩子们的童年、一生涂抹上怎样的底色！

同时，二幼这个家，是我们大家的家，需要我们共同经营。我们每个人的思想、行为，构成了家的风气、家的风貌、家的风格。老师们，热爱这个家，维护这个家，建设好这个家，让中华优秀的传统和文化，让我们每个人身上优秀的品质在这个家延续、传承、发扬。

今天老师们写出了这么多二幼的家风——善良、和谐、奉献、诚信、关爱、互助——是因为，我们从父母、祖辈那里给自己身上贮存了这许多的美好与德行。让这些美好与德行继续薪火相传，生生不息！

老师们，家不仅是我们遮风挡雨的地方，家更是我们心灵栖息的地方，家也是我们扬帆远航的起点。

26. 行走在至乐课程的路上

——丰台二幼至乐课程的思考

各位尊敬的领导、专家老师们：大家好！

伴随着 2018 年最后一个月的到来，北京迎来了萧瑟的冬天。然而，此时的丰台二幼却暖意盎然，我们相聚于此，共同就幼儿园课程的建设与实施进行研讨。在此，我代表丰台二幼全体师生对大家的到来，表示最真诚的感谢和热烈的欢迎。

2015 年，丰台二幼成功举办了"寻教育之源，至教育之乐"办学实践研讨会。自那以后，丰台二幼对课程的研究和探索一直没有停止，因为，课程是实现儿童发展的基石，是园所发展的依托。我们一直在进一步思考、完善和整理二幼的至乐课程体系，而且我们惊喜地发现，正是二幼的至乐课程体系，回报了我们幼儿的快乐发展和教师的专业成长！

今天，我要和大家分享的有两个部分：第一部分，我主要讲一讲我园园本课程的来源与基础；第二部分，谈一谈丰台二幼至乐课程体系框架和上位思考。

第一部分，我们对园本课程的认识。我从四个方面进行阐述。

（一）园本课程一定是本园的，不是别园的

我园曾经就"二幼园本课程有哪些内容"这个问题进行讨

论，大家纷纷列举出了我们"主题下的活动区项目活动""建构活动""立德树人的德育教育活动"等等。当我问："那么咱们正在收集的，以《3—6岁儿童学习与发展指南》（以下简称《指南》）和《幼儿园快乐与发展课程》为依据，并经老师们修改的五大领域教案，不算是园本课程？"大家则一起摇头。从那次讨论中看出，我们的老师认为，园本课程应该是本园特有的。于是我们开始弄明白到底什么才是园本课程。经过学习，我们弄清了，园本课程不是园本特色课程，它是幼儿园为了达成教育目标所实施的一系列教育的总和。于是，我们再次梳理了丰台二幼至乐园本课程的内容与体系。

在整理的过程中，我们发现，二幼所有的教育内容，无论是自己独有的，还是借鉴了其他课程的，都具有这样一个特点，就是在实施课程的过程中，都会结合二幼本园的课程理念、课程主张、课程目标、课程优势、课程手段进行"改造"，将其进行园本化的加工，使这个课程更加适合本园儿童的培养目标和方向。课程彰显着园所的文化传承、资源优势、发展所需、领域优势等。

（二）园本课程中的灵魂是园所文化

大家可能觉得这样说有点故弄玄虚，怎么一个园本课程还扯到了文化上面？不过，如果有人问我们的老师，我们的老师一定会点头。老师们会说："丰台二幼的教育能做成今天这样，是源于我们对园所'至乐教育'的理解与践行。"这一观点既来源于老师们之口，也来源于他们的认识与实践。

园所文化、课程文化以及课堂文化，三位一体，彼此联系亦不可分。文化是什么？余秋雨老师给文化下了个定义。他说：

"文化是一个集体共同的精神价值观,以及与此呼应的生活方式,最终形成的集体人格。"所以说,老师在教育的过程中,每个人所传达的必定是她所坚持的价值观、儿童观、教育观、思维方式,包括知识载体。她为什么要选择这些教育内容而不是那些内容?她为什么选择这种方式,而不是那一种方式?这是由一个集体中老师们内心共同的价值观、儿童观、课程观所决定的。那些指引我们课程行为的课程灯塔,它们是作为文化精神在历史时刻所做出的主动选择。

二幼倡导"至乐教育"。至乐教育的核心价值是"为积极的人生奠基",目标是"培养健康、快乐、主动发展的幸福儿童"。因此,我们秉持着这样一种文化信念,支持着每一位老师也支持着每一名儿童。

所以可以这样说,文化价值导向,引导着我们教师的课程实践。

(三)园本课程是教师自身特长、专业能力的凝结

教师是能动的个体,教师是使一个园所课程变得生动、鲜活的重要因素。每位教师身上都具有不同的特质、特长、兴趣、经验和能力,亦如儿童一样。当教育、课程与教师所爱兴味一致的时候,教师便也进入到了一种乐的状态,进入到一种创造与痴迷、享受的境界。我园园本课程的建构过程,包含着教师们对儿童及教学实践的所思、所行、所言,同时也是他们的所长、所爱、所能,包含着教师的教育智慧与经验、总结与提炼。《幼儿园教育指导纲要》(以下简称《纲要》)和《指南》指出:幼儿园一日生活即教育,老师必然要将一日生活中年龄班的目标、教育内容加工、完善,变成自己的知识结构、经验方

式、专业能力,而后依据儿童需要支持到儿童。所以,课程一定不是园所领导规定的样子,教师才是课程真正的建构者。

比如:我园的王哲雅老师,当她发现孩子们对乐高、插片感兴趣时,孩子们的游戏兴趣唤醒了她内心对建构类游戏的兴趣和热爱,使她和孩子们真正地"玩"在了一起。教师只有像孩子一样,和孩子能玩在一起,才会产生更有效的师幼互动,给幼儿发展带来最大的支持。王哲雅老师在"玩"中敏锐观察到幼儿的需要,和幼儿共同探究,将自身的经验成功转化为支持儿童主动学习和发展的动力与能力,尤其是她对信息技术的擅长,又使孩子们的建构游戏有了更多的创新,最终形成班级特色、班本课程,如今已成为二幼园所课程中"主题插片建构活动"板块的特色课程。

再如,我园蓓蓓老师从小酷爱音乐,钢琴九级,有很高的音乐素养。她和二幼很多具有音乐特长,热爱音乐的老师们就像一捧极具生命力的种子,在二幼这片至乐的土壤中生长、壮大,以点带面为我园园本课程注入了音乐艺术的内涵和魅力。二幼园本课程建构的过程,是教师追随儿童兴趣与潜能的过程,也是教师对自身特长和潜能发现、发展、创造的过程,是教师和幼儿共同成长的过程。

(四)课程是活的,课程当随儿童,当随时代

问渠哪得清如许,为有源头活水来。如果你问我:"二幼的至乐课程,是最好的模样了吗?"我们会说:"不是,我们仍在路上,而且一直都在路上。"因为,课程是变化的,在形成中的,是有生命力的。课程当随儿童,当随时代,我们坚持课程内容"贵精不贵多,贵近不贵远,贵新不贵旧"。我们的"贵

精"是指在课程内容上要做适切性筛选,精即为"适",即对儿童生命有意义且有社会价值;"贵近"是指我们选择课程一定是儿童身边的生活内容,取材与儿童的生活紧密相连;而"贵新"是要课程选择当随时代,而非一成不变。亦如陶行知先生所言:教育有无创造力,也只需看他能否发明人生新工具或新人生工具。工具优美,才有优美的表现;工具伟大,才有伟大的表现。

在这里我举一个案例。2016年11月我国的神舟十一号飞船发射成功,班里的孩子们对飞船产生了兴趣,于是引发了"我与神舟共飞行"的系列活动。2017年,孩子们观看了中央电视台开学第一课"中华骄傲"。孩子们热议中华,老师支持、追随儿童开展了"寻找我的中华骄傲"的主题活动。2018年电影《厉害了,我的国》,让中国人自豪而振奋,孩子们开展了"厉害了,我的丰台——寻找最美丰台"的活动。大班孩子们在假期随父母旅行中发现中国之美,于是开展了"中国之最"。当2018年10月23日港珠澳大桥通车,孩子们又开始了中国桥的探索。课程内容活动与儿童兴趣需要契合,与时代与社会同行,且有社会价值。

第二部分,至乐课程的价值追求

(一)至乐文化下至乐课程的价值与目标定位

"至乐"一词,源于孔子《论语·雍也》"知之者不如好之者,好之者不如乐之者"。知、好、乐是人学习的三重境界,而"乐"本身就是一种情感态度,且是一种积极的情感态度,也是教育追求的一种境界。

丰台二幼"至乐"的"乐",有三个层次:快乐的情感,热爱的态度,自我实现的能力。三个层次由低到高,是一个不

断渐进、上升的过程。儿童每一次精神的成长,都要经历此三个阶段。

而"至"是一个追求"乐",达到"乐"的过程,同样有三个层次,包括发现、发展、创造。发现指发现自己,发现世界,发现自己与世界的关系;发展指发展自己,发展自己精神世界;创造指创造可能的自己和可能的世界。

"至"与"乐"的和谐统一,最终达到的目标是"创造与享受"。

那么,至乐文化又是如何定位至乐课程的价值追求呢?我们教育的终极目标又是什么呢?在这里给大家分享三个词:生命、生活、生长。我们认为至乐课程就是要"符合儿童的真需要——生活;关注儿童的真感受——生命;符合儿童的真发展——生长"。因此,至乐课程的三大目标为"情感与态度,认知与发展,享受与创造"。快乐的情感让发现更有色彩;热爱的态度让发展更有动力;自我实现的能力让创造更有价值。每一次的情感与态度,每一次的认知与发展,最终都指向人的自我实现,人在自我实现中享受生活、生命和生长的精彩与美妙。

(二)至乐课程对生命的价值和意义

生命是教育的原点,教育直面人的生命。二幼的至乐课程,秉持人性与人生两个尺度。

从人性的尺度看:要遵循教育规律,追随儿童的天性,保存儿童的本真状态,让每一个人的潜能得到最大限度的发挥并按照自己的生命节律自主发展。

从人生的尺度看:要培养积极的人生态度,让儿童今天快乐,未来幸福,为积极的人生奠基。

由此,至乐课程的主张是:关注生命,立足生长,源于生活,富有生趣。

案例:《大二班的班徽》

第二学期的开学典礼上,大班的哥哥姐姐给小班的弟弟妹妹佩戴二幼的园徽,由此引发了大班儿童对二幼标识的深入了解与话题,更激发了即将毕业的大班儿童对幼儿园、老师和小朋友的留恋。一名叫澜澜的孩子说:"这个是园标,是咱丰台二幼的,我想设计一个咱大二班的标志。于是澜澜在美工区时,自己设计了一枚大二班的班徽:三棵小幼苗。她说:"这代表大二班的小朋友像小幼苗在老师和爸爸妈妈的呵护下慢慢地成长着。"为了让其他人能够知道自己的班级,还在中间写上了"大二"两个字。

在老师的鼓励下,她将自己的班徽设计想法讲解给全班的孩子们。于是,引发了全班孩子的兴趣,大家纷纷提出自己的设计想法。老师追随着儿童,在班中发起征集大二班班徽设计稿的活动。

孩子们热议着,踊跃地行动着,家长们也参与其中,陪伴孩子们共同上网收集、了解标识设计的要素,理解着不同标识符号所代表的含义,一起设计修改。孩子们对幼儿园、老师和小朋友浓浓的情感,在一次次讨论、设计、制作的过程中升温,发酵,最终凝结为一枚枚可爱的班徽。

终于到了评选环节,老师和小朋友们商议采用两种办法。第一,孩子们提议,通过每个人的介绍进行投票,票数最多、最有意义的一枚徽章,作为大二班唯一的班标;第二,结合家长们高涨的参与热情,开展了网络投票。班徽的评选如火如荼,最后班里一名叫王景乐宁的小朋友设计的班标获得了班级所有小朋友和家长们的一致满意。

乐宁在介绍自己的班标时说：在我的班标里有两个数字3，一个数字2。两个数字3是我们小班和中班的班级名称：小三班和中三班，数字3像两颗爱心一样，由大到小，虽然我们的小朋友在减少，但是我们一直是一个有爱的大家庭。一个数字2是代表我们到了大班就是大二班了。一颗绿色的铃铛在最中心的位置，他说，这是刘老师，刘老师叫刘玲玲，她的名字里面有个玲字，所以我就画了一个铃铛，代表着刘老师三年一直陪伴着我们成长。妈妈说刘玲玲老师就像一只铃铛，她的铃铛始终在摇动着，提醒着我们成长中的各种事情。

就是这样一个有爱、有心、有温度的设计，最终赢得了全班小朋友和家长的一致通过，而每一位小朋友设计的大二班班徽，也都留在了他们的毕业纪念册上成为永恒的、美好的记忆。

孩子们从对园标的关注，到制作出班级的班徽，一枚枚小小的印章里，凝聚着全班家长和孩子的情与爱，镌刻着老师三年来对孩子培养的点点滴滴。其中的内涵，早已超出了设计、制作一枚徽章本身，而成为孩子乃至家长一生中最温暖的印记。

班里小宇妈妈说："这个活动对每个小朋友和我们每个家长来说都是一次心灵的洗礼，它让我们知道每一次新的开始都要面临不舍的分离。我们家长三年来建立了深厚的友谊，每一个孩子在我们的心里都是心爱的宝贝，和老师之间成为了教育默契的合作者。"

至乐课程是关注个体生命价值的生命课程，是尊重儿童成长规律的自主课程，是回归幼儿生活的生活课程，是适合幼儿

学习方式的游戏课程。

（三）至乐课程下儿童的样子

至乐课程围绕"培养健康、快乐、主动发展的幸福儿童"这一总目标，追求促进儿童的主体性发展，鼓励儿童的探究性发展，实现儿童的创造性发展，支持儿童的独特性发展。具体表现为课程"六乐"——"学乐""健乐""独乐""共乐""智乐""大乐"。

1. 探索求知——学乐：保持对世界的好奇，善于思考，勇于探究，敢于冒险，有专注的态度，有良好的学习品质与思维品质。

2. 自立自强——健乐：儿童拥有强健的体魄和稳定积极的情绪，身心和谐，认识自我，发展自我，创造自我。

3. 和谐自适——独乐：遵从其内心感受，依照内在的节律，自主发展，成为最好的自己，拥有独立的人格与精神。

4. 宽仁相济——共乐：富有爱心，感恩心，恭敬心，学会承担责任，有共性的态度、合作的精神。

5. 自律内省——智乐：具有反思的能力，养成终生受用的良好行为习惯和学习品质，具有良好的情绪情感。

6. 广博开放——大乐：理解、尊重、接纳每个人所富有的个性，拥有关怀、包容、开放的格局，保持对别人文化与价值的尊重，兼具国际视野和民族情感。

在"六乐"的儿童乐园里，我们在海洋生物热爱者范璐阳的小课堂看到了热爱探究小乐乐的动起来的大观缆车……有大一班孩子们自创的男生节女生节，也有了蓓蓓老师班级的"稚美童音合唱团"，还有孩子们从小班持续拍摄至今的八集《乐高插片主题微电影》……正是这些儿童,让二幼变得更与众不同,更与生命相连!

至乐课程,追求让儿童有更多的体验与感受,让儿童更加立体与饱满,让儿童依照自己的内在节律,在至乐的路上快乐前行!

谢谢大家!

27. 至合为乐　和谐共长
——家园共育、家长工作讲话

各位领导，各位同人：

今天接到让我介绍家园共育、家长工作的任务，诚惶诚恐。首先，感谢领导对我的高度信任，将这样一个内容交给了我；其次，我也确实认为，有很多姐妹园在进行家长工作中，有很多自己好的做法和文化理念。因此，今天我与大家分享一些我园家园共育的文化，以及如何促进家长和幼儿之间和谐共长的案例，大家以小见大，参考了解。

一、丰台二幼"至合为乐"的家园文化

丰台二幼倡导"至合为乐"的家园共育文化，追求家、园、社会三方和谐共建。幼儿园建立了园级、班级两级家委会，成立了家长伙食智囊团、教育技术和资源支持团、质量监督评价团，汇集多方优势，支持和助力幼儿健康成长。

（一）在有效的沟通中成为伙伴

在自愿报名的基础上，丰台二幼根据不同家长的特长成立不同的委员会团队。这些面向不同方向，针对不同内容，不仅仅立足于家园的有效结合，更立足于幼儿的发展。丰台二幼的家长们无时无刻不享受着与老师沟通的乐趣。开放日、微信、

彩视、新生一日生活记录、家长沙龙等，不同的沟通方式满足了家长的不同需求；幼儿的观察记录、照片故事等，再现了幼儿在园学习、活动的精彩瞬间，专业的分析和解读，帮助家长更客观科学地了解孩子。家长通过与教师的沟通，树立起正确的儿童观、教育观，分享成功的经验，逐渐培养起教育的自信，从而进一步乐于奉献智慧，当好幼儿园教育的得力伙伴。

（二）在参与陪伴下实现共育

丰台二幼力求通过家长深入幼儿园活动，使其品味到家园共育的沟通之乐、参与之乐、贡献之乐、陪伴之乐。因为陪伴是最好的教育。迎着朝阳起舞，在家长陪伴下孩子们开启愉快的一天；亲子共读，为孩子一生种下幸福的种子；走进自然社会的实践活动，家长陪伴孩子增长真知，开启真智。老太太伙食花样团、妈妈班级事务后援团、爸爸智慧支持团等等，不同的家庭成员都在不同的陪伴中创造着对儿童成长的贡献与价值。尤其是"家长进课堂"活动，家长们自主报名，在自己擅长的领域中选材、整理，与教师进行协商，形成了一支独特的教育团队，并成为了我园课程构建的重要组成部分。在孩子们受益的同时，家长也从中发现了自己的教育潜能，感悟着教育带给彼此成长的力量。

下面介绍具体的园所家园共育、家长工作的几点心得。我认为要从我们园所的"专业"出发，让"专业"成为家长信服以及配合工作的主要原因。家长是幼儿的第一监护人，我们作为和他们共同教育幼儿的伙伴，必须专业。因为只有专业，才能让家长信服。

二、家长需要"专业"的教育伙伴

（一）"专业"赢得家长信服，具有有效沟通的能力。

目前，家长中有很多都是高知，我们园家长中博士、专家、硕士一大把。所以，我们必须发挥自身的专业性，才能让家长信服。如果我们还做不到那么专业，就要听从组织的要求，组织会支持我们完成专业。再有，就是要有爱，这是最有效的办法，没有一个孩子和家长拒绝爱。我向大家介绍一个发生在我园的家园工作案例。

站在后排的菲菲

为了让家长安心，我们给小班家长建了微信群，每天在群里发孩子活动的照片。有一天，老师发完了班里的教育活动，菲菲的奶奶劈头盖脸地发来一句："我看了好几次了，每次唱歌、跳舞我们家菲菲都站在后面，你们老师怎么还分三六九等啊！是人家的托费比我们交得多吗？"老师也挺郁闷，对我说："给家长发微信视频，本来就是额外的工作，是想让家长安心的好事，怎么还惹事了呢？"听了老师的话，我的心里也不是滋味。老师们从早上7点就开始为孩子们忙碌，晚上通常下了班还有很多案头工作，老师不容易。家长也没错，嗨，谁不想看见自己家孩子站在前面啊。我安慰老师说："家长不是专业的教育者，不能从儿童的心理分析孩子的行为，我们就得帮助家长理解，树立正确看待自己家孩子的看法。"于是，我们私信她说："菲菲奶奶，班里的活动从来不排队，每一个孩子的位置是孩子自己选择的。孩子站在后面，说明孩子还没有站到前面的勇气，我们要尊重她的选择，帮她建立自信。谢谢您的提醒，我们一起培养她的自信。"

晚上离园以后，我们跟家长谈话，和她分析孩子的个性，找到家园配合共同帮助孩子进步的办法。结果，菲菲两个月就自己走到了所有孩子的最前面表演。当时，我们给菲菲奶奶单独发了完整的视频，菲菲的奶奶说："太感谢老师了，以前的事儿您别往心里去，是我说话太不注意了。"从这件事开始，菲菲的奶奶特别佩服老师，特别配合工作。

（二）专业使合作更加深入

合作关系的建立需要家长的信任，而信任源于教师的专业，源于教师对幼儿发展的关注和真正促进。幼儿是教师和家长之间交流的唯一焦点。无论是教师主动还是家长主动，教师在与家长互动时，都需要用自己的专业性让家长相信所做的一切都是围绕幼儿的长远发展。在幼儿园教育中，我们有时候需要让家长带东西，家长可能碍于面子问题带来东西，但内心是很不情愿、不开心的，更别提理解其中的教育内涵和价值。例如让家长带植物的问题，怎么样让家长带得开心，带得乐意？如果仅仅是告知家长每一个小朋友带一盆植物来，家长当然不舒服。但是如果老师告诉家长，你带来的这盆植物孩子们提了哪些问题，有哪些有趣的发现，我又用它进行了哪些活动，家长了解到他带来的植物还有这么大的价值，自然就会乐意，并且还可能会模仿幼儿园植物角的创设，自己在家也搞一个，让孩子观察学习。

深入的家园合作需要专业性。幼儿园经常会布置一些家园配合的作业，比如和小朋友一起制作假期出游的见闻记录、一起收集关于某个问题的资料。有时候家长是配合了，但仅仅是行为上的配合，表面的配合，其实内心里却是不以为然的。比如，在小班我们经常会请家长在家里配合，让小朋友们自己吃饭、自己穿衣服。有些家长嘴上承认这很重要，但是在内心里却认为"有这个必要吗？这有那么重要吗？"因此行为上还是包办代替。家长仅仅把它理解为孩子自我服务能力的培养。我们的老师就告诉家长："1—3岁是孩子成为自主者阶段，是形成'意志'的积极品质的关键时期。意志是人的一种内在力量，它使人自由抉择、自我约束，积极解决问题，克服困难。在这个时期孩子们通过自己吃饭、自己走路，发展自信，对事物、世界他觉得自己是有掌控能力的，从而增长内心的力量，觉得我行、我可以，对世界他会觉得是安全的，自己是有力量的。如果家长总认为孩子不行，替代做事，相反就会发展出怀疑和羞怯，影响儿童自尊心的发展，导致心理问题，甚至会形成强迫症、洁癖。"当教师从专业的角度分析后，家长的态度和行为马上就会发生改变。

（三）专业让合作更加多元（家长、学校、社团）

教育者的专业，并不是全方位的专业。在跟随幼儿成长的过程中，我们不但要发挥自己的专业性，从幼儿的心理、生理角度去帮助家长分析幼儿的行为，让家长在幼儿成长的过程中更懂自己的孩子，了解孩子行为背后的本质，更要适时、适当地发挥家长自身的专业性，帮助幼儿更加立体、多元地得到发

展。比如，我们中三班的男孩子特别喜欢踢足球，但是班中老师们没有一个懂足球的，于是，老师和孩子们在微信群里发出倡议，欢迎懂得踢足球的爸爸们来幼儿园带着男孩子一起踢足球。班里的王老师从幼儿身体发展的关键时期引导家长重视幼儿体育方面的锻炼，在与家长的交流沟通中，班中几位爱好踢球的家长，自告奋勇成立了"中三班足球教练小组"。他们买来了书籍，认真研究如何像老师一样将游戏和练习结合起来，还给自己排了班，每天早上都有两名家长在早操以后，进入幼儿园带领孩子们一起踢球。班级教师给家长们颁发了"聘书"，每天对家长们的活动进行拍照录像。由于教师的专业引导，家长们做起事儿来也向着专业看齐，因此，丰台二幼每个班级都有家长进课堂的活动。比如：医院工作的妈妈给开设医院角色区的小朋友讲一讲医院是怎样救助病人的；种花的奶奶给孩子们讲解植物角的花朵应该怎样照顾；社团活动中，有担任专业指导的家长……现在家长进课堂已经成为丰台二幼特色显著的家长工作内容之一。家长进课堂不仅让我们的课程更加多元化，也让家长更加佩服我们，感受到我们是认真对待教育事业的。

"专业才有话语权"。关于幼儿的问题与家长有话可谈、有理可依，才能使家长信服、承认教师的专业，从而尊重教师的教养方式。面对家长时，能够从生理、心理等方面分析幼儿的行为表现和心理特征，能够抓住特定年龄段的孩子的一些特殊表现，能够唤起家长的共鸣，家长工作才能顺理成章、水到渠成。

尾声

致茉莉（我愿做茉莉）

游向红

在黑色的土地上
你把蒸腾的热力
默默汲取
再向这滚烫的大地
报之一抹
清绿的凉夏

在太阳的锋芒下
你并不一味回避
悄悄绽开
朵朵如雪的花
羞答答地回应
倾慕你的晚霞

被时光剪掉的羽翼里
听不到你的哭啼

尾声

所有无人察觉的眼泪
悄悄蒸发
静静升华
在曾流过泪的枝头上
丛丛簇簇
倔强发芽

你迎着光
望向刀
开满时光
不愿辩白
不曾怨恨
甚至不必诉说
那幽柔的香气
足够宣告
你用生命晕染的
一世芳华

后记

迷雾——光

——记带给我成长的游园长

陈培珊

迷茫,如行在雾的迷茫
阵痛,春来破枝的阵痛
无助,如浮萍——
之于江河的起伏
我便这样
被母亲推向天空
在迷蒙的夜里
研磨初生的翅膀

铅笔在白纸上
画不出彩色的方向
指尖在琴键上
弹不出斑斓的乐章
这个世界在时光的源头

后记

天赋予我的梦想
我应如何安放

拨不开迷雾的心脏
朝露懵懂
夜幕仓皇

黑暗中,有人拍拍我肩膀
回望中,我看到您伸出手掌
绽放着明亮的光

有个声音轻抚耳膜:
跟紧我
去看看,那是什么地方
我还来不及彷徨
就已进入
信、望、爱交织的海洋
您用眼睛静静诉说:
只要脚踏实地
再慢都可以达到彼方
只要笃定内心
向上生长就是生命的信仰
你与生俱来就有
从这海上——
飞向天空的力量

那一刻

海风还是把我吹得摇晃
那一刻
海风再也阻挡不了我
逆风起航

上帝说:要有光
于是,便有了光
您说:你要发亮
于是我柔弱的双肩上
有了微微星芒

一眼望去
路还是那么长
但心里有光
就不再有远方

我把澎湃掩进心海
您将期许无声悄藏
迤逦安静的小路旁
繁花烂漫,桃李芬芳

耕耘的身影
与葱郁的枝叶一起婆娑
闪烁的汗滴
同丰美的果实交相辉煌
无数有光的岁月里
我的蜕变

鲜活、滚烫

终于,您明媚的光
把我寥落的影
暖成展翅飞翔的形状
给了我
一次又一次
爬起来的力量
去战战兢兢
去跌跌撞撞
去起起伏伏
去铿铿锵锵
去最沉郁稠密的乌云里
找到彩虹
光芒万丈

后记

跋

我心中的 Frederick①
——记带给我成长的游园长

许 蓓

2002 年与游老师相识至今,时光已经匆匆地走过了 17 年。游老师却似乎一直没有什么变化,她总说自己"老了,老了……"可在我们看来,她一直年轻着,拥有着宛若少女的蓬勃内心,和一副似乎越来越漂亮的面庞。

前几天,我们吃饭闲聊的时候,说起"抱团型养老",大家纷纷表示,以后不要依靠子女,咱们自己组团找个山清水秀的地方,盖一座房子,大家住在一起,彼此照顾,彼此依赖,在晚年的时候相互陪伴,会弹琴的给大家弹弹琴,会做饭的给大家做做饭,喜欢收拾的就给大家布置房子,还有养花的、种地的、养动物的,大家的爱好都能派得上用场……说到热闹的时候,游老师突然一拍大腿,说:"哎呀,那我什么都不会呀!我既不会做饭,也不会养花……"说完,她就哈哈地笑了起来。

---

① Frederick 寓意:独立、上进,具备领导性,和平首领。

她从不拿我们当外人，总在我们面前露"拙"，但，其实我们都知道，她很聪明，很睿智。

聊天的画面感让我想起了游老师特别喜欢的一本绘本，叫作《田鼠阿佛》。据说，这是作者李欧·李奥尼依据他在家中花园里看到的一只小田鼠的原型创作的。这只收集阳光、颜色和词语的小田鼠总是自顾自地冥想着，然后再以一种特别的方式，在一个特别的时间将这些收集到的美好与幸福，传递给周围其他的小田鼠们。我上网查了查，这本书的原名叫作《Frederick》，应该就是这只小老鼠的名字吧。我想，之所以翻译成"阿佛"，说明这只小田鼠，在特质上多少有点接近现在所说的"佛系"。这从封面上阿佛举着一朵长长的红色的罂粟花，坐在石头上半闭着眼睛晒太阳的状态就能感受得到了。当其他小田鼠们开始采集玉米、坚果、小麦和禾秆准备过冬的时候，阿佛就这样悠然地坐在阳光下、花丛中、田野里，收集它的阳光、颜色和词语。当漫长冬季来临的时候，当大家吃完了收集的粮食，慢慢感觉到寒冷、黑暗、无聊的时候，大家问起阿佛。阿佛跳上石头，清清嗓子，它说："闭上眼睛，现在我带给你们阳光，你们感觉到了吗？它金色的光芒照射在干草堆上，甘草的清香扑鼻而来；它金色的光芒照在被子上，让我们在被窝里闻着太阳的味道甜甜地入睡……"于是，就在阿佛说到太阳的时候，一束光，"刷"地打在小田鼠们的身上，带给了大家无与伦比的温暖。大家说："那是阿佛的声音吗？它是有魔力吗？"……

是的，游老师就是这只有魔力的小田鼠，它的大名叫作Frederick！游老师就是我心中的Frederick。（下面，我称她为"我的Frederick"。）

我的 Frederick 有着丰富的精神世界。我特别喜欢和她聊天，甚至每一次聊天的时候都会不自觉地嘴角上扬，那一刻我是忘了她是谁，也忘了我是谁的。她会从一幅抽象的画作中看出故事，能从一个静止的雕塑中顿悟出精神，甚至能感受到一片花草面对晨露的欣喜，也能从一片冬日的枯藤中看出艺术的巧思。我的 Frederick 眼睛不好了，但是她很爱看书，不能看的时候，就听书。这种坚持，是对精神世界源源不断的补充，也是对自己不能让精神世界停止生长的苛刻要求。我想，她的头脑里、内心中，应该有一座静默而又不断生长的神秘花园，那里玫瑰芬芳、桃李盛开，紫藤萝就像银河的星辰一样交织在花园的天空之上，她就站在花园中间，孜孜不倦地耕耘着，任繁花盛开。

我的 Frederick 有着内心安定的力量和收集幸福的能力。在丰台二幼，从不会看到她急得"火上房"的情景。在她的脸上，永远都能够看到精致的妆容和淡定从容的笑。幼儿园有个行为有点特别的孩子——小天儿，他常常对别的幼儿甚至老师有攻击或者破坏的行为，也从言语中透露出对他人的戒备。但是，小天儿却尤其喜欢"游妈妈"。因为，面对他的"淘气"行为和小伙伴们气愤的表情，他的游妈妈通常都会拉着他，共情他的感受，再不厌其烦地给他讲，为什么这样的行为不受大家的欢迎，然后将他的优点细数一遍，直到孩子对于自己的行为有了反思和正确的认知。她知道小天儿喜欢用插片插机器人，于是就把小天儿的插片机器人端端正正，像个艺术品一样摆在办公室门口的长案上，一个、两个、三个……直到办公室门口的长案再也摆不下。这种包容给了小天儿内心的安定、被接纳和被尊重的感觉，这些小小的机器人，成了小天儿心里那个收集幸福的小篮子里盛开的鲜花。这样一个特别的孩子，从一个像亲人一般的长辈身上，感受到了友好、成功和自信。

跋

其实，我也如是。我曾经不是一个合群的人，看起来有那么一点点特别，在普罗大众的视角中，我应该不能成为一名好老师。大家都说："蓓蓓有点儿不靠谱。"可是，我的 Frederick 就是不着急，我带班带不好的时候、我上课没头绪的时候、我犯错误的时候，她都不急，有的时候她进班伴我上课、有的时候她叫我过去聊天。总之，她说："我觉得你可以，我觉得你行……"真的，不知道什么时候开始，我似乎真的行了起来。我带着孩子们一起开音乐会，坐在玉兰树下，和孩子们感受着"诗词"的乐趣。这些我喜欢做的事情，成了班里孩子们共同的爱好，在一次次被认可后，我们有了自己的诗集，也有了自己的演唱会，我的 Frederick 给了我从时间到空间上的自由，而我也将这种自由传递给孩子们，成了二幼最特别的一群。多年以后再回首，当初那个"不靠谱"的我，经历过最深刻的打击，也拥有了最温暖的包容，现在的我已经脱胎换骨，破茧成蝶。

我的 Frederick，将自己内在生成的安宁和幸福，传递给周围的人，哪怕是寒冬、当所有感官都枯竭的时候，她仍能够迸发出令人讶异的光芒，带给人温暖、平和。她让你觉得"天大的事儿"也有解决的办法，再难的题也会不止有一个正确的答案；她亦会让你觉得"做自己"的重要性胜过"做别人眼中的你"；她捍卫每一名教师、幼儿"独特"的权利，和"想成为什么样的人"的自由；她包容着每一个人身上的不完美和缺憾，以一种"带着蜗牛散步"的心态，面对我们成长中的进进退退。无论怎样，她都这样"佛系"地看着我们，却又无声地引导着

我们,让我们在不知不觉之中成了一个更好的自己……

2015 年,她出版了自己的第一本著作——《园长的札记》。其中记录了她过去管理的心得、教育的心得。从 2015 年丰台二幼办学实践研讨会至今以来的 4 年中,我的 Frederick 依然笔耕不辍,她将对园所、对教师、对孩子和家长所有的情感和思想、期待与寄托,记录在深情的讲话之中,将对教育所有美好的感悟与思考,写在没有人要求她写的笔记、案例之中,不知不觉,就已十多万字。2019 年,她将这样一颗满怀着教育理想的心,沉甸甸地摆在我们面前,那些记忆中感动的、激情的、意义深远的瞬间,再次被唤起而后珍藏。这是一个有情怀、有精神追求的教育者,她收集的那些幸福、美好,还有生活中的小确幸,都将是伴随着我们走过无数艰难的动力。

写下这篇文章的时候,我数次热泪盈眶,我的 Frederick,您今年 57 岁了,即使延迟了退休的日子,也只还有三年的时光能陪伴在我们的身边,每每想到这里,内心都十分怅然。我们唯愿时光能够温柔地待您,假以时日,我们依然回到您的身边就像石墙里面那一家幸福的小田鼠一样,一起耕种,然后在寒冷的冬天,围在烧得暖暖的炉火旁,闭上眼睛听您讲着过去、今天和未来,听完,我们一定会鼓掌说:"您是个诗人,真想不到啊!"而您,就像阿佛一样,鞠了个躬,含羞地说:"是的,我知道……"